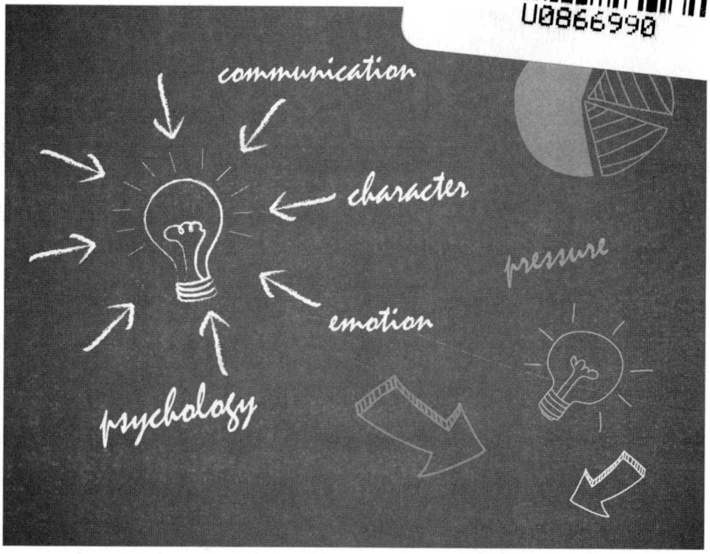

高等职业教育公共基础课系列教材

大学生心理健康教育

DAXUESHENG XINLI JIANKANG JIAOYU

孙淑芬/主编
张李静 梁秀清 温婷婷/副主编
蔡日月/参编

北京师范大学出版集团
BEIJING NORMAL UNIVERSITY PUBLISHING GROUP
北京师范大学出版社

图书在版编目(CIP)数据

大学生心理健康教育/孙淑芬主编. —北京：北京师范大学出版社，2019.10

(高等职业教育公共基础课系列教材)

ISBN 978-7-303-25256-5

Ⅰ.①大… Ⅱ.①孙… Ⅲ.①大学生—心理健康—健康教育—高等职业教育—教材 Ⅳ.①G444

中国版本图书馆 CIP 数据核字(2019)第 241892 号

营销中心电话 010-57654738 57654736
北师大出版社职业教育与教师教育分社网 http://zjfs.bnup.com
电子信箱 zhijiao@bnupg.com

出版发行：北京师范大学出版社 www.bnup.com
北京市西城区新街口外大街 12-3 号
邮政编码：100088

印　　刷：北京溢漾印刷有限公司
经　　销：全国新华书店
开　　本：787 mm×1092 mm 1/16
印　　张：19.25
字　　数：331 千字
版　　次：2019 年 10 月第 1 版
印　　次：2019 年 10 月第 1 次印刷
定　　价：38.00 元

策划编辑：庞海龙　　责任编辑：李云虎　宋　星
美术编辑：焦　丽　　装帧设计：焦　丽
责任校对：康　悦　　责任印制：陈　涛

前言

加强大学生心理健康教育是加强和改进大学生思想政治教育工作的迫切要求，帮助大学生解决心理健康问题是促进大学生健康成长和发展的需要。大力开展大学生心理健康教育的目的在于，通过学习心理学的相关知识，帮助大学生正确认识自我，增强自我调控能力、抗挫折能力、适应环境的能力及自我教育的能力，从而培养他们健全的人格和良好的品质。为了贯彻落实教育部颁布的《高等学校学生心理健康教育指导纲要》的精神，我们联合兄弟院校，组建了一支由在一线从事大学生心理健康教育教学及从事心理咨询工作的教师组成的作者队伍，对《大学生心理健康教育》进行全面的修订。结合党和国家对育人工作的要求，结合“95后”大学生的心理特点，把心理健康教育知识的学习与自我体验、自我完善相结合，我们编写了大学生心理健康教育教材，以期更能体现内容的针对性、实效性。

本教材集知识传授、内容普及、心理体验和行为训练为一体，具有很强的实用性。教材共分为十章，内容包括大学生心理健康概述、大学生自我意识与培养、大学生人格发展与心理健康、大学生学习心理与自我完善、大学生情绪管理与调适、大学生人际交往、大学生恋爱心理与性心理、大学生择业与创业心理、大学生压力管理与挫折应对、大学生团体心理辅导与训练，全面系统地阐述心理健康教育的理论知识，同时每章设置有“学习目标”，引入“校园案例”，穿插“拓展阅读”，加入“心理互动与训练”，将理论知识融入实践活动中，启发大学生思考，拓宽大学生视野，引导大学生关注心理、体验成长、完善人格，通过学习获得成长，使教材成为大学生自我探索、自我完善、自我发展必备的自助手册。

目录

第一章

大学生心理健康概述

学习目标

1. 了解心理学的产生与发展，掌握心理健康的内涵。
2. 了解有关心理疾病的知识及科学地对待心理疾病。
3. 了解心理咨询对心理健康的作用。
4. 学会预防心理疾病和维护心理健康。

拓展阅读

一颗自我发现的心

20世纪初，美国有一位来自康涅狄格州，就读于耶鲁大学，名叫比尔斯(C. W. Beers)的大学生。比尔斯与他哥哥住在一起，他哥哥患有癫痫病，发作时四肢抽搐，口吐白沫，声似羊鸣，痛苦万分，使他非常害怕。他听说此病有遗传性，总担心自己也会像哥哥一样，终日生活在恐惧、担忧、焦虑的情绪中。最终，他因心理失常被送进了精神病院。在住院期间，他目睹了精神病患者受到的种种粗暴、残酷的对待，过着的非人生活，不胜悲愤。同时有感于社会对心理异常者的歧视、偏见、冷漠，病愈出院后，他根据自己三年的亲身经历和体会，用生动的文笔撰写了一部书，书名为《一颗自我发现的心》(*A Mind That Found Itself*)。1908年3月出版后，此书受到美国哈佛大学心理学教授威廉·詹姆斯(W. James)的高度评价，并为此书作序。康奈尔大学校长列文斯通·法兰(L. Farrand)等名人也被此书感动，纷纷支持比尔斯。

于是在1908年5月，世界上第一个心理卫生组织“康涅狄格州心理卫生协会”诞生了。1909年2月，在比尔斯等人的积极努力下，“美国全国心理卫生委员会”在纽约成立。此后，心理卫生运动不仅在美国发展迅速，而且扩展到世界各地。1930年，“第一届国际心理卫生委员会”在华盛顿召开，会上成立了一个永久性的“国际心理卫生委员会”，它的宗旨是，完全从事慈善的、科学的、文化的、教育的活动。尤其是关于世界各国人民的心理健康的保持和增进，心理疾病、心理缺陷等的研究、治疗与预防，以及全体人类幸福的增进。

第一节 心理学与心理健康

一、心理学的产生与发展

(一)科学心理学的诞生

自古以来，人们对心理现象有着浓厚的兴趣。在远古时代，由于人们知识水平的局限，对人的感觉、思维、意识等心理现象不能科学地加以解释，因此把它们归为不可捉摸的灵魂作用，认为人和整个世界都是由一种无形的、超自然的、永存的精神力量主宰。从这种观点产生了唯心主义的哲学世界观，唯心主义哲学断言精神是第一性的，精神先于物质而存在，从而把宇宙万物归结为精神本源。

在思维与存在、物质与精神的关系问题上，自古也存在朴素的自然观，有些学者通过观察和总结个人的经验，发现一些带有规律性的现象。例如，古希腊哲学家德谟克利特指出世界万物是由原子构成的，灵魂也是由原子构成的。亚里士多德认为，灵魂依附于肉体，肉体活动产生了灵魂。中国古代哲学家荀子也提出了先有身体然后有精神的观点。中国古代思想家教育家孔子提出：“性相近也，习相远也。”即认为人生而具有的本性是相近的，后天生活才造成人与人之间很大的差别。这是西方与中国最早明确提出的物质与精神的唯物主义因果论。

在文艺复兴时期，欧洲的自然科学和唯物主义哲学有了很大的发展。英国唯物主义哲学家霍布斯摒弃了对灵魂实体的唯心主义思辨，把心理同身体和脑视为不可分割的东西，主张一切心理现象都是物质运动的结果，认为一切知识开始于感觉，认识首先是由外界物体的运动作用于人的感官，引起感官的相应运动，并通过神经运动传到脑，引起脑的运动，从而产生了感觉。接着英国哲学家、教育学家洛克批判了“天赋观念说”，认为人的全部观念都是通过感官的，都是源于经验的，他提出了人的心灵好比一块白板，凭借外部和内部经验在白板上留下的痕迹就是知觉、思维、信仰、认识、意欲及人的一切作用。法国哲学家笛卡儿是二元论者，他认为人的身体就是一部机器，其构造和作用可以用机械的原理做出解释，从而提出了“反射”的概念，而把感觉、思维等仍归为灵魂活动。他认为身心可以互相影响，身心交感之处在脑内的松果体。

我们还可以举出古代的心理学思想中许多有价值的观点，但是那时对心理学的研究有的只是思辨和总结自己经验这样的方法。那时的心理学只能说是一种心理学思想，还没有成为一门独立的学科，所以在 19 世纪以前，心理学一直隶属哲学的范畴。

直到 19 世纪中叶，心理学研究引进了实验的方法，这一时期心理学的实验研究有很多成果。例如，德国生理学家韦伯于 1840 年发现了差别感觉阈限定律，即韦伯定律；德国心理学家费希纳于 1860 年在韦伯定律的基础上开创了心理物理学的新领域；德国心理学家艾宾浩斯开创了记忆的实验研究；尤其是在 1879 年德国心理学家冯特在莱比锡大学创立了世界上第一个心理学实验室，对各种心理官能进行系统的研究，从而使一向从属于哲学范畴的心理学分离出来，成为一门独立的学科。他还相继创办了《哲学研究》和《心理学研究》杂志，出版了大量的心理学著作。为纪念冯特对心理学的贡献，人们把他于 1879 年在莱比锡大学建立世界上第一个心理学实验室看作心理学诞生的标志。

(二)近代心理学学派及观点

到了 19 世纪末 20 世纪初，在心理学发展的初期，人们对心理现象的认识还处在初级阶段。由于心理现象是十分复杂的，这个时期人们很难对它做出全面的解释，因此一种观点出来后，有人就会发现这种观点的片面性，就会批评这种观点。他在批评别人观点的时候，也会提出自己的观点，但是他的这种观点仍有局限，所以又会遭到别人的批评。如此，这个时期学者们各持己见，随之就形成了不同的心理学派别。这种纷争对心理学研究的发展起到了积极的推进作用。

这个时期比较有影响的学派有构造主义心理学、机能主义心理学、行为主义心理学、格式塔心理学和精神分析心理学。

1. 构造主义心理学

这个学派的主要代表人物是冯特和他的学生铁钦纳，该学派主张心理学应该采用内省的方法，分析意识的内容，并找出意识的组成部分，以及它们如何连接成各种复杂心理过程的规律。也就是企图从意识经验的构造方面来说明整个人的心理，只关心意识经验由什么元素构成，不关心意识内容的来源、意义和作用。由于构造心理学为心理学所确定的研究对象过于狭窄和脱离生活实际，同时又把内省法看作研究心理学的主要方法，因此遭到许多心理学家的反对。

2. 机能主义心理学

机能主义心理学的主要代表人物是威廉·詹姆斯和杜威、安吉尔、卡尔。

该学派是与构造主义相对立的一个流派，它主张心理学应该成为一门“有作为”的科学，以有目的的心理活动为研究对象，认为心理活动的作用就在于获得、保持、组织和评价人的经验，以指导行动，并且主张应对注意、学习、智能等对人的适应行为有用的心理过程进行研究。在研究方法上，该学派认为研究意识有必要运用内省法，但更注重客观的观察和实验，以及一切有益于获得研究资料的方法，包括历史文化档案的分析都可采用。

3. 行为主义心理学

行为主义心理学的主要代表人物是行为主义心理学派的创始人华生。

该学派认为人的行为是可以通过学习和训练加以控制的，他们否认传统心理学以主观上能体验到的知觉或意识为研究对象，而代之以行为。主张心理学要径直去研究人的行为，所谓行为就是有机体用于适应环境变化的各种身体反应的组合，这些反应包括肌肉的收缩和腺体的分泌。

4. 格式塔心理学

格式塔心理学的主要代表人物是韦特海默、苛勒、考夫卡。

该学派强调心理现象是一个整体，反对把它分解为可以彼此独立的元素，并反对把整体只看成是多数元素的拼合；另外还强调心理学要描述现象而不是要分割现象以追求它的构造。

5. 精神分析心理学

该学派的创始人是奥地利精神病学家弗洛伊德，他从自己的医疗实践中发展并建立了精神分析学说。迄今为止，弗洛伊德的精神分析学说在全世界仍具有深远的影响。

弗洛伊德认为人的心理包含意识、无意识(潜意识)与前意识三部分。意识是能够觉察到的心理活动；无意识包含人的本能冲动及出生以后被压抑的欲望，这种欲望因为社会行为规范不允许，或是其他原因没有得到满足，被压抑到了内心深处，意识不能将它唤起。在意识与无意识之间还存在一种中间的心理状态，称为前意识，这时我们虽然意识不到，但是会在集中注意力、认真回忆、不断搜索的情况下回忆起来。弗洛伊德还把人的心理结构分为三个层次：本我、自我和超我。他认为三者发展平衡就是一个健全的人格，否则会导致精神疾病的发生。

(三)当代心理学学派及观点

1. 人本主义心理学

人本主义心理学是20世纪60年代以来美国出现的一个心理学流派。该学派认为，心理学应关心人的价值与尊严，研究人自身的发展潜能。它反对贬低人性，反对把人性与社会文化对立起来的弗洛伊德主义，也反对在实验室里用心理变量来预测行为和控制行为的行为主义。此学派的主要代表人物是马斯洛和罗杰斯。

2. 认知心理学

认知心理学起始于20世纪50年代中期，在60年代以后飞速发展。1967年，美国心理学家奈瑟编著并出版的《认知心理学》一书，标志着认知心理学成为一个独立的心理学流派，认知心理学认为人不是信息的被动接受者，而是主动加工者。对信息的加工过程就是在感觉登记的基础上，进行编码、译码、存储和提取，也就是知觉、记忆、思维推理、概念形成和问题解决等过程。人在头脑中制订计划时，可设想在各种可能性之间做出最优的抉择，或利用过去的经验采取最稳妥的方式去行动。

3. 生理心理学(脑机能的研究)

人脑是宇宙间较复杂的物质结构。人脑有120亿～140亿个神经细胞，这些细胞之间有不计其数的神经联系和神经通路，所有的心理活动都是在这些神经联系中发生的。所以，近年来世界各地的生理学家们正致力于探索心理活动与神经联系之间的关系。目前已有实验证明，脑的某些部位受损或病变，会导致某些心理的变化或缺陷。

以上阐述了近当代心理学发展的几个主要学派，他们代表不同的研究方向，这种多途径研究也反映了心理学的现状。科学总是在前人研究的基础上发展，后人也总是在取前人之长、弃各家之短，为解决他们所关心的问题，选用各自适宜的概念和方法，以此来推动心理学的研究与发展。

二、 心理的实质与心理现象

心理学是研究人的心理活动规律的科学。它为人类适应、改造客观世界提供心理依据。

(一)心理的实质

心理是脑的机能，脑是心理的器官。心理是人脑对客观现实的反映，而且是主观能动的反映。

1. 心理是脑的机能

从医学、生理学及动物心理的进化发展都可以看出，脑是心理的器官，心理是脑的机能。过去人们由于可以感觉到自己在发怒、高兴或平静时心脏跳动的快慢不同，因此就认为心理产生的器官是心脏。后来人们发现，一个醉汉的心脏跳动没有多大的变化，可是他却能够胡言乱语；另外又发现，人的大脑受到损伤，心理活动就会受到严重的破坏；人的大脑功能发生了障碍，就会产生异常的心理活动，出现各种各样的精神症状等。此外，现代生理学对脑电波的研究也表明，人在觉醒、睡眠、进行智力活动或情感冲动时，大脑皮质的脑电节律也不相同。这些都证明了心理活动与脑有密切关系。

2. 心理是对客观现实主观能动的反映

客观现实是人的心理源泉和内容。丰富多彩的客观现实，是不依赖人的意识而独立存在的。例如，昼夜交替、日月星辰、云雨闪电等自然现象，直接影响着人们的生活。又如，建造房屋、制造飞机原子弹等这些具有社会意义的智慧劳动的创造，包括社会中的生产关系、政治经济交往、科学文化艺术的交流、社会道德风尚等社会生活环境及教育的整个过程，都是人的心理最主要的源泉。如果一个人脱离了客观现实，人的心理也不会产生。例如，1920 年被印度传教士救助的两个自幼被狼群哺育养大的孩子，缺乏人的心理特点。他们离开人类社会的生活，所以就不能产生人的心理活动。

人的大脑好比是个加工厂，客观现实好比是原材料，如果没有原材料，那么加工厂就不能生产出任何产品。人脑是心理的器官和前提，客观现实是心理的源泉和内容，人的一切心理现象都是对客观现实的反映。

（二）心理现象

人活着就必然伴随着各种心理现象，人们为了生存，必须进行学习、生产劳动、社交等活动，在各种活动中都包含心理现象。它不仅在活动中表现出来，而且对活动具有能动、支配、指导和调节的作用。心理现象分为心理过程和个性心理两个方面。

1. 心理过程

心理过程是指在客观事物的作用下，心理活动在一定时间内发生、发展的过程。

心理过程包括认知过程、情感过程和意志过程三个方面。

认知过程，是人以感觉、知觉、记忆、思维等形式反映客观事物的性质和联系的过程。人们在进行活动时，要观察和感知客观事物、思考和分析客观事物的本质与规律、预见和想象客观事物的未来发展，要回忆和运用过去的知识和经验。其中感觉、知觉是简单的、初级的认知过程；记忆是比较复杂的认知过程；思维是高级的认知过程，它和语言密切联系，是人特有的认知活动。

情感过程，是人对客观事物的某种态度的体验。人在与周围客观环境相互作用时，总是表现出一定的态度，如满意、喜欢、厌恶、愤怒等，这些主观的心理体验，就是情感过程。

意志过程，是人有意识地克服各种困难以实现一定目标的过程。人在与周围客观环境相互作用时，为对客观事物进行处理和改造而想办法，制订计划，采取措施，克服困难。这种为努力实现某种目标的心理活动过程就是意志过程。

2. 个性心理

人们在进行活动中，还会表现出不同的倾向和行为方式，体现出不同的能力、气质和性格特征，这些都是人的心理活动的不同表现，而且是复杂多样的。

个性心理主要包括个性倾向性与个性心理特征。

个性倾向性是每个个体对客观世界的事物、事件都有自己的倾向，有不同的需要、动机、兴趣、理想、信念和世界观。

个性心理特征是个体带有倾向性的、本质的、比较稳定的心理特征的总和，包括气质、性格、能力等。

由于每个人的先天因素不同，生活条件不同，所受的教育不同，所从事的实践活动不同，因此，心理过程在每个人身上产生时总是带有个人的特征，这样就形成了每个人的气质、兴趣、能力、性格。没有心理过程，个性心理特征就无法形成。同时，已经形成的个性心理特征又制约着心理过程，在心理过程中表现出来。例如，具有不同气质、性格类型的人对同一件事、同一个刺激反应的强度、速度及持续的时间不相同；具有不同兴趣和能力的人对同一幅画、同一本书的评价也不相同。

个性心理是在完成一般心理过程后发展起来的，没有一般心理过程的发生、发展，就不可能有个性心理的发生、发展。

三、 健康与心理健康的定义与标准

拓展阅读

布雷迪的猴子

这是一个著名的心理学实验。实验人员选择两只健康的猴子，并在实验前对其进行详细体检，没有发现任何躯体疾病。实验开始，将两只活泼的猴子被分别缚在两张电椅上，电流是每20秒激发一次。被电击的滋味当然不好受，它们开始嚎叫挣扎。然而，猴子不愧为灵长类动物，甲猴子很快发现，它的电椅有一个压杆（事实上是电源开关），只要在电流袭来之前压一下压杆，就可免遭电击；而乙猴子却发现，它的电椅上没有压杆。于是，甲猴子就担负起压杆的责任，它紧张地估算着电流袭来的时间……结果是，要么两只猴子同时逃脱电击，要么它们一起受苦。是逃脱还是受苦，这完全取决于甲猴子，于是甲猴子就背负着超强的心理负荷和责任感，而乙猴子虽然很无奈，但无所事事。这样过了二十几天，甲猴子得了严重的胃溃疡，乙猴子却安然无恙。

究竟是什么原因导致了甲猴子的严重疾病呢？研究发现，甲猴子是在这二十几天里患上胃溃疡的，甲猴子经常处于精神高度紧张、担惊受怕、焦虑不安的状态，导致它内分泌系统紊乱，才患上了严重的胃溃疡。由此可见，身心之间的联系是如此密切，心理持续的高度紧张、焦虑会导致躯体疾病的产生。

(一)健康的定义与标准

健康是人类珍贵的资源和财富，人类对健康的认识是随着社会的发展及人类对自身认识的深化而不断丰富的。在人类社会早期，由于社会生产力水平低下，人们只关注如何适应和征服自然，如何维持自身的生存。随着社会生产力水平的不断提高，人们开始关心自己的身体健康，因此，防病、治病的医学科学随之产生。但长期以来，人们只是单纯从生物医学模式出发，认为健康就是指身体没有疾病，通常用人体测量、体格检查和各种生理指标来衡量，而对心理或精神的健康却了解很少。例如，20世纪初，《简明不列颠百科全书》将健康定义为“没有疾病和营养不良以及虚弱状态”。另外，我国《辞海》将健康定义为“人体各器官系统发育良好，功能正常，体质健壮，精力充沛，并具有良好劳动效能的状态”。

1989年世界卫生组织认为：“健康是在身体、心理和社会三个方面保持一种完整、良好的生活状态，而不仅仅是指没有疾病或体质健壮。”同时为了加深人们对健康的认识，世界卫生组织明确提出了个体健康的10条标准，以加深人们对健康的认识。

①有足够充沛的精力，能从容不迫地应付日常生活和工作压力而不感到过分紧张或疲劳。

②处事乐观，态度积极，乐于承担责任，事无巨细，不挑剔。

③积极用脑，善于休息，睡眠良好。

④应变能力强，能适应环境的各种变化。

⑤能够抵抗一般性感冒和传染病。

⑥体重在合理的范围内，身体发育匀称，站立时头、肩、臂位置协调。

⑦眼睛明亮，反应敏锐，眼睑不发炎。

⑧牙齿清洁，无空洞，无痛感；齿龈颜色正常，不出血。

⑨头发有光泽，无头屑。

⑩肌肉、皮肤富有弹性，走路轻松有力。

(二)心理健康的定义与标准

实际上，人不仅是生物人，还是社会人。人的活动离不开社会，除了生理活动之外，人还有心理活动，这是一个多层次的完整连续体。近年来，“生物—心理—社会医学模式”的建立使人们得以从“生物—心理—社会”全方位把握疾病和健康的问题。

1. 心理健康的定义

我们可以从狭义和广义两个角度来理解心理健康。狭义的心理健康是指个体的基本心理活动过程，即认知、情感、意志、行为和人格，内容完整、协调一致，能顺利适应社会。广义的心理健康是指个体不仅没有心理疾病，而且自身的心理系统及其机能处于一种高效而满意的、持续积极发展的状态。

2. 心理健康的标准

早在1946年的第三届国际心理卫生大会上，就曾认定心理健康的标志是：①身体、智力、情绪十分协调；②适应环境，在人际关系中彼此能谦让；③有幸福感；④在职业工作中，能发挥自己的能力，过着有效率的生活。

美国心理学家马斯洛和迈特尔曼在20世纪50年代提出了衡量心理健康的标准。

①有充分的安全感。

②充分了解自己，并能恰当地估计自己的能力。

③生活目标和理想切合实际。

④不脱离现实环境。

⑤能保持人格的完整和谐。

⑥善于从经验中学习。

⑦能保持良好的人际关系。

⑧能适度地发泄情绪与控制情绪。

⑨在符合团体意志的前提下能有限度地发挥个性。

⑩在不违背社会道德规范的情况下能适当满足个人基本需要。

根据我国大学生的实际情况，我国大多数学者认为大学生的心理健康标准应从以下几个方面着重考虑。

①智力正常(IQ>80)。

②能保持对学习较浓厚的兴趣和求知欲望。

③自我意识正确，接纳自我。

④能协调与控制好情绪，保持良好的心境。

⑤意志健全，能适时地做出决定和采取合理的反应方式。

⑥具有健康的人格，知情意协调一致。

⑦人际关系和谐。

⑧有较好的社会适应能力。

⑨心理行为符合大学生的年龄特征。

其实，所谓心理健康是指能进行正常的心智活动和能良好地适应社会生活。心理健康的标准只是一种理想尺度，一方面为人们提供了衡量心理是否健康的标准，另一方面也为人们指明了提高心理健康水平的努力方向。因此，对健康的追求，毫无疑问是社会文明进步的标志，每个人都能够在自己现有的基础上追求自身心理发展的更高层次，不断发挥自身的潜能。

第二节　大学生常见的心理疾病

校园案例

为什么大家都在议论我

有一天，某高校班主任接到同学报告，W 同学把自己关在宿舍里大哭，同学们敲门均不开，担心其出意外。班主任好不容易劝其开门，询因知，该同学认为自己躯体某个部位有缺陷，怕别人嘲笑，伤心不已，班主任随即进行开导；事后又找该同学谈话，当时该同学表示想通了，以后不会为此事而感到烦恼。随后，班主任与该同学的家长取得联系，家长表示该同学以前也谈过此事，家长也对其进行过开导。对于该生以前曾有过的情绪反应过大，家长认为这只是她从小好强的性格所致。

过了一段时间，另一班的同学向老师反映说，她被 W 同学打了，老师询因知，W 同学与被打同学属于不同班级，平时没有来往，被打同学当天在宿舍听到有激烈的敲门声，一开门就被 W 同学拳打脚踢和谩骂，直至被同学拉开。同时 W 同学的室友也反映，最近 W 同学行为奇怪，常一人在走廊骂人，晚上对着窗户大声骂脏话，有时持续骂至深夜。班主任去学生宿舍，也撞见其在宿舍走廊边徘徊边对空骂人。班主任找其谈话，她表示，学校的同学们都在议论和嘲笑自己，而且也听到了另一层楼的同学对自己的议论声，并看到了对自己的指指点点，所以很生气……随即学校心理咨询老师与其交流后，建议联系家长并到专科医院进行检查，学校配合家长送该生去医院检查后，医院的诊断证明为患有精神分裂症，并要求其住院治疗。

该生在入校之前就已出现疑病、担心紧张、焦虑、情绪不稳的情况，在校期间出现了幻听、妄想等认知功能障碍症状，甚至攻击性行为，对此本人缺乏自知力。这是一例典型的精神分裂症的案例，而且病程迁延。

一、 心理疾病概述

正常人的心理活动功能，不仅能保障人作为生物体顺利地适应环境，健康地生存发展，而且能保障人作为社会实体正常地进行人际交往，在家庭、社会团体、机构中正常地肩负责任，使人类赖以生存的社会组织正常运行；还能使人类正常地、正确地反映、认识客观世界的本质及其规律性，以便创造性地改造世界，创造出更适合人类生存的环境条件。

心理活动如果丧失了正常的功能就变为异常。心理异常，又称心理变态、心理障碍，是在大脑生理生化功能障碍和人与客观现实关系失调的基础上产生的对客观现实的歪曲的反映。心理异常一词是对许多不同种类的心理和行为失常的统称。其表现可以是严重的，也可以是轻微的，人们在日常生活中常用精神病、变态行为、情感障碍这样的词来对此加以描述和区分。

法国医生菲利普·皮内尔①说过："心理异常绝不是一项罪恶，病人不该承受处罚；他们只是生病的人，他们的不幸状态值得我们以体贴和善意的态度对待，以恢复他们的理性。"

心理疾病是一个世界性的问题，很普遍，只不过存在程度上的区别而已，对心理疾病相关知识的了解与掌握也在一定程度上体现了一个国家的文明建设水平。

现代文明的发展使人类越发脱离其自然属性，污染、生活节奏快、紧张、信息量巨大、社会关系复杂、作息方式变化、消费取向差异、溺爱等，都使心理疾病逐渐增多并恶化。高职院校的大学生正处于人生发展的关键时期，生理发育已经成熟，但心理发展尚不成熟。有的大学生在面对生活环境、学习、人际交往、情感及个人发展等问题带来的压力时，会出现不同程度的心理问题，如果不懂心理疾病的一些相关知识，没有及时调整心理状态，甚至会发展为心理疾病，严重影响正常的学习和生活。所以，作为我们国家建设未来主力军的大学生，有必要学习和了解心理疾病的相关知

---

① 法国医生菲利普·皮内尔(*Philippe Pinel*，*1745—1826*)，第一位精神病院院长。

识，掌握科学的应对方法。

（一）心理疾病的概念

心理疾病，是指一个人由于精神上的紧张、干扰，而使自己在思维、情感和意志行为方面发生了偏离社会生活规范和轨道的现象，并伴有明显的躯体不适感。心理和行为偏离社会生活规范程度越大，心理疾病也就越严重。这是大脑功能失调的外在表现。随着时代的变化，心理疾病种类很多，表现也各异。

（二）心理疾病的辨识

根据国内外心理学学者研究调查的结果及在临床心理学实践工作中的经验，通常使用以下方法来辨识心理疾病。

1. 标准化的辨识①

(1)医学的标准

临床医师认为有精神障碍的人的脑部，应当有病理过程存在，已发生了精细的分子水平上的变化。这种病理变化，是区分心理正常与心理异常的可靠依据。

临床研究发现，脑器质性病变，如脑部肿瘤、脑萎缩、脑炎、脑血管疾病、脑外伤等，会直接导致各种心理异常，出现意识障碍、智力障碍、严重的遗忘症、人格异常等。

(2)统计学的标准

统计学通过对大量正常心理特征的测量取得一个常模，再把当事人的心理与常模进行比较，根据其偏离平均值的程度来确定心理是否异常。

这种操作简便易行、受人欢迎，但这种方法会使智力超常或有非凡创造力的人被误判为心理异常。所以这种方法有其相对性。

(3)内省经验的标准

内省经验包括两个方面。

①病人本身的内省经验，如病人觉得焦虑、抑郁或有说不出原因的不舒适感，或觉得不能控制自己的行为等。

---

① 李心天，我国医学心理学和神经心理学的奠基人之一。他提出了标准化的辨识方法。

②观察者的内省经验，如观察者把被观察对象的行为与自己以往经验相比较，从而对被观察者做出心理正常还是异常的判断。但这种判断会带有很大的主观性。

(4)社会适应的标准

一般情况下，正常人的行为符合社会的准则，能根据社会要求和道德规范行事。如果器质的或功能的缺陷使得个体的社会行为能力受损，不能按照社会认可的方式行事，那么则认为此人心理异常。这里的正常或异常主要是与社会常模比较而言的。

2. 心理学方面的辨识

(1)主观世界与客观世界的统一性原则

看个体有无自知力，自我认知与自我现实的统一性是否丧失。

(2)心理活动的内在协调性原则

看个体的知、情、意是否协调一致。从心理过程看，健康的人的心理活动是一个完整统一的协调体，这种整体协调保证了个体在反映客观世界过程中的高度准确性和有效性。

(3)人格的相对稳定性原则

看个体的个性行为是否偏离正轨。因为从个性角度看，每个人都有自己长期形成的稳定的个性心理，一个人的个性心理在没有明显的、剧烈的外部因素影响下是不会轻易发生变化的。

3. 常识性的辨识

①有没有离奇怪异的言谈、思想和行为。

②有没有过度的情绪体验和表现。

③自身社会功能是否完整(能否胜任自己在生活和工作中的家庭角色和社会角色)。

④是否影响他人的正常生活。

心理疾病和躯体疾病一样，都受到生理、心理和社会三重因素的相互影响，仅仅依靠一个标准去断定一个人的心理是否异常是不规范的。例如，抑郁症发病期间，病人没有生活自理能力，需要他人的照顾，但是瘫痪病人也可能生活不能自理，需要有人照顾他的生活。另外，还应该考虑其所在的关系情境、文化环境等因素，所以在辨识心理疾病时的诊断需要多方面综合评估。

(三)心理疾病形成的原因

心理疾病产生的原因是复杂和多方面的，既有生理和心理因素，又有学校环境和社会因素。

1. 生理因素

(1)遗传

人的心理虽然主要是在后天环境影响下形成和发展起来的，但是，它与遗传因素也有着密切的关系。同时，遗传上的易感性在一些人身上也是存在的，以遗传素质为基础的神经类型及各个年龄阶段所表现的身体特征也影响着人的心理活动。根据统计调查及临床观察，许多精神疾病的发病原因确实与遗传有一定的关系。

(2)病毒感染与躯体疾病

由病菌、病毒(如脑梅毒)等引发的疾病会损害人的神经组织结构，导致器质性心理障碍或精神失常。尤其对儿童影响较为严重，是造成智力迟滞或痴呆的重要原因。另外，脑外伤或化学中毒，也会造成心理障碍与精神失常，以及某些严重的躯体疾病、机能障碍等，尤其是慢性疾病，常使人变得烦躁不安，敏感多疑，情绪稳定性降低，行为控制力减弱，人际关系变得紧张。例如，甲状腺功能亢进会使人变得易激动、紧张，情绪不稳定，注意力不集中，记忆力减退，甚至出现幻觉、妄想等精神病症状。

2. 心理因素

(1)情感

人的心理活动总是通过人的情感变化影响内脏器官的活动。积极愉快的情感对人的生活起着良好的作用，有助于发挥机体的潜能，提高工作效率。近代医学科学实验研究已确定，消极的情感对身心疾病的发生、发展过程起着不良的作用。例如，无所依靠和失望的情绪及长期的负性情绪都会降低人的免疫力。情绪异常往往是心理疾病和精神疾病的先兆，因此，良好的情绪是心理健康的重要保证。

(2)个性特征

每个人都有自己独特的个性特征，它对人的心理健康有非常明显的影响。这是由于人们总是根据自己的个性特征对致病原因及已形成的疾病做出反应，因此，个体的个性特征往往比引起疾病的病原体性质更能决定疾病的表现。研究表明，各种精神疾病特别是神经官能症，往往都有相应的特殊人格特征为其发病的基础。美国学者弗里曼研究发现，多数心脏病人都具有 A 型性格。有人还发现，癌症患者具有以抑制倾向为特征的个性特征。因此，培养和完善健全的人格是预防和减少心理障碍或精神疾病的一项重要措施。

(3)承受挫折的能力

一方面，由整个社会的紧张性刺激增多而带来的应激在广度和深度上都在增加；另一方面，不少大学生健康心理素质的培养却远远跟不上时代要求。当前独生子女占多数的大学生人群，有相当一部分人心理素质脆弱，遇到一点不顺利、不如意，就容易有挫折感，尤其是当挫折的相对强度较大或时间较长时，就会转向失望、自卑，变得心灰意冷、萎靡不振，由此产生心理障碍的案例也很常见。

(4)心理冲突

心理冲突是人们面对难以抉择的处境时产生的心理矛盾状态。心理冲突带来的是一种心理压力，这种压力往往会增大个体适应环境的困难，因此，在多数情况下都会对个体的身心健康和工作产生不良的影响。尤其是当冲突长期得不到缓解时，个体便会产生紧张和焦虑的情绪，严重的还可能导致心理疾病。虽然心理冲突并不一定全是坏事，但剧烈且持久的冲突无疑会有损身心健康，应尽量避免。

在日常的生活、学习、工作中，人际关系紧张、对产生挫折的看法归因不当、对自我意识产生偏差等，都会导致心理冲突和心理压力，继而产生心理问题或心理障碍。

3. 学校环境因素

大学生大部分时间是在学校中度过的，学校教育环境、学习因素、生活因素，以及师生关系、同伴关系等，也会影响学生的身心健康发展。例如，校风学风不正、学习负担过重、教育方法不当、师生情感对立、同学关系不和谐等，都会使学生的心理压抑，精神紧张、焦虑，如不及时调适，就会造成心理失调，导致心理障碍。又如，现代的高等教育让学生们在求学、择业过程中选择机会增多，选择难度增大，这也会使大学生产生很多焦虑、不安、失落、无所适从。他们既希望参与竞争又害怕失利；既希望有更多的机遇，又担心失去原有的保障……过重的心理压力是产生心理问题的主要原因。

4. 社会因素

(1)家庭环境

个体的遗传因素决定了其生物特性，但是人生的经历与环境在其成长中起到更加重要的作用。精神分析理论认为，个体早期的不幸经历很可能是以后产生各种心理障碍的根源。对个体早期发展的研究表明，那些在单调、贫乏环境中成长的婴儿，其心理发展将受到阻碍，潜能的发展会被抑制；受到良好照顾、接受丰富刺激的个体则可能在成年后成为佼佼者。

(2)教育

教育包含家庭教育和学校教育。对个体心理发展而言，家庭教育是影响心理健康的重要因素。研究表明，早期与父母建立和保持良好的关系，得到充分的父母关爱，受到支持、鼓励的儿童，容易获得安全感和信任感，并对成年后人格的良好发展、人际交往、社会适应等方面有着积极的促进作用。例如，1980 年杰克布迪通过大量的临床观察发现，成年期的抑郁与青春期前爱的持续缺乏和丧失有着密切的联系。学校教育的不当，如学校的教育方法、校风、教师的教育态度不良等，都会导致学生出现心理问题。此外，不同的社会文化对人的心理健康也有很大影响。

(3)生活环境

首先，生活习惯不当，如过量吸烟、酗酒等，都会影响和损害身心健康。其次，不良的工作环境、劳动时间过长、工作不胜任、工作单调以及居住条件差、经济收入低等，都会使人产生焦虑、烦躁、愤怒、失望等负性情绪，从而影响人的心理健康。最后，生活环境的巨大变迁也会使个体产生心理应激，由此带来心理的不适。

(4)重大生活事件与突变

生活中遇到的各种各样的变化，尤其是一些突发的事件，常常是导致心理失常或精神疾病的原因，如家人死亡、失恋、离婚、天灾、疾病等。由于个体每经历一次生活事件，都会给其带来压力，都要付出精力去调整、适应，因此，如果在一段时间内发生的不幸事件太多或事件较严重、较突然，个体的身心健康就很容易受到影响。

(四)正确解读心理疾病

中国曾借助国际公认的调查工具对中国公民进行了一次较大规模的调查，调查显示，中国有 17.5%的成年人至少患有一个月的一种或多种精神疾病。这说明在 2000

年以后，精神疾病或精神障碍在中国的发生率其实也不低，有17.5%，同时也说明，目前在中国有很多个体已经开始关注到自身是否会出现心理异常的情况。

判别心理的正常和异常是相当困难的，这是由于异常心理是一个非常复杂的现象。虽然异常心理基本上是偏离正常的，但是异常心理还不能称为疾病。例如，如果一个人遇到创伤事件，那么，正常心理可能会转变为异常心理，事件过后经过一段时间，异常心理也有可能转变为正常心理。所以我们要注意以下几点。

第一，心理健康的标准具有相对性。正常心理和异常心理之间没有绝对的界限，它们是一个渐变的、连续化的过程，其区别往往是相对的。而且，一个人的正常心理与异常心理是会相互转化的。所以对多数大学生而言，在发展过程中出现心理问题是正常的，不必大惊小怪，应积极加以矫正。与此同时，在健康与不健康之间确实存在巨大的灰色区域，大学生应提高自我保健意识，及时进行自我调整。

第二，有异常心理的个体并不是完全的心理异常。有精神障碍的人可能有情绪方面的紊乱，但他在感觉和知觉层面可能是正常的，也就是说“异常”可能会出现在某一个维度上，或是认知、感知等方面。

第三，心理的正常和异常在人群中会永远地并存。人的心理及行为的正常与异常，是量变到质变的过程，它们会相互依存和转化。人在一生中，总会遇到某些事，或是突发某种情况，引起心理上的强烈反应，如焦虑、抑郁的情绪等，这好比人们日常患感冒一样，当天气变化时，人们如果不注意保暖，就易患感冒，所以，心理异常反应也可以说是心理感冒，也是我们人生的一部分，每个人都会在一定程度上存在，只是程度不同而已。

第四，心理疾病的诊断必须在正规医疗机构的专科才能进行；心理疾病通过正规医疗机构专科的系统治疗和训练是可以治愈或控制的。

人的心理状态具有发展性，尤其是儿童青少年这个群体的可逆性是非常强的，当出现心理状态偏离正常，或发生、出现异常情况的时候，他完全可以通过正规系统的指导和治疗进行矫正。

二、 大学生常见的心理疾病

(一)常见的神经症性疾病

神经症，主要表现为持久的心理冲突，病人能觉察到或体验到这种冲突，并因之而深感痛苦且妨碍心理功能和社会功能，但没有任何可证实的器质性病理基础。

神经症的发病通常与不良的社会心理因素有关，不健康的素质和人格特性常构成发病的基础。症状复杂多样，其典型的体验是患者感到不能控制地自认为应该加以控制的心理活动，如焦虑、持续的紧张、恐惧、缠人的烦恼、自认为毫无意义的胡思乱想、强迫观念等。患者虽有多种躯体的自觉不适感，但临床检查未能发现器质性病变。患者一般能适应社会，其行为一般保持在社会规范容许的范围内，可以被他人理解和接受，但其症状妨碍了患者的心理功能或社会功能。患者对存在的症状感到痛苦和无能为力，常迫切要求治疗，自知力完整。在专科医院门诊中，神经症也是常见的疾病。

1. 焦虑症

患者在缺乏充分的事实根据和客观因素的情况下，对其自身健康或其他问题感到忧虑不安，紧张害怕，顾虑重重，犹如大祸临头，惶惶不可终日，对外界事物失去兴趣。严重时有恐惧情绪，常伴有睡眠障碍和自主神经紊乱现象，即使多方解劝也不能消除。焦虑症一般分为广泛性焦虑和惊恐发作两种形式。

广泛性焦虑，又叫慢性焦虑症，是以缺乏明确对象和具体内容的提心吊胆及紧张不安为主的焦虑症，特点就是持续地、广泛地、弥散地产生许多非特定性反应，伴有自主神经症状或运动性不安。

惊恐发作，又叫急性焦虑症，患者突感不明原因的惊恐、紧张不安、濒死感、失控感等，并伴有心悸、呼吸困难、胸闷、胸痛、头晕、手脚发麻或肢体异常等。惊恐发作可能持续几分钟到数小时，间歇期间，无明显症状，常常自行缓解，事后能回忆。但还是可能再次发作，发作的程度也不同。

一般的焦虑是实际威胁引起的，如考试、面试等。焦虑水平与任务完成水平呈倒U形关系，焦虑达到某种最佳水平时，任务完成水平也最佳，焦虑水平过低过高都不利于任务的完成。大学生进入新的环境，各方面都要重新开始适应和调整。如果对自己期望过高，压力过大，凡事患得患失，时间长了，不排除产生持续性焦虑的可能，由此带来各种不安及各种躯体上的不舒适感。

拓展阅读

森田疗法

森田疗法又叫禅疗法、根治的自然疗法，创始人是日本东京慈惠会医科大学森田正马教授，他父亲是小学教师，母亲是家庭妇女。父亲对正马要求严厉，母亲对他则十分溺爱和娇纵。正马幼时体弱多病，但聪明伶俐。上中学后，由于父亲严格的管教，他开始厌学逃学、离家出走、留级。他16岁时患了头痛症，并且经常出现心悸。医生诊断为患有心脏病。两年后他又患了伤寒和焦虑性神经痛等疾病。上大学后，正马时常被焦虑及各种病痛折磨，为了摆脱烦恼，他一方面阅读了大量心理学方面的书籍，另一方面接受各种治疗，但效果甚微，他数次想过自杀。期末来临，他已不能学习和考试。恰逢此时家里没寄生活费来，更使他陷入绝望的境地。他开始自暴自弃，不再关心自己的身体，拼命看书学习，结果考试成绩非常好，身体的各种病症也减轻了，这也就形成了后来的"放弃治疗"，也就是森田疗法。

森田疗法的基本治疗原则，一是"顺其自然"，即充分认识到精神活动和症状的形成和发展有其自身的客观规律，任何抵制、反抗、回避或压制都是徒劳的，只有服从、顺应和泰然接受，使主观思想符合客观规律，才能使神经质自然消失。二是"为所当为"，即在"顺其自然"的指导下，学会控制可控的事情。例如，使患者以自己固有的生存欲望努力做自己应该做的事情，以实际行动将精神能量引向外界，提高适应现实生活的能力，增强自信心，从而改变不良情感。"为所当为"是对"顺其自然"的充实和补充，是对客观规律的确认和积极主动地顺应。

森田疗法要求人们把烦恼等当作人的一种自然的感情去顺其自然地接纳它，不要当作异物去拼命地想排除它，否则，就会由于"求不可得"而引发思想矛盾，导致内心世界的激烈冲突。如果能够顺其自然地接纳所有的症状，默默承受和忍受这些带来的痛苦，就可从被束缚的机制中解脱出来，达到"消除或者避免神经质性格的消极面的影响，而充分发挥其正面的'生的欲望'的积极作用"的目的。森田疗法强调不能简单地把消除症状作为治疗的目标，而应该把自己从反复想消除症状的泥潭中解放出来，然后重新调整生活。不要指望也不可能立即消除自己的症状，而是学会带着症状去生活。

2. 强迫症

强迫症是以不能为主观意志所克制的、反复出现的观念、意向或行动为临床特征的一种神经症。其特点就是有意识的强迫与反强迫并存，患者明知某种行为或观念不合理，但却无法摆脱，因而非常痛苦。

症状表现为：

①强迫思维：强迫性穷思竭虑、强迫性怀疑、强迫性对立观念等。

②强迫行为：强迫性仪式动作、强迫性洗涤、强迫性询问、强迫性计数等。

3. 恐惧症

恐惧症是以恐惧症状为主要临床表现的一种神经症。患者对某些特定的对象或处境产生强烈和不必要的恐惧情绪，而且伴有明显的焦虑及自主神经症状，并主动采取回避的方式来解除这种不安。患者明知恐惧情绪不合理、不必要，但却无法控制，以致影响其正常活动。恐惧的对象可以是单一的或多种的，如动物、广场、闭室、登高或社交活动等。

不同类型的症状表现为：

①社交恐惧症：在社交场合下几乎不可控制地诱发即刻的焦虑发作，如害羞脸红、局促不安、尴尬、发抖、出汗、笨拙、迟钝等，有的患者还害怕看别人的眼睛（对视恐怖），并对社交性场景持久地、明显地害怕和回避。

②特定的恐惧症：主要是对某一特定物体、高度或特定情境，产生强烈的、不合理的害怕或厌恶，因此产生回避行为。例如，害怕血或某种动物，或害怕高处、密闭空间等。

③场所恐惧症：害怕人群聚集的地方或开放的空间，因此常回避这些情境，或需要家人、亲友陪同。

（二）常见的情感精神障碍疾病

情感精神障碍又称心境障碍，它是一组以情感显著且持续地高涨或低落为主要临床特征的精神障碍，常伴有相应的思维和行为改变，情感障碍的表现具有很大的变异，较轻的可以是对某种负性生活事件的反应，重的则可成为一种严重的复发性甚至慢性致残性障碍。通常表现为抑郁发作和躁狂发作两种完全相反的临床状态。常反复发作，多数可缓解少数残留症状或转为慢性。

1. 抑郁症

抑郁症又称抑郁障碍，以显著且持久的心境低落、思维缓慢、语言动作减少和迟缓为主要临床特征。

症状表现为：心境低落、悲观绝望、反应迟钝、思路闭塞、疏远亲友、回避社交、记忆力下降、学习困难、睡眠障碍、乏力、食欲减退、体重下降、性欲减退等，严重者无法顺利进行交流，而且常伴有自杀的消极观念或行为。

有大学生对大学生活不适应，或是学习、社交不顺利而灰心丧气，陷入抑郁、悲观的状态。出现这种状态的原因是多方面的，由于他们本身的人生观、价值观尚未稳定，对自身行为的合理性和可能性了解得不够深刻，对挫折的承受能力与心理防御机能不成熟、不完善，因此很容易表现出抑郁的情绪和心境。但是有抑郁的表现不等于抑郁症。抑郁的表现程度必须达到使心理功能下降或社会功能受损，并经有资质的专业人员鉴定才能确定为抑郁症。大学生通过学习能够掌握适时的调适和求助方法。

2. 躁狂症

躁狂症以情绪高涨、思维奔逸、精神运动性兴奋为临床特征。

症状表现为：情感高涨、言语增多、思维奔逸或夸大妄想、活动增多、不停忙碌、精力旺盛、睡眠减少、不知疲倦、性欲增强、行为草率、不顾后果、易激惹、易与周围发生冲突。严重时可伴有幻觉、妄想、紧张等精神病性症状。

患者自我感觉良好，通常对自己的病情没有自知能力。

3. 双向障碍

双向障碍是以抑郁发作与躁狂或轻躁狂交替发作或混合发作为特征的一类精神障碍。

患者的临床表现，既有躁狂状态表现又有抑郁状态表现。

(三)常见的精神障碍疾病

1. 精神分裂症

精神分裂症是一组病因未明的重性精神病，涉及感知觉、思维、情感和行为等多方面的障碍，以精神活动的不协调和脱离现实为特征，患者一般意识清晰，智能完好，但部分认知功能损害，发病期自知力基本丧失，多起病于青壮年，起病缓慢，病程迁延，部分可发展为精神活动的衰退。

症状表现为：幻觉、幻听、幻味、被害妄想、关系妄想、夸大妄想、情感淡漠、离群独处，在学习工作方面出现缺陷等。在妄想的影响下患者会做出担心、紧张，或者防御性行为和攻击性行为。而且本人对此缺乏自知力，缺乏深入分析、批判的能力。

通常在临床上分为：偏执型、青春型、紧张型、单纯型、未分化型、残留型。

偏执型是常见的精神分裂症的一种类型，以幻觉、妄想为主要临床表现。

对精神分裂症的诊断，国外常用的诊断标准参见《精神障碍诊断与统计手册(第五版)》等，国内常用的诊断标准参见《中国精神障碍分类与诊断标准(第三版)》。

2. 人格障碍

人格(personality)或称个性(character)，是一个人固定的行为模式及在日常活动中待人处事的习惯方式，是全部心理特征的综合。人格障碍(personality disorder)是指明显偏离正常且根深蒂固的行为方式，具有适应不良的性质，其人格在内容上、质上或整个人格方面异常，由于这个原因，病人遭受痛苦和/或使他人遭受痛苦，或给个人、社会带来不良影响。人格障碍通常开始于童年、青少年或成年早期，并一直持续到成年乃至终生。部分人格障碍患者在成年后有所缓和。目前发现的人格障碍类型有反社会型人格、强迫型人格、分裂型人格、偏执型人格、表演型人格、冲动型人格、依赖型人格等。

人格障碍者一般不会主动求医，常常是在和环境及社会发生冲突而感到痛苦或出现情绪睡眠方面的症状时才非常无奈地到医院就诊。专业的心理治疗、教育与心理行为训练对人格障碍的治疗有帮助；另外心理咨询也有助于改善人格障碍，通过咨询启发他们省视自己的态度和情绪去解决问题，特别是对边缘型人格者和反社会型人格者。

总体而言，人格障碍治疗效果有限，预后效果欠佳，因此在幼年时期培养健全的人格尤为重要。

3. 癔症

癔症又称分离转换性障碍，是由精神因素，如生活事件、内心冲突、暗示或自我暗示，作用于易病个体引起的精神障碍。癔症的主要表现有分离症状和转换症状两种。

分离症状：突然不能回忆起重要的个人经历、个人身份，突然情感暴发，时哭时笑，吵闹，对自己的情况以夸张性来表现，或者出现冲动毁物、伤人、自伤和自杀行为，给人傻呆、幼稚的感觉。忽然间人格改变或意识障碍，有时也可出现精神病性症状。

转换症状：可出现运动障碍、痉挛障碍、抽搐发作等各种奇特的肌张力紊乱，也可产生听觉障碍、视觉障碍、感觉障碍等，其间可有短暂间歇期，缓解后无后遗症状，但可再发。

癔症的症状是功能性的，因此心理治疗占有重要的地位。该病预后一般较好，60%～80%的患者可在一年内自行缓解。

判断是否有某种心理疾病，实质上是一个心理评估与诊断的过程，需要专业人员运用心理学和精神病学的理论、技术、方法和手段，根据严格的诊断标准，按照严格的程序去实施的一项专业性很强的工作。我们不能仅根据一些情绪、躯体现象和心理测试就轻易做出判断，更不能简单地对号入座。如果怀疑自己或他人患有心理疾病，均建议到正规医疗机构的专科进行诊断与治疗，在药物治疗的基础上，进行心理治疗。同时向患者家属宣传疾病知识，提高他们的危机干预意识，此外患者调整婚姻家庭中的不利因素对治疗的成效起促进作用。

在日常生活学习中，大学生难免会遇到这样或那样的问题、挫折，通过学习心理健康教育，如果对自己的心理状态能有清晰的认识，大学生就能防范在先。当面对不良的生活事件和环境应激事件时，大学生应采取正确的应对措施，积极面对，使自己摆脱和战胜困境。另外进行积极的自我暗示，坚持适量的运动，做感兴趣的事情，适当的情感宣泄，常听音乐，积极参加集体活动等，也能够预防心理疾病的发生。

心理互动与训练

焦虑自评量表(SAS)

填表注意事项：下面有二十条文字，请仔细阅读每一条，把意思弄明白，然后根据您最近一星期的实际情况进行选择。

答案选择：A 代表没有或很少时间；B 代表小部分时间；C 代表相当多时间；D 代表绝大部分或全部时间。

1. 我觉得比平时容易紧张或着急。

2. 我无缘无故地感到害怕。

3. 我容易心里烦乱或感到惊恐。

4. 我觉得我可能将要发疯。

5. 我觉得一切都很好。

6. 我手脚发抖打战。

7. 我因为头疼、颈痛和背痛而苦恼。

8. 我觉得容易衰弱和疲乏。

9. 我觉得心平气和，并且容易安静坐着。

10. 我觉得心跳得很快。

11. 我因为一阵阵头晕而苦恼。

12. 我有晕倒发作，或觉得要晕倒似的。

13. 我吸气、呼气都感到很容易。

14. 我的手脚麻木和刺痛。

15. 我因为胃痛和消化不良而苦恼。

16. 我常常要小便。

17. 我的手脚常常是干燥、温暖的。

18. 我脸红发热。

19. 我容易入睡并且一夜睡得很好。

20. 我做噩梦。

【评价与分析】

正向计分题的A、B、C、D分别按1、2、3、4计分；反向计分题分别按4、3、2、1计分。反向计分题号：5、9、13、17、19。将每个项目得分相加，即得总分。总分乘1.25取整数，即得标准分。分值越小越好，分界值为50。

抑郁自评量表(SDS)

填表注意事项：下面有二十条文字，请仔细阅读每一条，把意思弄明白，然后根据您最近一星期的实际情况进行选择。

答案选择：A代表没有或很少时间；B代表小部分时间；C代表相当多时间；D代表绝大部分或全部时间。

1. 我感到情绪沮丧，郁闷。

2. 我感到早晨心情最好。

3. 我要哭或想哭。

4. 我夜间睡眠不好。

5. 我吃饭像平时一样多。

6. 我的性功能正常。

7. 我感到体重减轻。

8. 我为便秘而烦恼。

9. 我的心跳比平时快。

10. 我无故感到疲劳。

11. 我的头脑像往常一样清楚。

12. 我做事情像平时一样不感到困难。

13. 我坐卧不安，难以保持平静。

14. 我对未来感到有希望。

15. 我比平时更容易激怒。

16. 我觉得决定什么事都很容易。

17. 我感到自己是有用的和不可缺少的人。

18. 我的生活很有意义。

19. 假如我死了别人会过得更好。

20. 我仍旧喜爱自己平时喜爱的东西。

【评价与分析】

A、B、C、D分别按4、3、2、1计分，将各项目的得分相加，即得总分。总分乘1.25取整数，即得标准分。分值越小越好，分界值为50。

第三节 大学生心理咨询与心理健康维护

一、心理咨询概述

现代社会科技发达，信息量大，观念混杂。大学生风华正茂，情思涌动，思维活跃，思想变化极快，矛盾冲突明显，这个阶段是个体在一生发展中遇到问题最多、最为困惑的时期。如果这些问题能够得到心理咨询的帮助，那么，他们就可以避免走弯路或是误入歧途。在大学生中开展心理咨询是一项十分迫切的工作。

(一)心理咨询的定义

心理咨询在英文中称为 counseling，从字面上看，是商洽与指导的意思；或者称为 psychological counseling，即在心理方面给予咨询对象以帮助、劝告、教导的过程。心理咨询是由心理咨询师运用心理学及相关知识，遵循心理学原则，通过心理咨询的技术与方法，帮助来访者解除心理问题的专业活动。在这种关系中，助人者的手段及其所创造的气氛，使被助者逐步学会以更积极的方法对待自己和他人，这是一种职业性的帮助关系。

心理咨询作为一种比较成型的理论和方法，有近百年的历史，是一个涵盖非常广泛的概念，涉及职业指导、教育辅导、心理健康咨询、婚姻家庭咨询等生活的各个方面。我国的心理咨询起步较晚，近年来这项工作逐渐得到了社会各界的重视，发展较快。目前，国内许多医院相继开设了心理咨询门诊，并收到了良好的效果。尤其引人注目的是，高校心理咨询活动已蓬勃开展，许多院校相继建立了心理咨询机构，这对广大青年学生的身心健康、全面发展产生了积极的影响。

心理咨询的主要工作对象是正常人，着重处理的是正常人遇到的各种问题，主要有日常生活中的人际关系问题、职业选择方面的问题、教育求学过程中的问题、恋爱婚姻方面的问题、子女教育方面的问题等；心理咨询主要在人的意识层次上进行，更重视教育性、支持性、指导性，着重找出已存在于来访者自身的某些内在因素，并使之得到发展，或在现存条件的分析基础上提供改进意见；心理咨询工作是更为直接地针对某些有限的具体目标进行的。

心理咨询按其场所的安排可分为学校咨询、企业咨询、社区咨询。按来访者的人数可分为个人咨询和团体咨询。

(二)心理咨询的意义

心理咨询的对象主要是正常人或是正在恢复或已康复的病人。高校开展大学生心理咨询，主要是帮助大学生认识自己的内外世界，了解和改变不合理的观念，学会面对现实和应对现实，学会理解他人，正确地认识自我，构建合理的行为模式；同时也鼓励来访者倾诉内心的痛苦，并进行针对性指导。目的就是提高个人心理素质，使人健康、愉快、有意义地生活。

1. 帮助大学生认识自己的内、外世界

这里所说的内世界是指个人以往积累的经验；外世界是指鲜活的、不断变化的现实。个人的内世界是可以按个人的意志来编排的，但个人的外世界却不能随意改变，自然地运行着。这内、外世界本身就存在差异，会时常出现矛盾。大学生对这种矛盾往往缺乏正确的认识，在面临困境时，容易简单地按内心的需求来要求世界的改变，不能够从客观的角度去认识事物，这样就会在心理产生困惑与冲突，甚至烦躁不安，对自己的生存价值产生怀疑，对固有信仰发生动摇。

2. 帮助大学生了解和改变不合理的观念

心理咨询能够协助来访者纠正自己非理性的思维。来访者经常确信自己的动机和需要是正确、合理的，认为自己十分清楚需要什么。但事实并非如此，这类心理问题往往是由盲目自信造成的；又或者来访者以为自己对事物的观察和理解是正确的，从不怀疑自己的思想观念和理解的准确性，但通过心理咨询交流，他会得到启发和引导，从而能客观地看问题、评估问题和理解问题，找到适宜的应对方式，从而获得成长。

3. 帮助大学生学会面对和接受现实

生活的真谛是必须面对现实。而我们的很多苦恼往往源于不能面对和接受现实。人们在面对现实事件时，往往会有三种反应：感性反应、理性反应和悟性反应。

感性反应是对外部事物情绪化应对的反应形式。例如，有些人在现实生活中，由于遭遇失败或严重挫折，出现的逃避现实、沉溺于过去的痛苦回忆，或是坠入未来的想象中。

理性反应是用概念和事物之间的逻辑去反映外部事物的反应形式。

悟性反应是在人的理性高度发展后表现出的一种超越感性和理性的反应形式。

在现实生活中，人如果没有感性，就如同失去了味觉，品尝不到五味杂陈；如果没有理性，就会像无头苍蝇，到处乱撞；如果没有悟性，就好比被蒙蔽了双眼，被各种烦恼围绕。所以要三者必备，才可拥有平衡快乐的人生。

4. 帮助大学生学会理解他人

现实社会的各种名利冲突及其他冲突，会打破人性的内在平衡，这种状况会使人的心理产生扭曲，体验到孤独、嫉妒、怨恨，甚至产生严重的心理问题。心理咨询能够帮助他们自觉地理解他人及理解群体对自己的重要性，这种理解可以缓解甚至平复人际冲突，恢复人性的内在平衡。

5. 帮助大学生正确地认识自我

常言道："人贵有自知之明。"但在现实中要做到"明"，并不容易。心理咨询能够帮助来访者通过反省用客观的标准衡量自己、参悟自己、全面正确地了解自己。

6. 帮助大学生构建合理的行为模式

受不合理行为模式困扰的来访者，若想改变自己的现状，在心理咨询师的指导下，通过学习与训练，排除心理行为障碍，促进自然复愈，并建立一种新的、合理的行为模式，付诸行动。

解决心理问题的关键，不在于来访者能否控制自己的思想和欲望，而在于来访者是否具有合理的认识，以及发自内心想要改变的动机，进而能否将合理的思想和观念付诸行动。

拓展阅读

心理咨询工作原则

心理咨询是一项专业性很强的工作，它既是一门科学，也是一种特殊的职业。心理咨询师必须恪守有关原则，这是心理咨询工作的首要前提。

一、价值中立原则

价值中立原则也可以称为价值中立态度或非评判性观点、非指导性原则等。在整个心理咨询的过程中，心理咨询师需要保持价值中立，接纳来访者，不把自己的观念强加给来访者，不用自己的价值观改造来访者，不对来访者进行批评指责。

二、保密原则和保密例外原则

对来访者在心理咨询中所陈述的任何内容，包括来访者的认知、行为、个性、事件、经历、体验、感受等，无论内容是否涉及来访者的隐私，心理咨询师都应进行保密，不将上述内容透露给无关人员。

在教学、科研、学术交流等职业活动中，要对来访者的个人身份信息进行保密，需使用案例时要征得来访者的同意。

在心理咨询工作中，因工作需要对来访者进行录音、录像等，必须征得来访者的同意。

不管是否隐去了来访者的个人身份信息，不要在非职业场所向无关人员透露某些案例。

咨询工作如果出现以下问题，均可采用保密例外原则。

当来访者的行为即将对自身产生重大伤害时，如心理咨询师经判定来访者企图自杀时，心理咨询师则需通知相关人员采取适当的措施进行保护。

当来访者的行为将对他人、他物产生重大影响时，如来访者准备伤害别人性命或采取极端手段报复他人或社会时，心理咨询师也需通知相关人员采取适当的措施进行保护。

当公检法机关出于工作的需要，前来了解某来访者的情况时，也可例外。

某些其他特殊情况也可能会存在保密例外。

三、尊重原则

尊重意味着对来访者进行无条件地积极关注和完全地接纳。完全地接纳来访者的优点和缺点，完全地接纳来访者的积极面和消极面。尊重也意味着接纳一个价值观和自己不同甚至差距很大的来访者，并与之平等交流。

四、真诚原则

心理咨询师应以真正的我出现，没有防御式伪装，不把自己藏在专业角色后面，不戴假面具，不是例行公事，而是表里一致，真实可信地置身于与来访者的关系之中。真诚的意义在于：一方面为来访者提供一个安全自由的氛围，使其感到被接纳、被保护；另一方面为来访者树立一个良好的榜样，使其发现和认识真正的自己，促进其改变。

五、避免双重关系原则

双重关系是指既存在来访者与心理咨询师的关系，同时又存在一种或一种以上的其他关系。若原来心理咨询师与来访者存在某种关系，则不应再建立咨询关系；若原来心理咨询师与来访者无任何关系，之后建立了心理咨询关系，则不能再建立其他关系。

心理咨询工作应该避免双重关系，但也不是绝对的，如学校里的心理咨询教师同时也负责教学任务或其他工作，监狱里的警察兼职心理咨询师等，对这种情况需进行特殊处理，一般是通过角色转换来解决。教师或警察在做心理咨询工作的时候，就是心理咨询师的角色；进行其他工作时，则是与当时工作相对应的角色，这绝不能马虎。

六、转介原则

在咨询时，心理咨询师如果发现自己与来访者有明显不适宜之处，或发现自己确实不善于处理时，就应以高度的责任感和良好的职业道德，尽快将来访者转介给其他更加合适的心理咨询师，或及时中止咨询，推荐其去寻找更有效的帮助。转介应注意事先征求来访者的意见并说明理由，转介后不宜与来访者再进行交流。

七、保护原则

心理咨询工作一定是在相对封闭、不被无关人员打扰的、专门的心理咨询室或地点进行的。心理咨询的场所不能设置在私人家里或私人场所。

心理咨询原则的制定，目的是保障来访者的权益，使来访者能够在安全的环境里敞开心扉，在心理咨询师的帮助下妥善处理自己的心理问题。

二、 正确解读心理咨询

心理咨询在中国开展的时间比较短，许多人对这项工作依然存在许多误解，至今许多大学生谈到心理咨询，还是有许多忌讳，不愿意接受心理咨询，并且强调自己没有心理疾病。

其实我们每个人都会存在这样或那样的心理问题，这是一个普遍现象，而且我们每个人的心理问题会在正常与异常之间转化。心理学家们把心理问题形象地比喻为人的心理感冒了，“心理感冒”也需要对症下药才能解决，为此，学校心理咨询机构与正规医院的心理健康专科门诊就是解决这种“心理感冒”的机构，我们有必要充分地了解关于心理咨询的一般知识，以期这项工作能够被人们接受、认同，并在需要时能够帮助我们。

(一)心理咨询不是心理治疗

心理咨询与心理治疗是两个不同的概念。心理咨询的对象是正常人，咨询关系的双方是平等的、非权威的。心理咨询是心理咨询师协助来访者解决心理问题的过程。心理治疗是医患关系，治疗的对象主要是存在心理障碍的人。治疗基本上采取病理模式，而且有医师执业证的人才可以去从事心理治疗的工作。

(二)心理咨询着重解决正常人所遇到的各种问题

心理咨询着重解决正常人所遇到的各种问题，如发展性问题、人际关系问题、青少年学习问题、情感问题、教育问题、失业下岗问题、成年人的婚姻问题、生活突发事件导致的障碍性心理问题等。

(三)心理咨询不是社交谈话

在心理咨询中，谈话是主要的交流方式，并且心理咨询师与来访者之间的谈话是一种专业的会谈，它一定要在正式的咨询室进行。咨询谈话有着明确的目的，以咨询目标为线索，把握各种原则，采用各种技术，最终帮助来访者解决心理问题。社交谈话是随意的，可以是无目的的，也不必遵循什么原则。

(四)心理咨询不是开导安慰

在心理咨询中，来访者可能存在许多让人伤感的负性情绪，但是，安慰并不是心理咨询的目标。只有通过咨询，来访者才能获得心理成长，有意识地调整、控制和改变自己的情绪，提高认识问题、解决问题的能力，培养健全的人格，提高心理素质，才能解决自己的问题。

(五)心理咨询不是逻辑分析、下定论

有的来访者前来咨询，就是希望心理咨询师给他(她)拿主意、下定论，或帮他(她)分析原因、预测结果。但是，心理咨询师只能引导来访者自己思考探索，促使其心理获得成长，帮助来访者自己解决自身的心理问题。

(六)心理咨询师不是救世主

一些来访者把心理咨询师当作“救世主”，认为心理咨询师有能力解决自己所有的心理问题，而自己无须思考、无须努力、无须承担责任。要知道，心理咨询师只能起到分析、引导、启发、支持的作用，从而促进来访者改变和人格成长，他无权把自己的价值观和愿望强加给来访者，更不能替来访者做任何决定。来访者需认识到，“救世主”只有一个，那就是自己。只有改变自己、战胜自己，最终才能超越自我，实现理想目标。

三、 如何有效维护心理健康

大学生在成长过程中出现某些心理问题并不可怕，这些心理问题也不难消除，关键在于树立科学的健康观，增强心理卫生保健意识，自觉接受心理健康教育，优化自己的个性品质，提高自我心理调适的能力。

(一)科学认识和对待心理疾病，提高心理调适能力

目前，开设心理健康教育课程，主要是帮助大学生了解心理健康常识，增强心理卫生保健意识，培养健全的人格，维护自我的心理健康；使大学生在遇到心理问题时可以采取适当的方法进行积极的自我调适，消除各种不良反应，预防心理疾病的发生；使大学生能够认识、理解和面对心理疾病，学会关爱、支持与帮助有心理疾病的同学。

(二)建立积极的心理防御机制，理智寻求外界帮助

积极的心理防御就是要以理智、谨慎的态度对待挫折和冲突。积极的自我心理防御机制包括升华、幽默和亲社会行为等。当心理压力较大、内心冲突激烈、难以进行自我调节时，大学生可以主动求助家人、知心朋友或心理咨询。专业的心理咨询能有针对性地帮助大学生管理情绪和压力，疏导和解决其内心冲突。

高校一般都设有心理咨询机构，有专业的心理咨询教师。心理咨询是保持心理健康、优化心理素质的重要途径，在维护和促进心理健康方面具有重要作用。

(三)培养良好的人格品质，提高承受挫折的能力

健全的人格、良好的社会适应能力，是发展和实现个人与社会的创造性终极目标的保障。培养良好的人格品质，首先应该正确认识自我，悦纳自我，扬长避短，不断完善自己；其次对挫折有正确的认识，面对挫折，既能采取理智的应对方法，又能将消极因素转化为积极因素。

挫折承受能力的高低与个人的思想境界、主观判断、挫折体验等有关。大学生应该培养自己能够从客观的视角看问题；能够从宏观上、本质上认识事物，把握生活。这样才能提高个人承受挫折的能力，培养自己健全的人格。

(四)养成健康的生活方式，建立合理的生活秩序

生活方式简单地说就是怎样生活。健康和寿命首先取决于自己。世界卫生组织曾向世界宣布，个人的健康和寿命60％取决于自己，15％取决于遗传，10％取决于社会因素，8％取决于医疗条件，7％取决于气候影响；而在取决于个人的因素中，生活方式是主要因素。健康的生活方式可以促进人体的健康，反之，则会危害人体的健康。健康的生活方式有以下几种。

①坚持体育锻炼，生活作息时间有规律。

②少饮酒、不吸烟，讲究个人卫生，养成具有环保意识的生活习惯。

③劳逸结合，科学用脑。

④养成独立思考、审慎推理、善于吸收新观念的思维模式。

⑤关注自己的心理健康，悦纳自我，友善他人，建立健康的人际关系。

⑥管理好情绪和合理的情绪反应。

⑦关心生活的意义、行为的目的和价值等问题。

大学生要想长期保持较高的学习效率，维持自己的身心健康，请建立合理的生活秩序，科学地安排好每天的学习、锻炼、休息时间，积极培养生活情趣，丰富业余生活。

参考文献

郝伟. 精神病学(第 5 版)[M]. 北京：人民卫生出版社，2004.

Michael Gelder，Richard Mayou，Philip Cowen. 牛津精神病学教科书[M]. 刘协和，袁德基，译. 成都：四川大学出版社，2004.

江开达. 精神病学(第 2 版)[M]. 北京：人民卫生出版社，2010.

沈渔邨. 精神病学(第 4 版)[M]. 北京：人民卫生出版社，2005.

张平，刘建丛. 癔症患者的心理治疗与护理[J]. 护理实践与研究，2011，8(17)：125-126.

唐钺. 西方心理学史大纲[M]. 北京：北京大学出版社，1982.

彭聃龄. 普通心理学(第 4 版)[M]. 北京：北京师范大学出版社，2012.

孟昭兰. 普通心理学[M]. 北京：北京大学出版，1994.

林崇德，杨治良，黄希庭. 心理学大辞典[M]. 上海：上海教育出版社，2004.

中国心理卫生协会. 心理咨询师[M]. 北京：民族出版社，2012.

吕澜. 大学心理健康教程[M]. 上海：上海交通出版社，2015.

牧新义，冯静. 新编大学生心理健康应用教程[M]. 沈阳：东北大学出版社，2015.

郭念锋. 心理咨询师[M]. 北京：民族出版社，2012.

第二章

大学生自我意识与培养

学习目标

1. 掌握自我意识的定义及分类。
2. 了解自我意识的发展过程。
3. 体验大学生自我意识发展的特点、偏差及缺陷。
4. 能够发现自我、发展自我及完善自我。

校园案例

迷茫的青春

小张，某高职院校的学生，高考后选择了比较热门的计算机专业，可是学了不到一个学期，他发现自己的兴趣根本不在此。尽管他学习非常勤奋刻苦，但是成绩总达不到自己的要求。枯燥的指法练习和晦涩难懂的程序语言让他渐渐失去了学习热情。在高中时期一直担任班委的他原以为自己有较好的管理组织能力，可是进入大学以后，在组织班级和社团活动时，总有部分同学不配合，甚至有的同学还在背后议论他，对他嗤之以鼻。再加上优秀班干部落选，他渐渐对自己失去了信心，觉得自己很失败，未来也没有方向，陷入迷茫、沮丧和痛苦之中难以自拔。

这是在大学生当中比较普遍的一个案例。由于对兴趣、能力和人际关系缺乏正确的自我认识，小张在学习和工作中都不如意。也正是缺乏健康的自我意识，才导致他遇到挫折一蹶不振，看不到自己的优势和前途。因此，正确而积极的自我认识在成长和发展中至关重要。

第一节 自我意识概述

“我是谁”这是一个古老而又永恒的话题，也是每一个人毕生都在探寻答案的问题。古希腊的神殿之上有句名言——认识你自己。这句名言警示世人：“人的一生就是一个探索自我的过程，认识自己是人生之旅的出发点，是实现自我价值的基础。”

一、 自我意识的定义

自我意识也称自我概念，是一个人对自己存在的觉察，对自身的认识及对自身与周围环境关系的多方面的认识、体验和评价，是个体关于自我全部的思想、情感和态度的总和。自我意识主要包括三个方面的内容。

个体对自身生理状态的认识与评价。例如，个体对自己的身高、体重、身材、相貌和性别等方面的认识与评价，以及对身体的饥饿、疲倦和疼痛等状态的感觉。

个体对自身心理状态的认识与评价。例如，个体对自己的智力、气质、性格、能力、情绪、理想、信念和兴趣爱好等方面的认识和评价。

个体对自己与周围关系的认识与评价。例如，对自己在家庭或班级中的地位和作用及对自己与他人关系的认识和评价。

简言之，自我意识就是对自己个人身心活动的觉察。由于个体能洞察自己的一切，因此能对自己的行为加以控制与调节，并形成对自己固有的态度，如自尊自爱或自卑自怜。这种对自我的认识与情感，表面上看来好像属于个人的私事，实质上却是在特定的文化环境中，经由个人与他人的互动形成的，是社会化的结果。自我意识不仅是人脑对主体自身的意识与反映，因为受周围环境的影响，特别是人与人之间关系的制约和影响，所以自我意识也是人脑对人与周围现实之间关系的反映。自我意识是人类特有的反映形式，是人的心理区别于动物心理的一个特征。

二、 自我意识的分类

自我意识是一个多维度、多层次的心理系统，对个性的形成与发展起着调节与监督的作用。

(一)从结构上看，自我意识可分为自我认识、自我体验和自我调节

自我认识是自我意识的认知成分，主要包括个体的自我感觉、自我观察、自我分

析和自我评价等方面的内容。自我认识是自我意识的首要成分，正确的自我评价对个人的心理及其行为表现有较大影响。如果个体对自身的评价与其他人对自己的客观评价过于悬殊，就会使个体与周围的关系失去平衡，产生矛盾。长期以来，就会形成稳定的心理特征——自负或自卑，不利于个人心理上的健康成长。

自我体验是自我意识的情绪和情感成分，是主体对自身的认识而引发的情感体验，是主观的我对客观的我所持有的一种态度，主要包括自尊、自信、自卑、自负、自责和自豪等方面的内容。自我体验往往与自我认知和自我评价有关，也与自己对社会规范和价值标准的认识有关，良好的自我体验有助于自我监控的发展。

自我调节是自我意识的意志成分，主要是指个体对自己的心理、行为等方面的调节，包括自主、自立、自律、自我教育和自我控制等方面。自我调节是自我意识直接作用于个体行为的环节，是一个人自我教育和自我发展的重要机制，自我调节的实现是自我意识的能动性的表现。自我意识的调节作用表现为：启动或制止行为，心理活动的转移，心理过程的加速或减速，积极性的加强或减弱，动机的协调，根据拟订的计划监督检查行动，动作的协调一致等。

（二）从内容上看，自我意识可分为生理自我、社会自我和心理自我

生理自我是对自己的身体、性别、年龄、容貌、仪表、健康状况及所有物等方面的认识。伴随着生理自我的体验，个体就会在不同的自我体验中出现自豪感或自卑感。不同体验的个体也开始追求身体的外表、健康和物质欲望的满足，并维护家庭的利益等，这样才能使个体产生自豪感而避免产生自卑感。

社会自我是对自己在集体中的角色、名望、地位和经济条件等方面的认识。个体在集体中不断与他人进行比较，感受到自己在社会或集体中的位置从而产生社会自我的感受。个体通过追求名誉、地位和威望，与他人竞争，争取得到他人的好感来获得自豪感，避免自己在社会自我体验中产生自卑感。

心理自我是对自己的智力、性格、气质、兴趣、信念、理想和爱好等个性特征的认识。个体在认识到了心理自我后，就要开始追求理性，注意行为符合社会规范，促进智慧与能力的发展，这样才能使自己更加完善。

（三）从存在方式上看，自我意识可分为现实自我、镜像自我和理想自我

现实自我就是个体从自己的立场出发对自己当前实际状况的基本看法。镜像自我

又称他人自我，是指个体想象自己在他人心目中的形象或他人对自己的基本看法。理想自我则是指个体想要达到的比较完美的形象。三者之间是相互依存、相互制约的。当理想自我与现实自我一致，且符合社会要求和期望时，理想自我就会指导现实自我积极适应并作用于环境，从而使自我意识获得快速发展。反之，如果理想自我、现实自我和社会要求三者之间有矛盾，就会引起个体内心的混乱，甚至会引起严重的心理疾病。同样，当现实自我和镜像自我一致时，个体会产生加快自我发展的倾向，反之，个体会感到别人不理解自己。

三、 自我意识的形成与发展

人的自我意识是随着人生每个阶段的成长逐渐发展的。人的自我意识从产生、发展到相对稳定，经过二十多年的时间。它是在社会交往过程中，随着语言和思维的发展而发展的。它起始于婴幼儿时期，萌芽于童年期，形成于青春期，发展于青年期，完善于成年期。而青少年阶段是自我意识发展重要的时期。在这一阶段，如果自我形象得到良好建立，人就会生活得有信心、有动力，就会了解和接纳自己的优点和缺点，进一步迈向成熟的阶段。我国心理学家提出了自我意识发展的三阶段模式，即生理自我、社会自我和心理自我的发展时期。

(一)生理自我(0～3 岁)

这一时期的幼儿，其行为是一种以自我为中心的行为，以自己的身体为中心，以自己的想法和情感来认识和投射外部世界。因此这一时期的自我意识被认为是生理自我时期，也有人称之为自我中心期，它是自我意识最原始的形态。

(二)社会自我(3 岁至青春期)

这段时期个体接受社会文化影响最深，所以又称为客观化时期。这一时期是角色学习的重要时期。儿童在幼儿园、小学和中学接受正规教育，通过在游戏、学习和劳动等活动中不断地练习、模仿和认同，逐渐习得社会规范，形成各种角色观念，如性别角色、家庭角色、同伴角色和学校角色等，并能有意识地调节与控制自己的行为，同时道德也在发展。青春期少年主要是以别人的观点去评价事物和认识他人，对自己的认识也服从权威或同伴的评价。

(三)心理自我(青春期至成年)

从青春期到成年大约十年的时间，自我意识发展渐趋于成熟，此阶段个体在生理、情绪和思考能力等方面都发生了本质上的急剧变化，促使自我意识趋向成熟，此时个体开始清晰地意识到自己的内心世界，关注自己的内在体验，喜欢用自己的眼光和观点去认识和评价外部世界，开始有明确的价值探索和追求，强烈要求独立，所以又称为主观化时期。青年的世界观、人生观和价值观的形成是心理自我成熟的标志。大学生正处在心理自我阶段，渴望认识自我、肯定自我、发展自我和完善自我。

四、 自我意识的功能

自我意识对个人的学习与工作有巨大的推动作用，对其本身态度的转变也有重要的调节作用。自我意识在个体发展中有导航、反省和调控的功能。

(一)导航功能

自我意识的导航功能主要体现在实现理想自我的过程中。理想自我是以“我要成为什么样的人”“我要如何使自我价值得以实现”为目标，指导人们成长与发展的。这种理想自我是建立在全面和正确认识自我的基础上的，能对个体的认知、情感、行动和品德等方面产生较大的影响，是个体动力的源泉。具有健康自我意识的人会在自己明确目标的指引下，自觉调动内在的能力和潜力，充分利用各种资源，以积极的心态来对待和处理发展道路上遇到的各种困难，不断进取。

(二)反省功能

当个体在实现理想自我的过程中遭受挫折和阻碍时，人们的自我意识就会对自己的认知、情感、能力、行为及人际交往等方面进行反省，寻找挫折的主客观因素，并重新调整原来的认知和行为等，重塑理想自我，使自我趋于统一。自我意识是改造自身主观因素的途径，它使人不断地自我监督、自我教育和自我完善。

(三)调控功能

只有当个体意识到自己是谁，想要做什么，应该做什么的时候，他才会自觉地去行动。个体在对自我做出正确认识和合理规划的基础上，能够对自己的注意力、情感、道德、行为、时间和精力等加以控制，以实现自己的目标。

心理互动与训练

我是谁

步骤一：每人写二十句“我是一个……的人”。要求反映个人的特征，避免出现“我是一个男生”这样的句子。

步骤二：十个人一组相互交流，每个人都抱着理解他人的心情，去认识小组内每个独特的人。最后小组代表发言，分享感受。

步骤三：将二十项内容按表 2-1 归类。

表 2-1 独特的我

(1)	身体状况(属于你的体貌特征，如年龄、身高和体型等) 编号：
(2)	情绪状况(你常持有的情绪、情感，如乐观开朗、振奋人心和烦恼沮丧等) 编号：
(3)	才智状况(你的智力、能力情况，如聪明、灵活、迟钝、能干和机灵等) 编号：
(4)	社会关系状况(与他人的关系，对他人常持有的态度和原则，如乐于助人、爱交朋友、坦诚和孤独等) 编号：

步骤四：评估你对自己的陈述是积极的还是消极的，在步骤一中列出的每句话后面加上加号(＋)和减号(－)。加号表示“这句话表达了你对自己肯定和满意的态度”，减号的意思则正好相反，表示“这句话表达了你对自己不满意或否定的态度”。看看你的加号与减号的数量各有多少，如果你的加号数量大于减号，说明你的自我接纳状况良好；相反，你的减号将近一半或超过一半，这表明你还不能很好地接纳自己，自尊程度较低。这就需要反省一番，寻找问题的根源。比如，你是否低估了自己，是什么原因使你成为这样，有没有改善的可能，你可能会想到刚才在二十个“我是谁”中遗漏了的对自己某些方面的认识，回家后请再仔细地想一想。

第二节 大学生自我意识的发展规律及特点

校园案例

一个大学生的自述

我是一个矛盾体，是真正意义上的矛盾体。我经常感到有两个“我”在斗争，一个“我”健康活泼，积极向上，懂事孝顺，控制力强，做事有计划，效率高；另一个“我”强迫性暴饮暴食，消极悲观，怨天尤人，毫无自制力，在自我折磨中浪费时间、挥霍金钱。一个“我”喊：“停！你不能再堕落了！”另一个“我”说：“咳，反正都已经这样了，何必和自己过不去呢?”于是我就处在痛苦的挣扎中，大多数情况下，我还是会被那个放任的“我”俘虏，堕落得一塌糊涂。有时候，这个魔鬼般的“我”会暂时离开，于是理智的“我”开始回想曾经做过的一切，会有一种毛骨悚然的感觉。“这还是我吗?我怎么会变成这样?”这是我经常问自己的问题。“这是最后一次了。从明天开始，我一定要远离这个毛病。”这是我经常给自己做出的保证。可是，我一次又一次地让自己失望，我在自己心中的形象也随着一次次的失望跌到了谷底。

以上的资料是理想自我与现实自我冲突的一个表现。当两个“我”面对斗争时，自我控制能力较弱的人，他的魔鬼般的“我”会占上风，即使理智的“我”可以认识到问题的严重性，但落实到行动上，结果常常令自己失望，久而久之，就会产生自卑和抑郁等消极心理，严重的有可能导致精神分裂。

一、 大学生自我意识的发展规律

一般来讲，青年自我意识的发展，经历着一个特别明显的分化—冲突—统一的过程。大学生的自我意识在大学阶段得到了迅速发展，其自我认识、自我体验和自我控制逐步协调一致。但在自我意识逐步成熟和确立的这一过程中，大学生也品尝了酸甜苦辣，付出了艰难代价，并为解决内心的矛盾冲突进行了不懈的努力。

(一)自我意识的分化

在自我意识的发展过程中，儿童的自我意识基本是稳定和统一的。由于大学生的自我意识转向以自我本身的心理活动为对象，原来在儿童时期统一的自我意识开始一分为二：一方面是“理想我”，即“主体我”，处于观察者的地位；另一方面是“现实我”，即“客体我”，处于被观察者的地位。自我意识分化是自我意识开始走向成熟的标志，它表明一个青年开始懂得认识自己了。自我意识明显的分化，使大学生主动并迅速地关注自己的内心世界和行为，对自己产生了新的认识和体验。同时，他们的种种激动、不安、焦虑和喜悦增加，自我思考也增多，要求有属于自己的空间，渴望被理解、被关怀。

(二)自我意识的冲突

1. 理想自我和现实自我的冲突

理想自我和现实自我的冲突是大学生自我意识最突出、最集中的表现，主要源于理想自我与现实自我的差距。大学生的理想自我抱负高、成就欲望强，对未来充满了信心。然而，他们的现实自我接触社会较少，现实条件与自己的理想相差甚远，他们还不能很好地把自己的理想和现实有机地结合起来，这给他们带来很大的苦恼和冲突。也正是因为这种冲突和差距，调动了大学生奋发进取的积极性。但是，如果理想自我和现实自我迟迟不能趋近和统一，则会引起自我的分裂，导致一系列心理问题。

2. 独立意识与依附心理的冲突

进入大学以后，大学生的独立意识迅速发展，他们希望能在经济、生活、学习和思想各方面独立，希望摆脱成人的管束，但他们在心理上和经济上又依赖成人，无法真正做到人格上的独立。这种独立和依赖的矛盾也一直是大学生苦恼的问题。

3. 交往需要和自我闭锁的冲突

大学生迫切需要友谊，渴望理解，寻求归属和爱。他们有强烈的交往需要，希望和朋友探讨人生，分享苦与乐。然而，大学生又存在自我闭锁的趋向，他们常常把自己的内心世界深藏起来，与人交往常常存戒备心理，总是有意无意地保持一定的距离。正是这种矛盾冲突，使不少大学生经常体验到孤独。

4. 自尊感与自卑感的冲突

自尊感是个体能悦纳自己和尊重自己，对自己抱以肯定的态度。自卑感则是个体对自己不满，对自己持否定的态度。它们是自我体验中的两种相互对立的情感，但是在大学生身上，经常交织在一起。一般来看，大学生的自尊感特别强，这与他们大多是独生子女或兄弟姐妹较少，在家里一直受到较多关注有关，进入大学后，父母的关注明显减少。大学生与其他同学重新比较时，许多人会发现自己的优势不见了，从而感到焦虑和痛苦，自卑感强烈。另外，大学生在这一年龄阶段，往往对自己有着过高的甚至接近完美的要求，一旦发现自己存在某些不足，就容易夸大自己的不足，认为自己一无是处。

5. 追求上进与自我消沉的冲突

大学生对大学生活满怀憧憬，希望通过自己的奋斗，开发自己的潜能，达到自我实现。但在追求上进的同时，难免遭遇挫折，不少大学生常常因此情绪波动较大。有的学生在困难面前消极退缩，对事业、生活和未来失去信心，有的甚至有一种幻灭感，认为理想只是过去的事。但多数情况下，大学生虽然消沉却又不甘自弃，依然想奋进，可又自感困难不少，内心极为矛盾，烦躁、不安和焦虑由此而生。

（三）自我意识的统一

自我意识的分化与矛盾所带来的痛苦，促使大学生不断寻求方法以求得自我意识的统一，即自我同一性。自我同一性表现为自我与客观环境的统一、理想自我与现实自我的统一，也表现为自我认识、自我体验和自我调控的统一。消除矛盾，获得自我统一的途径有三种：一是努力改善现实自我，使之逐渐接近理想自我；二是修正理想自我中某些不切实际的标准，使之与现实自我趋近；三是放弃理想自我而迁就现实自我。按照心理健康的标准，不管哪种途径达到自我意识的统一，只要统一后的自我是完整的、协调的、充实的和有利的，就是积极和健康的统一。

二、 大学生自我意识的发展特点

（一）自我认识不断拓宽和深化

大学生自我意识不断拓展，其心理活动的深度、广度和发展速度都远远超过中学阶段。大学生开始主动和积极地探索自我、认识自我。他们不仅积极主动地把自己和周围的同学和老师进行比较，把自己和心目中的成功人士和英雄人物进行比较，把自己和社会推崇的优秀的同龄人进行比较，还运用自己的聪明才智和经验，对自己的思想、学习、工作、品德和成长等情况进行独立的分析和判断。同时他们对心理学的讲座、书籍、调查与测试等表现出较高的热情。大学生的知识面不断得到拓展，他们经常会反思“我想成为一个什么样的人”“我要过什么样的生活”“我要如何实现自己的价值”等问题。

(二)自我认识途径增多

大学生能够通过自我反省认识自我，通过与他人比较认识自我，通过网络世界认识自我。丰富的网络信息激发了大学生自我分析的灵感，拓宽了他们自我分析的广度。现在很多学校开设了心理健康课，成立了心理咨询中心，大学生可以通过课堂、心理咨询和心理测评认识自我。越来越多的大学生已能坦然接受心理咨询，与咨询老师一起分析自我和评价自我，使自己的认识更完善、更合理。

(三)自我评价能力显著提高

由于各类知识的增多，生活经验的扩大，感性与理性的渐趋成熟，大多数大学生对自己的分析和评价逐渐变得客观和全面，能认识到自己较稳定的个性心理品质。例如，对自己的缺点、性格、道德品质、同学关系、理想信念、能力才华、世界观、人生观和价值观等方面，能从多个视角进行动态的认识和评价。大学生自我评价能力以及对自我分析要求的提高，是大学生个性高度发展的重要标志。大学生不再完全依靠他人的评价作为评价自己的标准。大学生在自我评价的发展上表现出个体差异。

(四)自我体验日益深刻而丰富

在丰富多彩的自我体验中，大学生的情绪和情感基调大多是健康的、积极的。大多数学生自信、好胜，喜欢自己，对自己感到满意。同时，大学生的自我体验又比较复杂、敏感和闭锁，有一定的波动性。凡是涉及“我”及与“我”相关的许多事物，常常会引起大学生的情绪、情感反应。大学生对别人的言行和态度极为敏感，把自己的情感体验闭锁于内心，且内心体验起伏较大，有明显的两极情绪。他们取得成就时容易产生积极和肯定的自我体验，甚至骄傲自满和忘乎所以；遇到挫折时又容易产生消极和否定的自我体验，甚至自暴自弃和悲观失望。另外，大学生的自我体验有时还带有一定的直觉性和情境性，如有时从顿悟和苦思冥想中产生自我情绪体验，有时也容易受到小说、电影和美术等文艺作品和突发事件的影响。

(五)自我调控能力提高

自我调控能力的提高，是大学生自我意识成熟的重要标志。一方面，大学生强烈要求独立和自主，热切期望能够摆脱对成人的依赖，试图确立一个成人的和全新的自我形象。在以自主学习和自理生活为主的高校环境中，多数大学生能够科学合理地安排学习、组织活动、料理生活和解决问题，能够制订相应的计划并自觉付诸实践，很少需要他人的督促。另一方面，他们的自我调控水平还不高，不善于及时调整自己的目标，也不善于理智地控制自己的行为。

拓展阅读

关于自我的相关理论

一、弗洛伊德的本我、自我和超我理论

弗洛伊德(犹太人，奥地利精神病医生及精神分析学派的创始人)认为人格由本我、自我和超我三部分组成。

本我(id)即原我，指原始的自己，包含生存所需的基本欲望、冲动与本能，是一切心理能量之源。本我遵循"快乐原则"行事，它不理会社会道德和外在的行为规范。它唯一的要求是趋乐避苦，它的目标是求得个体的舒适、生存及繁殖。本我是无意识的，不被个体觉察。

自我(ego)，其德文原意指"自己"，是个体可以意识到的其思考、感觉、判断、记忆或行动的部分。自我的机能是寻求"本我"冲动得以满足，同时保护个体不受伤害，而对本我加以约束和压抑，遵循的是"现实原则"。自我一般是延迟本我的即时需要而产生的意识水平。

超我(superego)，是代表人格结构中的理想的部分，是"道德化的自我"，由"良心"和"自我理想"组成。超我大部分是无意识的，指导自我按社会可接受的方式去满足本我，遵循"理想原则"。意识上，它尽力使我们变成一个有道德的人。

二、埃里克森的心理社会性发展模型八阶段理论

埃里克森，美国著名心理学家、新精神分析学派的代表人物。他在《儿童期与社会》(1955)一书中，提出了人心理发展的八阶段理论。他认为人的自我意识的发展要持续人的一生，从婴儿期到老年期，自我意识要经历八个阶段。每个阶段都有一个需要解决的主要问题，只有解决了这个主要问题，个体的自我意识才会进入下一个新的阶段，新的阶段又会面临新的问题需要解决，这样螺旋式地循环发展。如果上一阶段的主要问题没有解决好，就会影响下一阶段自我意识的顺利发展，从而出现心理危机，出现情绪障碍。

(一)婴儿期(0～1.5 岁)：基本信任对不信任的冲突期

在这一时期，如果新生儿的需要得到了满足，他们的啼哭得到了注意，他们得到

了适当的爱和关注，他们就感到自信和信任他人。对他们来说，世界是美好的，人是充满爱意的，是可以接近的。反之，如果这一时期婴儿的需求没有获得满足，他们没有得到足够的爱和关注，他们在一生中对他人都会是疏远的，不相信自己，也不相信他人。

(二)儿童期(1.5～3 岁)：自主与害羞对怀疑的冲突期

一周岁以后，大多数儿童在这个阶段产生了自主性意识。儿童进行探索，获得个人控制感和对外界的认识，他们就感到有能力，是独立的。有强烈的个人操控感、自主感的人相信自己能够克服障碍，能够应对生活中的挑战。反之，他们就会产生羞怯和怀疑。他们对自己感到不确定，变得依赖他人。

(三)学龄初期(3～5 岁)：主动对内疚的冲突期

随着儿童开始与其他儿童交往，他们面临着进入社会生活的挑战。儿童必须学会怎样与其他人一起玩或一起做事，怎样解决不可避免的冲突。儿童通过寻找游戏玩伴及参与其他的社会性活动发展主动性。不能很好地发展主动性的儿童，在这个阶段会产生内疚感和退缩性，他们可能缺乏目的感，并在社会交往或其他场合很少表现出主动性。

(四)学龄期(5～12 岁)：勤奋对自卑的冲突期

儿童进入小学后，他们开始与别的孩子展开竞争。他们不可避免地将自己的聪明和能力与同龄儿童进行比较。如果儿童体验到了成功，他们的竞争意识就会不断增强，这为他们今后成为积极的、有成就的社会成员铺平道路，但失败的体验会使儿童产生一种不适当的感情，对今后的创造与生活都期望不高。

(五)青春期(12～18 岁)：自我同一性对角色混乱的冲突期

青少年阶段可能是人在一生中最困难的时期。这种跨越造成的混乱使青少年感到烦恼甚至痛苦。年轻人开始提出这样一个重要问题：“我是谁?”如果对这一问题的回答是成功的，他们的自我认同感就形成了，他们对个人价值和宗教问题就能独立做出决定，理解自己是怎样的人，接受并欣赏自己。但是，有许多青少年不能形成良好的自我认同感，从而出现了角色混乱。

(六)成年早期(18～25 岁)：亲密对孤独的冲突期

年轻人开始寻求一种特殊的关系，发展亲密关系。亲密关系发展的结果一般是结婚，或是对另一个人爱的承诺，如果在这一阶段不能形成良好的亲密关系的人，他们就会面临孤独感。

（七）成年期（25～65 岁）：生育对自我专注的冲突期

进入中年，人们开始关心下一代。没有子女的成年人通过与年轻人的接触会感到生活的丰富多彩。我们都看到父母在抚养孩子的过程中，生活充满了有意义和有趣的事情。遗憾的是，有些父母，他们从教育孩子的过程中很少获得快乐，而是充满了厌烦，对生活感到不满。

（八）成熟期（65 岁以上）：自我调整对绝望的冲突期

大多数人到老年时都能保持原来的状态，但埃里克森认为，老年人还有一种危机要克服。过去的岁月和经历与走向死亡的必然性，使老年人要么达到一种自我整合，要么产生失望感。以满足的心情回忆往事的人，将以一种完善感走完最后的发展阶段。不能形成这种良好整合的人会落入失望的境地。他们认识到自己的时间不多了，年轻人拥有的选择和机会，他们都没有了。一生已经过去，他们希望用完全不同的方式重新生活一次，这样的人常常通过对他人的厌恶和轻蔑来表达他们的失望。在生活中没有什么东西比老年人的失望更悲哀，也没有什么事情比充满完善感的老年时期更令人满足。

心理互动与训练

个人评价量表

请仔细阅读下面每一条文字，把意思弄明白，然后根据你近两个月的实际感觉，选择符合你的选项。共计 54 个条目，进行 4 级评分：A 代表非常同意；B 代表基本同意；C 代表基本不同意；D 代表极不同意。

1. 我是个会交际的人。
2. 近几天来有好几次我对自己非常失望。
3. 使我烦恼的是我的模样不能更好看点。
4. 维持一种令人满意的爱情关系对我没有困难。
5. 此刻比几周以来更为快乐。
6. 我对我的身体和外貌很满意。
7. 有时我不去参加球类及非正式的体育活动，因此我认为自己对此不擅长。
8. 当众讲话会使我不舒服。

9. 我愿意认识更多的人，可我又不愿外出同他们见面。

10. 体育运动是我的擅长项目之一。

11. 学业表现是显示我的能力，让别人认识我的一个方面。

12. 我比一般人长得好看。

13. 在公共场合表演节目和讲话，我想都不敢想。

14. 想到大多数体育活动时，我便充满热情和渴望，而不是疑惧和焦虑。

15. 即使身处那些我过去曾应付得很好的场合，我仍然常常对自己没把握。

16. 我常怀疑自己是否有这份天资，能成功地实现我的职业和专业目标。

17. 我比与我年龄、性别相同的大多数人更擅长体育。

18. 我缺少使我成功的一些重要能力。

19. 在我当众讲话时，我常常有把握做到清楚、有效地表达自己的看法。

20. 我真庆幸自己长得漂亮。

21. 我已经意识到，与同我竞争的人相比，我并不是个好学生。

22. 最近几天，我对自己不满意的地方比以往更多。

23. 对体育运动不擅长是我一个很大的缺点。

24. 对我来说，结识一个新朋友是我所盼望的愉快的事情。

25. 许多时候，我感到自己不像身边许多人那样有本事。

26. 在晚会或其他许多聚会上，我几乎从未感到过不舒服。

27. 比起大多数人来，我更少怀疑自己的能力。

28. 我在建立爱情关系上，比大多数人有更多困难。

29. 今天我比平常对自己的能力更无把握。

30. 令我烦恼的是，我在智力上比不上其他人。

31. 当事情变得糟糕时，我通常相信自己能妥善地处理它们。

32. 我比大多数人更为担心自己在公共场合讲话的能力。

33. 我比我认识的多数人更自信。

34. 当我考虑继续约会时，我感到紧张或没把握。

35. 大多数人可能会认为我的外表没有吸引力。

36. 当我学一门新课时，我通常可以肯定自己在结束时成绩处于班上前 1/4 内。

37. 我像大多数人一样有能力当众讲话。

38. 当参加社交聚会时，我常感到笨拙和不自在。

39. 通常我的爱情生活似乎比大多数人好。

40. 有时我因为不想当众发言而回避上课或做其他事情。

41. 当我必须通过重要的考试或其他专业任务时，我知道自己能行。

42. 我似乎比大多数人更擅长结识新朋友。

43. 我今天比平时更为自信。

44. 我时时避开那些我有可能会与之产生爱情关系的人，因为我在他/她们身边会感到太紧张。

45. 我希望我能改变自己的容貌。

46. 我比大多数人更少担心在公共场合讲话。

47. 现在我感到比平时更积极乐观。

48. 对我来说，吸引一个渴望得到的男朋友或女朋友从来不成问题。

49. 假如我更自信一点，我的生活就会好一些。

50. 我追求那些智力上富有挑战性的活动，因为我知道我能比大多数人做得更好。

51. 我能毫无困难地得到许多约会。

52. 我在人群中不能像大多数人那样感到舒服。

53. 今天我比平时对自己更有把握。

54. 要是我长得更好看一些，我会在约会上更成功。

【评价与分析】

正向计分题 A、B、C、D 分别按 1、2、3、4 计分；反向计分题 A、B、C、D 分别按 4、3、2、1 计分。反向计分题号：2、3、7、8、9、13、15、18、21、22、23、25、28、29、30、32、34、35、38、40、44、45、49、52、53、54。总分范围为 54～216，分值越高表示自信程度越高。该量表用来评价自我评价的一个方面——自信。一般认为自信是一个人对自己能力和技能的感受，是对自己有效地应付各种环境的能力的主观评价。

第三节 大学生健全自我意识的培养与完善

德国著名作家约翰·保罗曾说过："一个人的真正伟大之处，就在于他能够认识自我。"这句话表明，客观和全面地认识自我是相当困难的。对自我的正确认识是培养大学生健康自我意识的前提，也是大学生自我调控的重要因素，是塑造和完善自我意识的基础和依据。

拓展阅读

神奇的发卡

有一个女孩子，相貌平平，个子矮小，总认为自己不讨别人喜欢，因此有一点自卑。一天她偶尔在商店里看到一个漂亮的发卡，当她戴起发卡的时候，店里的顾客都说她很漂亮，于是她非常高兴地买下发卡，并戴着它去学校。接着，神奇的事情发生了。许多平日不太跟她打招呼的同学纷纷来跟她打招呼，一些同学还约她一起去玩，原本沉闷的她似乎一下子变得开朗、活泼了许多。她想："都是因为我戴了一个神奇的发卡。"随即她想到店里似乎还有许多其他样式的发卡，应当都买来试试。于是放学后，她立刻跑回那个商店。岂知她才进店门，老板就笑嘻嘻地对她说："我就知道你会回来拿你的发卡，早上我发现它躺在地上时，你已经一溜烟儿地跑去上学了。所以我就暂且替你保存了。"这时她才发现其实自己头上根本就没有戴什么神奇的发卡。

人的容貌并没有因戴发卡而改变，改变的只是人的心态。自信和自尊并非源于有形的东西，而是源于我们的内心。自信使人变得开朗、活泼，自信使人更好地面对生活和困难。无论什么时候，我们都不要排斥自己，对于那些已经无法更改的客观现实，与其整天抱怨苦恼，还不如坦然地自我悦纳，以积极、赞赏的态度来接受自己。

一、大学生自我意识的偏差与缺陷

(一)自我意识的偏差

1. 自我中心

自我中心指大学生在思考问题和做事情的时候，始终以自我利益为中心的心理现象，即一切从"我"的利益出发。这种心理现象在大学生中具有普遍性，尤其是那些有较强自信心、自尊心、优越感和独立感的大学生，更容易形成这种"唯我独尊"的心理。以自我为中心的大学生过多地从自我的角度和标准去评价和认识事物与行为，很少站在别人的立场上替对方着想，他们也容易因别人没有按照他们的意愿行事而责备别人，或与别人结下仇怨。当然，这些大学生不仅伤害了他人，而且伤害了自己。这种大学生往往有好处就上，有困难就推，不能赢得别人的好感与信任，人际关系大多难以和谐。

自我中心的调适方法主要有四种：一要摆正自己的位置。不要总是把自己看得重于泰山，把他人看得轻于鸿毛、微不足道。二要客观地、实事求是地、正确地评价自己，既不自高自大，也不妄自菲薄。三要学会设身处地、多从别人的角度想一想，从而体会他人的心境与感受，去理解他人和关爱他人，不要事事先想、只想、总想自己。四要自觉地把自己融入集体中，走出个人的小天地。

2. 过度自我接纳

自我接纳是指自己认可自己，肯定自己的价值，对自己的才能和局限、长处和短处都能客观评价、坦然接受。过度自我接纳是指高估自我，对自己的肯定评价远远超出自己的实际能力和表现，用“放大镜”看自己的长处，很少认识到自己的缺点和短处，用“显微镜”看他人的短处，很少看到他人的长处。其人际交往模式是“我好，你不好”“我行，你不行”。在人际交往中总是居高临下，给别人带来不愉快感。由于不切实际地高估自己的能力和长处，对自己的缺点和短处缺乏清醒的认识，一旦遇到挫折总是把责任推到老师和同学身上，认为别人对自己不公平，从而疏远集体和他人，很难处理好人际关系。

过度自我接纳的调适方法主要有三种：一要看到自己的不足，承认自己的缺点和弱点，承认自己也需要不断完善。二要看到他人的长处，欣赏他人的独特性，理解并尊重他人。三要多与他人交往，以开放的心态尊重和认真地对待他人的意见。要认识到给你正确反馈和批评意见的人，往往是真心为你好的人。

3. 过度从众

从众是指个体在群体生活中，会不自觉地遵从群体压力，在知觉、判断、信仰及行为上，放弃自己的主张，趋向与多数人一致。但从众心理过强，凡事从众，就会导致个体独立性差，缺乏正确的世界观、人生观和价值观，有碍心理发展，如大学里比较常见的消费从众、恋爱从众和作弊从众等。

过度从众的调适方法主要有两种：一是努力提高和培养自己独立思考和明辨是非的能力。二是遇事和看待问题既要慎重考虑多数人的意见和做法，也要有自己的思考和分析，从而能够正确判断，并以此来决定自己的行动。

(二)负性的自我体验

1. 孤独感

孤独感是因为得不到他人思想上的理解与情感上的共鸣而产生的一种自我体验。大学生由于年龄的增长和“代沟”的形成，同长辈之间的交流日益减少。而且由于思想的深化和个性的分化，他们已不再满足于同关系一般的朋友交往，而是要求在更深层次上同知心朋友互诉心声，情感共鸣。如果需求得不到满足，就往往产生缺乏知音的孤独感。还有的学生缺乏主动交往的意识，不善于与他人交往，过着三点一线的生活，行单影孤，没有融入大学的文化生活中，从而产生孤独感。

2. 过度的“三自”心理

过度的自尊就是虚荣。虚荣是一种追求外表荣誉，以期获得社会或他人尊重的心理行为。过度自尊者追求虚假的荣誉，不仅会使个体失去他人的尊重和友谊，而且会失去实在的追求。一个人有过强的自尊心，会导致自尊的需要经常得不到满足而感到失望，并逐渐丧失自信。

过度的自信就是自负。自负是人自以为是、自命不凡的一种情感体验和情绪表现。过度自信的大学生容易过高估自我，甚至把自己的缺点也看成是长处。他们听不进师长的教诲，听不进同龄人的意见，一意孤行。这类学生容易提出过高的自我要求，也很难处理好人际关系。

过度的自卑就是自我否定或自我毁灭。自卑是人自以为不如他人而产生的一种不满自己、轻视自己和否定自己的消极心理，往往是人的自尊心多次受挫的结果。人在某些时候产生自卑感是很正常的，自卑感对人的发展不一定是坏事，有时也会成为发展的动力。但过度自卑的大学生会对自我产生厌恶之情，通常只看到自己的缺点、不足或失败，而看不到自己的长处和优点，总是有意无意地拿自己的弱项和他人的强项进行比较，其结果只能是自卑心理越来越严重。

(三)消极的自我控制

1. 自我放弃

大学生在自我控制上开始有了明显的自觉性和主动性。但在追求上进的同时，遇到困难与挫折时，不少大学生的情绪常常易产生波动，在困难面前自我放弃。还有一些大学生认为自己寒窗苦读十余载，如今考上大学，总算解放了，再也不愿意埋头苦读，只要求分数及格，甚至面临数门功课“挂彩”仍然无动于衷，消极懒惰。

2. 逆反心理

大学生随着自我控制独立性的增强，常表现出力图摆脱社会传统的约束，按照自己的意志行事；强烈要求独立自主地行事，不愿受父母的约束和教师的训诫。然而大学生在摆脱依赖和走向独立的过程中，常会表现出过分的独立意向，产生逆反心理，逆反的对象主要是家长、教师及道德约束和社会规范等，其结果是阻碍了自身的健康发展。逆反心理虽然属于成长中的一种正常现象，但是过度地逆反说明个体的自我意识存在缺陷。

二、 大学生完善自我的途径与方法

(一)正确地认识自我

正确地认识自我是形成自我意识的基础。如果一个人能够全面和正确地认识自己，客观和准确地评价自己，他就能够量力而行，确立合适的奋斗目标，并为实现这一目标而不懈努力。因此，大学生只有打破自我封闭，拓宽生活范围，增加生活阅历，拓展交往空间，积极参加活动，扩大社会实践，才能找到多种参考体系，才能凭借参考系来多方面、多角度地认识自我，做到不自卑也不过于自信，不骄傲也不过于谦虚，才能充分发挥自己的聪明才智，实现自己的人生价值。大学生可以通过以下方法来认识自我。

1. 比较法

一是与他人比较来认识自我。大学生对自己的能力和品德等人格特征的认识和评价往往是通过与他人的比较来实现的。一项有趣的心理学实验证明了这一点。这个实验是让一些大学生和他们的竞争对手一起讨论参加工作的问题。在讨论前，所有的被试都接受了自尊测验。讨论时，一半被试看到的竞争对手是衣冠不整和仪表一般的人；另一半被试看到的对手是仪表端庄和谈吐文雅的人。讨论后，实验者又对大学生做了自尊测验。结果表明，接触到“仪表比自己强”的竞争对手的被试，自信心明显降低；而看到“仪表不如自己”的竞争对手的被试，自信心大大提高。大学生在选择比较的对象时，会选择条件跟自己相似的人，认为这样的比较才有可比性。因此，大学生在与他人比较时，首先要明确与他人比较的目的，既要认识自己的优势，又要认识自己的劣势，这样才能有利于自己不断进步。

二是通过与自己比较来认识自我。拿破仑曾说：“我最大的敌人就是我自己。”一位成功人士在自己的办公桌上放了一面镜子，在镜面上贴了一张字条，上面写着：“请注意，你是世界上最难克服的敌人。”心理学研究表明，人们常常通过与过去的自己相比来认识和评价现在的自己。例如，一个青年把现在的自己和童年时的自己相比，很可能认为自己在身体状况和能力水平等方面取得了极大的发展；一个老年人把现在的自己和青年时的自己相比，则很可能得出相反的结论。

2. 自我观察法

从他人对自己的态度中认识自我。他人的态度是一面镜子，可以用来认识自己。例如，某大学生发现另一同学对他很友善，愿意与他一起学习、交谈和娱乐等，那么就可以断定自己很可能有吸引对方的品质。如果相反，那么该大学生就该反省自己身上很可能有什么特质引起对方的厌恶了。人们对自己的认识和评价往往会受到他人对我们的态度的影响。艾里斯和霍姆斯的一项实验证明了这一点。这个实验是让两组大学生参加十分钟的会谈。在交谈的前两分钟，主试对大学生的态度反应为中性。正式交谈时，通过微笑次数和声调等非语言行为对一组大学生表现出热情的态度，而对另一组大学生表现出冷淡的态度。会谈后，让大学生评价自己的表现。结果表明，那些受到热情接待的大学生比受到冷遇的大学生对自己的评价要高。为了更好地认识自我，我们需要参考他人的评价和意见，但他人的评价未必都是正确的，我们需要有自己的判断。听什么就信什么的人，难以获得正确的自我认识。

3. 自我反省法

曾子说：“吾日三省吾身。”没有自我反省，就无法实现自我完善。在反省的过程中，可以分析自己成败的原因，对自己做一分为二的分析，严于剖析自我，敢于批评自我，从而提高自我认识，调整自我评价和自我定位。有些大学生不知道该如何自我反省，他们认为自我反省就是把自己封闭起来进行冥想。事实上，自我反省必须建立在自己积极地投身于各种实践活动的基础上才是可行的。大学生只有通过积极地参加各种实践活动，在活动中让自己的品德和才能等充分展示出来，才能给观察自我和思考自我提供机会和依据。

4. 测量法

大学生可以通过心理测验来辅助了解自己。例如，“我是谁(二十问法)”可以帮助大学生了解自我意识；“自信量表”可以帮助大学生了解自己对身体和外貌的满意程度；“韦氏成人智力量表”可以帮助大学生了解自己的智力水平；“卡特尔 16 种人格因素测验”有助于大学生了解自己的个性；“气质调查表”有助于大学生了解自己的气质；“职业兴趣测验”有助于大学生了解自己的职业兴趣等。本教材也引用了一些量表和问卷，帮助大学生更全面地认识自我。

(二)积极地悦纳自我

悦纳自我是指无条件地接受自己的一切，包括好的、坏的、成功的和失败的等。悦纳自我的人知道自己的优缺点，并且会尽量扬长避短，接纳自己、喜欢自己并欣赏自己，体会自我的独特性。他们不会因为听了别人的评论就轻易改变自我概念，他们爱自己也爱别人，所以很快乐也很自信。

悦纳自我不只是接受现在，也接受不如意的过往。当面对自己曾虚度光阴、走过弯路、错失机会、伤害过他人时，他们能够认识到自己的过失，吸取经验教训，不会在悔恨和遗憾中裹足不前。并且知道自己以后仍可能会失误或犯错，但只要不再犯同样的错误即可。悦纳自我是学会经营自己的长项，不放弃希望和努力，不以己之长，骄人所短，也不妄自菲薄，顾影自怜。

(三)保持乐观的心境

马克思说过，一种美好的心境，比十服良药更能解除生理上的疲劳和痛苦。进入大学后，大学生经常面临各种生活和学习压力，经常遇到各种挫折。有的同学遇到挫折时会安慰自己“吃一堑，长一智”，以积极乐观的角度看问题，从长远的利弊做决定，不使自己的生活和思维僵化，为自己在思考与行动上留一点弹性空间，保持身心放松，保持好心情才能面对现实，正视现实中的自我。

(四)正确对待挫折和失败

一个人在成长过程中，难免会有失败。要有勇气面对挫折，认真总结经验教训，树立不达目的决不罢休的决心。大学生应正确对待学习和生活中的种种困难与挫折，从困境中走出来，总结教训，吸取经验，认可并提高自己的能力，最终实现自己的理想。例如，电视剧《士兵突击》里的经典台词“不抛弃，不放弃”一度成为大众流行语。当士兵许三多在一次次的坚持中接近梦想的时候，观众的心灵也被他这句铿锵有力的话语感染。不抛弃自我，不放弃自我，勇于接受自我和尊重自我，在浮躁和喧嚣的环境里显得更难能可贵。

(五)有效地控制自我

亚里士多德曾经说过，美好的人生建立在自我控制的基础上。高职院校的很多大学生自控能力较差，他们往往想得多，做得少，甚至只想不做。大学生需要自我控制，他们应该清晰地意识到，在人生道路上，只有对自己负责的人，只有不断提高自律性，塑造自我，超越自我，完善自我，才能更快地成长、成熟和成功。大学生控制自我应该做到以下几个方面。

1. 用意志来调节自己的行为

很多大学生为自己树立了远大的目标和理想，在努力的过程中，却没有足够的自制力和意志力，经受不住挫折和打击，无法实现自我理想。大学生经常说：“我想早起，可就是没有恒心。”“我想学习，可就是学不进去。”大学生培养顽强的意志品质可通过设定符合意志品质训练的可行性目标，积极参加实践活动，坚持一项长久的运动来磨炼和培养意志品质。丘吉尔在剑桥大学讲演时曾说过，成功的秘诀有三个：第一，决不放弃；第二，决不放弃；第三，决不放弃。

2. 培养自信心

自信心是一种自我肯定的信念，在自我意识中往往以“我行”“我能行”“我是不错的”“我比很多人都强”等观念得以存在与表现，并会有意无意地体现在行为中。所以，自信心是非常重要的。自卑的人，更应当有效地调控自我，时常进行积极的自我暗示。当面临某种事情感到自己信心不足时，不妨给自己壮胆：“我一定会成功!”或者自问：“人人都能行，我为什么不能?”英国心理学家克列尔·拉依涅尔提出了十种增强自信心的方法。

第一，每天照三遍镜子。清晨走出宿舍之前，对着镜子修饰仪表，整理着装，务必使自己的外表处于最佳状态。午饭后，再照一遍镜子，修饰一下自己，保持整洁。晚上就寝前洗脸时再照照镜子，消除对自己仪表的不必要的担心，更有利于你将注意力集中到学习和生活中。

第二，不要总想着自己的身体缺陷。每个人都有各自的身体缺陷，完美无缺的人是不存在的，对自身的缺陷不要念念不忘，其实人们并没有那么在意你的缺陷。只要少想，自我感觉就会更好。

第三，你感觉明显的事情，其他人不一定注意得到。当你在众人面前讲话感到面红耳赤时，你的听众可能只是看到你两腮红润，认为你感觉愉快而已。事实上，你的窘态并没有那么容易被其他人发现。

第四，不要过多地指责别人。如果你常在心里指责别人，这种毛病就可能成为习惯。应该逐渐地克服这种缺点，总爱批评别人的人是缺乏自信的表现。

第五，多数人喜欢的是听众。因此，当别人讲话时，你不要急于用机智幽默的插话来博得别人对你的好感。你只要认真地倾听别人的讲话，他们就一定会喜欢你。

第六，为人坦诚，不要不懂装懂。对不懂的东西坦白地承认，这不仅不会损害你的形象，还会给人以诚实可信的感觉；对别人的魅力和取得的成就要勇于承认，并致以钦佩和赞赏。

第七，在身边找一个患难相助、荣辱与共的朋友。这样，在任何情况下你都不会感到孤独。

第八，不要试图用酒来壮胆提神。如果你害羞腼腆，那么就算喝干了酒瓶也无济于事。只要你潇洒大方，滴酒不沾也会受到大家的欢迎。

第九，拘谨可能使某些人对你存有敌意。如果某人不爱理你，则不要总觉得自己有错。对于有敌意的人，我们不对他讲话不是最好的方法，但却是唯一的方法。

第十，一定要避免使自己处于一种不利的环境中。否则，当你处于这种不利的情况时，虽然人们会对你表示同情，但他们有时也会感到比你地位优越而在心里轻视你。

3. 尝试运用自我美化的心理暗示

自我美化的心理暗示在某些时候会发挥很大作用，产生意想不到的效果。当生活境况不如意时，个体还可以和比自己条件更差的人进行比较，产生“比上不足，比下有余”的心理感受；当考试不及格时，个体可以自我安慰式地归因于题目太难或自己努力不够等，以减少自责心理。需要提及的是，这种方法一定要运用适度，否则会使个体社会适应的能力减弱。

4. 设计符合实际的理想自我，完善现实自我

符合实际的理想自我有两个基本要求：一是理想的目标要远大。大学生要认识到社会对个体的要求和期望，在自我认识、自我认可的基础上，按社会需要和个人的特点来确立自我发展的目标，明确自己承担的责任，使个人的理想符合社会规范；二是理想的目标要切合个人的实际情况，包括自己的知识程度、能力水平、道德修养和生活经验等。

大学生设计符合实际的理想自我的途径主要有：通过各种渠道了解社会、探索社会发展的基本规律，了解社会需求；积极探索人生、理解人生，学会思考人生，树立正确的人生观、价值观和世界观；提出明确的发展目标，为确立理想自我提出具体要求和发展规划；为理想自我的确立寻找合适的学习榜样及反面事例，运用榜样的力量和反面的经验教训，为重塑理想自我提供具体形象的参考。

现实自我是理想自我的立足点和出发点。努力提高现实自我，不断战胜旧的自我，重塑新的自我，个体要积极努力地对现实自我的智力、性格、气质、兴趣、地位和身份等方面进行提高、改善。提高现实自我是一个长期的过程，个体必须坚持不懈，持之以恒，才能使现实自我不断地向理想自我靠拢，并最终实现自己的人生目标。这一过程，也就是大学生努力完善自我的过程。

5. 不断地超越自我

每个人身上都会有一些未被注意或有待发现的潜力，这些潜力充分被挖掘，就会使自我不断地得以发展。人脑为超越自我提供了无限发展的可能性。研究表明，人大脑的利用率还很低，所以，首先要开发利用大脑尤其是右脑。其次要发现和利用自己的感官潜能。有的人嗓音好，有的人听力好，有的人平衡感好，有的人心灵手巧……这些都是个人成才的潜在力量。再次要战胜惰性。追求快乐和舒适是人的本性，但它会阻碍人去奋斗。因为要奋斗就会有痛苦，这与快乐原则相违背。惰性是超越自我的大敌，它会使人放弃一切努力，或得过且过，或畏难不前。每一个成功者的经历都证明了"一分耕耘，一分收获""一分辛苦，一分才华"，所以在现实生活中，要与惰性做斗争，以勤补拙，以长补短，努力超越自我。

心理互动与训练

他人眼中的我

请你闭上眼睛两分钟，想一想自己在别人眼中是什么样的，然后填写表 2-2，认识他人眼中的你。

表 2-2　他人眼中的我

父亲眼中的我：
母亲眼中的我：
同学眼中的我：
老师眼中的我：
朋友眼中的我：
恋人眼中的我：
理想中的我：
现实生活中的我：
兄弟姐妹眼中的我：

参考文献

朱敬先. 健康心理学[M]. 北京：教育科学出版社，2002.

Jerry M. Burger. 人格心理学(第六版)[M]. 陈会昌，等译，北京：中国轻工业出版社，2004.

樊富珉，费俊峰. 青年心理健康十五讲[M]. 北京：北京大学出版社，2006.

汪向东. 心理卫生评定量表手册(增订版)[M]. 北京：中国心理卫生杂志社，1999.

柯君. 哈佛家训全书[M]. 北京：新世界出版社，2009.

赵文明. 靠什么成为骨干[M]. 北京：金城出版社，2010.

张大均. 大学生心理的发展[M]. 重庆：重庆大学出版社，1993.

第三章

大学生人格发展与心理健康

学习目标

1. 了解人格的概念与特征。
2. 掌握人格结构的内容与人格形成的影响因素。
3. 了解积极的人格特质与培养方法。
4. 树立人格毕生发展观。
5. 了解如何发展健全人格。

拓展阅读

一位老师的三个学生

一位老师培养出三个得意门生：第一个在官场上春风得意；第二个在商场上捷报频传；第三个埋头做学问，成为某学科的带头人。在一次同学聚会上，有人问老师："您认为这三个人中，哪个将来最有出息?"老师说："现在还看不出来，竞争有三个层次，最低层次是技术的竞争，再低层次是智慧的竞争，他们现在正处于这一层次，而最高层次则是人格的竞争。"

人与人的竞争归根结底是人格层面的竞争，发展与完善自身人格不仅能为竞争中的个人提供内在的强大支撑，还利于身心健康，促进人际关系和谐，成就幸福人生。

第一节 人格概述

1937 年，美国心理学家奥尔波特出版《人格：心理学的解释》，标志着人格心理学的诞生。人格心理学是当代心理学学科体系中唯一从整体上探讨人的认知、需求、感情、意志和行为的复杂组织的一门学科，也是当代心理学学科体系中唯一系统探讨人性的一门学科，是心理学学科发展的重要分支。

一、人格与健康

国内外众多研究表明，人格同时影响身体健康与心理健康，与心理健康水平相关。心理健康标准通常被界定为“在良好生理状态基础上的自我和谐及与外部社会环境的和谐所表现出的个体的主观幸福感”，包括不存在身心症状(焦虑、抑郁、敌意、躯体化病症等，参照 SCL-90)和存在积极的心理品质两个方面。心理学家通过大量研究发现，某些人格特质更容易使人被身心症状侵染，而某些人格特质则容易带给人们幸福感与和谐感。大量证据表明，人格确实和各种与健康相关的行为有关，甚至与寿命长短有关。人格与健康的关系之一在于，人格通过稳定的行为模式影响健康。良好的人格会促进人的健康，而不良的人格会破坏人的健康。

美国的两个医生曾对毕业于某医学院的学生进行了 30 年的跟踪实验。他们把这些学生分成安静型、开朗型和易怒型。30 年后，易怒型学生有 77.3%患了癌症、高血压、心血管症、良性瘤等疾病，而安静型学生和开朗型学生患有以上病症的分别为 25%和 26.7%。

拓展阅读

AB 型人格研究

美国著名心脏病学家弗雷德曼的研究发现，患心脏病的原因与人格有关。弗雷德曼将人格分为两大类，一类为 A 型人格，另一类为 B 型人格。具有 A 型人格特征的人喜欢赶时间，没有耐心，不安于现状，具有很强的竞争意识和攻击性，很难处于放松状态。在这些特征中，赶时间是所有症状中最明显的特征，因此 A 型人格者的行为模式可以被看成是“心急病”。与此相反，具有 B 型人格特征的人个性随和，生活较为悠闲，对工作要求较为宽松，对成败得失的看法较为浅薄。研究发现，患心脏病的人，多半具有A型人格。当然，A型人格并非导致心脏病的直接原因。愤世嫉俗的敌意及生闷气才是A型人格中最有害的成分。心理学家怀特根据他的研究认为，忘情地投入工作这一行为本身似乎并不会引起心脏病。事实是，全身心地投入工作是我们生活意义一个重要的来源。在A型行为当中，真正有害的是拼命要在短时间内完成太多的事。这种对工作要求高而多的人，通常表现出强烈的竞争心态与敌意，以及富有攻击性的行为。正是这些因素导致了心脏病的发生。

二、什么是人格

《现代汉语词典》对人格有三种解释。

心理学意义：指人的性格、气质、能力等心理特征的总和。

伦理学意义：指人的道德品质。例如，崇高人格，指的是崇高的道德品质，梁启超在《新民说》中曾说："忠孝二德，人格最要之件也。"忠与孝属于道德范畴。

法学意义：指人的法律地位。人作为权利、义务的主体，包含理性、公平、正义感、自主性等。在法学意义上，每个人都具有平等的人格，都具有自身幸福与自由的权力，同时具有履行对应责任的义务。

综上所述，人格是具有心理学、伦理学和法学多个层面含义的综合名词，可以统称为人的整体精神风貌。本章讲述心理学意义上的人格。

（一）心理学的人格内涵

心理学意义的人格由"personality"翻译而来。其词源是拉丁文"persona"——古典戏剧演出时所使用的面具，用来表现角色的剧中形象。随着角色的变化，面具也会不断变化，以使观众更准确地了解戏剧中人物的特点和身份。

人格心理学的创始人奥尔波特认为，人格简单地说就是"一个人真正是什么"；更具体地说，包含个人谈话、记忆、思维或喜爱的方式，以及个体内在心理物理系统的动力组织，它决定了人对环境适应的独特性。

人格心理学自开创以来，发展出特质、生物学、认知—经验、心理动力、社会文化、调适六大领域的人格理论。各人格理论分别从个性或共性、生物或社会、先天或环境、意识或无意识、应对与适应等不同的角度定义与研究人格，可以得出人格的综合概念：个体在生物遗传素质的基础上，通过与环境的互动作用形成的相对稳定的心理、行为模式，包括个体认知、需求、感情、意向、行为、人际过程等模式。

(二)中国古代人格思想

中国文化有着极为丰富的人格心理学思想，包括人性论、性习论、理想人格、人格形成与发展思想、人格类型说、人格鉴定思想等，中国古代不使用“人格”一词，常以“人性”“人心”“人品”“天性”“品德”等术语来表达，古代思想家历来重视探讨人性与伦理问题，闪烁着人格心理学思想的光芒，如孔子提出“性相近也，习相远也”，强调人格形成中后天因素和环境因素的作用。孟子主张“性善论”，认为仁、义、礼、智、信是与生俱来的。

本章介绍中国古代的人性论。人性论即关于人的本性是什么的理论。人性是善的，是恶的，还是中性的？从古到今，争论不休。表 3-1 列举了四种不同的人性论。

表 3-1 中国古代人性论派别

人性论派别	代表人物	基本思想
性无善无不善论	告子	本性没有什么善良，也没有什么不善良
性可以为善，可以为不善论	世硕	本性可以使它善良，也可以使它不善良
性善论	孟子 董仲舒	本性天生有一定的善端，可以发展成善性
有性善、有性不善论	—	有些人本性善良，有些人本性不善良

(三)人格的特征

1. 整体性

人格的整体性或称统合性、统一性，是指人格虽有多种成分和特质，但在个体上它们并不是孤立存在的，而是密切联系的，综合成一个有机体。自我意识是总调度，人格结构各方面和谐一致时，人会呈现健康的人格特征，在人格中任何因素的改变都会引起其他因素的改变，如认知成分的改变会引起情绪、行为的改变。

2. 稳定性

人格的稳定性表现为两个方面。一是人格的跨时间的持续性。二是人格的跨情境的一致性。“江山易改，本性难移”描述的正是人格的稳定性。

3. 发展性

人格的发展性或称可塑性，是指人格的部分内容是可以调整的，具有可塑性，人格虽然保持某种程度的恒定性，但也会由于成熟和经验而发生变化。通常这是一个循序渐进的、累积发展的过程，为我们健全完善人格提供了可能性和成长空间。例如，小陈同学小学时是个羞怯的孩子，随着年龄的增长，慢慢变得大方开朗。

4. 灵活性

人格的灵活性是人格成熟发展的标志之一，是指个体能够根据具体的情景需要表现出适应性的人格特点，荣格将之称为人格面具，即一种“环境的要求和个体内部结构的需要间的妥协”，以适应与区分不同的社会身份与角色。例如，一个警察在执行公务时需要冷静和理性，而在家庭生活中则需要热情与感性。

5. 功能性

人格的功能性是指人格内容与特征会在人的生存与生活中发挥特定作用，在连续的时间和空间内指向某种主要的特定生活方式。例如，德国心理学家斯普兰格把生活方式分为六种：经济型、理论型、审美型、宗教型、权力型和社会型。俗语“性格决定命运”也是对人格功能性特征的描述。

6. 独特性

人格的独特性，即个性化特点，是指人们虽然都具有共性的人格，但彼此的心理和行为具有差异性，即个性。由于人格结构组合的多样性，每个人的人格都具有自己的特点。例如，“人心不同，各如其面”“一母生九子，九子九条心”。然而，我们需要注意，人格是共性与个性的结合，共性是个性的基础。

大学生阶段是人格形成与发展的关键时期，由于处于青春期的生理、心理原因及处于准备成为职业人的社会原因，人格往往具有以下特征：在完整性、发展性、灵活性方面欠佳，容易产生心理或外部冲突；具有不稳定性，容易发生焦虑、恐惧等情绪障碍；过于注重发展自身人格的独特性，而忽略了共性。有的同学因过于彰显自己的个性而离经叛道，盲目模仿非主流文化，违背自己的本性，甚至危害自己的身心健康。

三、 人格的构成内容

人格是由不同成分构成的一个综合系统，从广义上看，人格包含个体心理的内部过程(倾向)和外部表现。内部过程是个体差异化行为、情绪的成因，包括气质、性格、动机、需要、兴趣、态度、价值观等。人格的外部表现包括行为、反应模式、人际关系、应对方式等。本部分主要讲气质、性格、动机与需要。

(一)气质

气质是指个体表现心理活动的强度、速度、灵活性和指向性的一种稳定的心理动力特征。例如，在日常生活中，有些人是冲动型的，表现为情绪爆发较快，消失也快，而有些人则是稳健型的，做什么事情都是深思熟虑后才行动；有些人思维灵活，反应极快，而有些人干什么都比别人慢半拍。每个人在情绪活动的强弱、思维的快慢、注意力集中的时间长短和转移等方面都有自己的特点，人与人之间的这些差异，就是气质的差异。通俗地理解，气质也就是我们平时所说的脾气秉性。

气质学说源于古希腊著名的学者兼医生，被称为“医学之父”的希波克里特的体液说。后来罗马医生盖伦进一步确定了气质类型，提出人的四种气质类型是胆汁质、多血质、黏液质、抑郁质，并把它们确定为气质的基本类型而沿用至今。

1. 胆汁质

胆汁质的人精力旺盛，争强好斗，做事勇敢果断，为人热情直爽，朴实真诚；但是他们常常是粗枝大叶，不求甚解，遇事欠思量，鲁莽冒失，常常感情用事，刚愎自用，整个心理活动都笼罩着迅速而突变的色彩。优点是表里如一，而且一旦认准目标，就希望尽快实现，遇到困难不折不挠，往往富有冒险和开拓精神。具有胆汁质气质的大学生身上似乎有一股“倔劲”和开拓者精神。但学习和工作带有明显的周期性特点，能以极大的热情和旺盛的精力投入学习和工作，一旦精力消耗殆尽，又会失去信心，情绪顿时转为沮丧而心灰意冷。

2. 多血质

多血质的人乖巧伶俐，富有朝气，情绪丰富而外露，喜怒哀乐皆形于色。喜欢并且善于跟人交往，语言表达能力强且富有感染力，思维灵活且行动敏捷，对各种环境都能很快适应，可塑性也很强。活泼、好动、好动、乐观、灵活是他们的优点，弱点则是缺乏耐心和毅力，稳定性差，容易见异思迁。多血质的大学生因为性情活泼，善于交际，在新的群体生活中很快就会有不少朋友，面对各种挫折常能机智地摆脱困境，在学习和其他活动中肯动脑、主意多，常表现出较强的学习能力和办事效率。但是此类气质的学生虽然兴趣广泛却缺乏坚持性，所以又经常显得过于浮躁，很多事情都浅尝辄止，不能充分发挥自己的潜力。

3. 黏液质

黏液质的人安静、稳重，反应缓慢，沉默寡言，情绪不易外露，注意稳定，难以转移，做事情特别有耐心。凡事深思熟虑，力求稳妥，一般不做无把握的事情，在各种情况下都表现出较强的自我克制能力；外柔内刚，沉静多思，不愿流露内心的真情实感；在与人交往时，不太积极主动，一般朋友少但知心朋友多。这种大学生在学习上接受慢，但基础很扎实，是踏踏实实的学生。学习、工作有板有眼，严格恪守既定的生活秩序和制度。但过于拘谨，不善于随机应变，固定性有余而灵活性不足，有墨守成规、因循守旧的表现。

4. 抑郁质

抑郁质的人性情孤僻，行动迟缓，情感体验深刻，善于觉察别人不易觉察到的细小事物。抑郁质的大学生在生理上难以忍受或大或小的神经紧张，厌恶那些强烈刺激；感情细腻而脆弱，常为小事引起情绪波动；自己心里有话，宁愿自己品味，也不愿向别人倾诉；喜欢独处，与人交往时显得腼腆、扭捏；遇事三思而行，求稳不求快，对力所能及的工作能认真负责地完成。在学习、工作一段时间后，常比别人更易感到疲倦。在困难面前常怯懦和优柔寡断。

典型或单一气质的人并不常见，大多数人是多种气质的混合体，主要看哪种气质占主导性地位。气质本身无优劣之分，任何一种气质都有其积极和消极的方面，而且气质的优缺点往往是同一特点在不同方面的表现。例如，胆汁质的人精力旺盛、敢想敢干，这个特点使得他们特别富有开拓精神，但又常常导致他们鲁莽冒失；多血质的人机敏灵活，这个特点使得他们很容易接受新的观念，善于适应新的环境，但又使得他们缺乏耐心和坚持；黏液质的人做事稳重、持久，这个特点使得他们做事耐心、细致，考虑问题非常周到，一旦决定了就能“几十年如一日”地坚持下去，但又容易使得他们因循守旧，在面对新的变化时，不擅长把握机遇，常常优柔寡断；抑郁质的人敏感、细腻，这个特点使得他们对自然和社会的细微变化都有着深刻而丰富的体验，使得他们在艺术、文学类的创作中容易获得超乎寻常的成就，但在人际关系的处理中，又常常导致他们自寻烦恼、情绪低落。

因此，大学生要正确对待自己的气质类型，经常有意识地控制自己气质的消极品质，发扬积极品质，有利于形成良好的个性。

(二)性格

1. 性格是什么

性格是一个人对现实稳定的态度，以及与之适应的、习惯化了的行为方式的总和，是个性心理特征中最核心的内容。它决定个人的活动方向，是一个人区别于他人的最主要特征。你对生活是乐观还是绝望的，对朋友是关心还是冷漠的，对自己是谦虚还是自傲的，都是对现实不同的态度。在这种态度的驱使下，我们形成一种习惯化的、稳定的行为方式。例如，大学生对学习有不同的态度，有些同学认为多数课程都没什么实用价值，因此采用平时得过且过、考前加班突击的学习方式。有些同学认为虽然这些课程暂时没什么用，但它们不仅能锻炼自己的分析思考能力，还能为将来的学习打好基础，因此，对每门功课都要认真对待、刻苦钻研。

2. 性格与气质的区别

性格与气质是构成人格的重要因素，两者所不同的是，性格是涉及社会评价的人格内容，更多受到后天环境的影响，具有较大的可塑性。性格具有社会评价和道德的意义，反映了社会文化的内涵，有好坏之分；而气质更大程度上受先天生理和心理的特点制约，虽然在后天环境的影响下也有所改变，但与性格相比，它更具有稳定性，变化比较缓慢。

3. 性格分类

常见的性格分类有以下几种。

(1)内外向

典型内向者兴趣和注意指向自身及其主观世界，内心活动丰富，敏感，细心，喜欢独处，不善交往，含蓄，安静，与人保持一定距离，幻想较多而且缺乏行动，常深思熟虑，耐受性强，较少冒失行动，稳重而少冲动性。

典型外向者兴趣和注意指向外部和外界环境，喜交往，也善交往，热情，活跃，进取，敢说敢做，但缺乏周密思考，冲动性高，缺乏稳重，耐受性差，易变化，粗心。

(2)场独立性和场依存性

美国心理学家威特金根据场的理论，将人划分为场独立性和场依存性两种类型。

场独立性者具有从复杂整体中区别部分的明显的能力特征，较少受周围背景的干扰，具有较高的理性思维特征，独立，主动，进取，成熟。场依存性者易受干扰，依赖性强，被动，压抑，不够成熟，易受环境影响。

(3)生产倾向性和非生产倾向性

美国心理学家弗洛姆将性格类型划分为生产倾向性和非生产倾向性两大类型，倾向性指一个人普遍的态度或观点。前者是健康的性格，后者是不健康的和病态的性格。

生产倾向性指人充分发挥他的潜能，成为创造者，对社会可以做出创造性的贡献。生产倾向性的人依靠他们天生的全部潜能，首先创造了自我。生产倾向性的人健康性格的另外四个方面是：创造性的爱、创造性思维、幸福和道德心。

非生产倾向性又可进一步分为下列几种类型。

一是接受倾向性。这种人没有生产或提供爱的能力，他所需要的任何东西完全依赖于别人。这种人是被动的接受者，寻求别人的帮助，希望依附于别人。当没有人管他的时候，他就会感到焦虑、恐怖，并且瘫痪无力。

二是剥削倾向性。这种人并非依赖自己进行生产和创造，他们依靠暴力、诡计等方法，从他人那里索取东西，希望靠他人的力量来满足自己的欲望，对他人进行攻击或榨取。他们喜欢那些可以利用的人，讨厌那些已经被他们榨取过的人。

三是储藏倾向性。这种人通过储藏获得安全感，他们的哲学是："资产和财富就是安全"。储藏型的人似乎在周围筑起一道墙，不使财富流出来，也不让任何东西流进去。这种人表现为节俭，极端吝啬，坚持不与别人分享财富，与他人疏远，在人际关系上表现为退缩等。

四是市场倾向性。这种人的性格特征随雇主的需要而变化，使自己具备雇员的性格，否则就要被社会淘汰。这种人很难获得安全感，他们把自己当作商品，他们的价值是在市场上取得成功，而不依赖他个人的品质。弗洛姆认为："这种类型的人有丧失个人独特性而变成纯粹机器人的危险"。

弗洛姆认为，以上四种非生产倾向性的性格都是不健全的社会(剥削制度)造成的病态性格，但这些概念只是"理想类型"，而不是对某一特定个体的性格的描述。在实际生活中，每个人的性格结构并非只有一种倾向性，而是几种非生产倾向性的混合，或是非生产倾向性与生产倾向性的混合。

(4)中国文化中的五行分法

《黄帝内经》按阴阳五行分为：太阳性情、少阳性情、阴阳平和性情、太阴性情、少阴性情。

太阳之人，英勇刚毅、坚持己见、激昂进取、傲慢暴躁。

少阳之人，外露、乐观、机智、随和。

阴阳平和之人，态度从容、平静自若、尊严谦谨、顺应性强、波动而不乱。

太阴之人，悲观绝望、内省孤单、不合潮流、保守谨慎。

少阴之人，冷淡沉静、节制稳健、戒备细心、深藏不露、善辨是非、嫉妒心强、自制力强、耐受性高。

(三)动机与需要

动机与需要反映了人格的内部倾向性，是人格外部表现的重要内因，较为隐蔽。

1. 动机

动机是一个概括性术语，是对所有引起、支配和维持生理和心理活动的过程的概括，指由目标或对象引导、激发和维持个体活动的一种内在心理过程。

动机具有三种功能：一是具有发动行为的激活功能；二是使有机体的行为引向某一特定目标的指向功能；三是维持和调节功能，表现为行为的坚持性。

通常，人的一切活动都是一定的动机引起的，并指向一定的目标。在主体一贯的行为模式的背后很可能有着某种持久的动机。动机的长久性、强度会影响主体的行为，如在对待失败的问题上，成就动机强的人常常表现得比成就动机弱的人更容易害怕失败，因此他们的行事风格可能会更加谨慎。

2. 需要

需要是个体内部的一种不平衡状态，它表现在个体对内部环境或外部生活条件的一种稳定的要求，并成为有机体活动的源泉；需要是个体对生理和社会需求的反映；需要具有社会性、对象性和动力性的特征；需要是动机产生的基础。

通常，需要是人对某种客观要求的反映，是人活动的基本动力，是个体积极性的重要源泉，人的需要与动物的需要的本质区别在于，人的需要不仅只有生理需要，更重要的是有社会需要，也就是说人的需要主要是由人的社会性决定的，具有社会的性质。人的需要的内容及满足需要的手段也和动物不同。由于人有意识，人的需要会受到意识的调节与控制。

需要按起源分为生理需要(又称自然需要)和社会需要；按指向的对象分为物质需要和精神需要。人的需要是一个等级递进的过程。

拓展阅读

马斯洛的需要层次理论

马斯洛把需要分成生理的需要、安全的需要、归属与爱的需要、尊重的需要、认知的需要、审美的需要、自我实现的需要，依次由较低层次到较高层次排列。见图 3-1。随着需要层次的上升，需要的力量相应减弱。在高级需要出现之前，必须先满足低级需要。

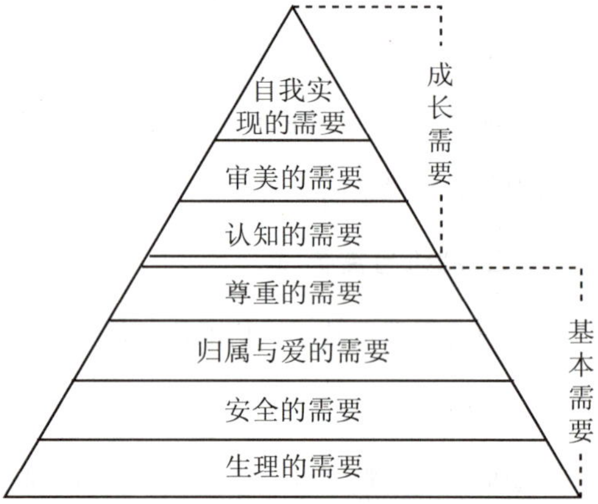

图 3-1 需要层次理论

生理的需要：是人类维持自身生存的最基本要求，包括对呼吸、水、食物、睡眠、生理平衡、分泌、性的需要。如果这些需要(除性以外)任何一项长期得不到满足，人类个人的生理机能就无法正常运转。

安全的需要：包括对人身安全、健康保障、资源所有性、财产所有性、道德保障、工作职位保障、家庭安全的需要。

归属与爱的需要：包括对友情、爱情、亲密关系的需要。正常情况下，人人都希望得到相互的关心和照顾。感情上的需要比生理上的需要更加细致，它和一个人的生理特性、经历、教育、宗教信仰有关。

尊重的需要：包括对自我尊重、信心、成就，对他人尊重、被他人尊重的需要。尊重的需要又可分为内部尊重和外部尊重。内部尊重是指一个人希望在各种不同情境中有实力、能胜任、充满信心、能独立自主，即自尊。外部尊重是指一个人希望有地位、有威信，受到别人的尊重、信赖和高度评价。

以上是人的基本需要，接下来是成长需要。

认知的需要：泛指个体对事物的追寻、认知，是了解的内在动力，如求知欲、好奇心等。具有解决疑难和理解问题的欲望，探索各种事物的需要。例如，通过经验或者学习，掌握知识和技能，了解和理解事物等。

审美的需要：包括对美好事物欣赏，希望事物对称、井然有序、外观美、平衡的心理需要。

自我实现的需要：包括对道德、创造力、自觉性、问题解决能力、公正度、接受现实能力的需求。这是最高层次的需要，实现个人理想、抱负，将个人的能力发挥到最大限度，达到自我实现的境界。

四、人格形成的影响因素

人格是先天与后天的“合金”，受多种因素影响。

(一)生物学因素

1. 遗传

人格的发展必然受先天遗传的影响。遗传对人格的影响占多大比例呢？英国学者卡特尔经过研究认为，人格的2/3是由环境决定的，1/3是由遗传决定的。

2. 基因

1996年，以色列和美国科学家组成的一个研究小组发现，人类的第11号染色体上有一个叫作D4DR的基因，由它决定了一种喜好追求新奇的性格。此基因长度较长者容易兴奋，不安分守己，总想跳槽，寻求新的刺激，易于冲动，喜欢冒险。而长度较短者相对沉默和冷淡，喜欢思考、冷漠、沉着、个性拘谨、恬淡寡欲。

(二)自然物理因素

生态环境、气候条件、空间拥挤程度、营养结构等物理因素都会影响人格。在不同的物理环境中，人可以表现出不同的行为特点。但自然环境对人格不起决定性作用，更多地表现为暂时的影响，而且多体现在行为层面上。自然物理环境对特定行为具有一定的解释作用。在不同的物理环境中，人可以表现出不同的行为特点。

(三)家庭环境因素

家庭环境对子女人格的影响主要表现在父母的个性、家庭心理气氛、家庭教育方式等方面。俗话说：“有其父必有其子。”在早期亲子关系中，信任、语言能力、交往能力、情绪的稳定性和攻击性、爱的表达能力及自我的认同感等方面，都与家庭环境有着密切的关系，最主要体现在家庭氛围和父母的教养方式中。见表 3-2。

表 3-2 父母态度与子女性格特点的关系

父母态度	可能导致子女性格的特点
专制支配	消极、顺从、依赖、缺乏独立性
过分溺爱	任性、骄傲、利己主义、缺乏独立性、缺乏社会性、依赖、胆怯
过于严厉	顽固、冷酷、残忍、独立，或怯懦、盲从、不诚实、缺乏自信心和自尊心
漠不关心	妒忌、情绪不安、创造力差，甚至有厌世和轻生的情绪
作风民主	独立、直爽、协作、亲切、善于社交、机灵、快乐、大胆、有毅力和创造精神
意见分歧	易生气、警惕性高，或两面讨好、投机取巧、爱说谎

常言道，孩子是父母的影子。孩子的人格常常是不自觉模仿父母双方行为的结果，父母的举止、谈吐都会给孩子的性格发展打下深深的烙印。当然，家庭因素与人格发展并不存在一一对应的关系，它与其他因素共同决定人格。

(四)学校因素

学校教育环境中的制度、教师、同伴对人格形成也有重要的影响。

一位曾在第二次世界大战期间的德国纳粹集中营中遭受过非人折磨的幸存者，战后辗转到美国，做了一所中学的校长。每当新教师来到学校时，他都会交给新教师一封信，信中这样写道："亲爱的老师，我是一名纳粹集中营的幸存者，我亲眼看到了人类不应当见到的情境：毒气室由学有专长的工程师建造；儿童被学识渊博的医生毒死；幼儿被训练有素的护士杀害；妇女和婴儿被受过高中或大学教育的士兵枪杀。看到这一切，我疑惑了：教育究竟是为了什么？我的请求是：请你帮助学生成长为具有人性的人。你们的努力决不应当被用于创造学识渊博的怪物、多才多艺的变态狂、受过高等教育的屠夫。只有在使我们的孩子具有人性的情况下，读写算的能力才有其价值。"

1. 校园与文化环境

每个人从学龄期开始会在学校度过很多时光，学校营造的校园与文化环境对性格的养成起着重要作用。校园环境包括学校所处的地理位置、自然环境、教学设施等因素；文化环境包括学校的奖惩机制、对学生的管理模式、学校所营造的文化氛围等。

2. 教师因素

教师是学龄儿童心目中的权威，是影响学生人格的重要因素。教师的头上都有一道美丽的光环，是学生经常学习的榜样。教师的人格特征、行为模式与思维方式都会对学生产生巨大的影响。教师的公平、公正对学生也有着至关重要的影响。教师的不公正表现会导致学生的学业成绩和道德品质的降低。如果教师把自己的热情与期望投放在学生身上，学生会感觉到教师对他们的期望，并努力奋斗。很多大学生在早期学生生涯中，都有受教师鼓励发愤图强、受教师批评而导致学习兴趣发生变化的人生体验。

3. 同伴因素

学校是同龄群体聚集的场所，同伴群体的兴趣、追求对个人的人格具有巨大影响。进入初中之后，同伴的影响开始变得越发重要起来。与儿童期不同的是，青春期个体更乐意离开父母，待在同伴这个相对自由轻松的群体中。他们学习待人接物的礼节与群体规范，了解什么样的性格容易被群体接纳。同伴的影响在大学生中非常显著。个体在整个青少年阶段都倾向于赢得同龄人的赞许和认可，注重在相似年龄、地位等的同伴群体中寻求自我价值感。

(五)社会文化因素

人一出生，便置身于社会文化之中并受社会文化的熏陶与影响，文化对人格的影响伴随着人的终生。社会文化具有塑造人格的功能，这反映在不同文化的民族有其固有的民族性格、不同的地域有着不同的文化传统、不同的文化发展时期有着不同的文化认同上。

对于大学生来说，社会文化环境对他们人格的形成和发展具有更重要的作用。大学生所处的人生阶段和大学学习的内容及教育方式等都决定了他们更重视社会文化，对社会文化环境更敏感，更容易接受其影响。这需要大学生具备甄别和判断能力，学会选择利于自我适应能力提高、生存能力发展的社会文化，不盲从不健康的文化。

综上所述，在人格的培养过程中，各种因素对人格的形成与发展起着不同的作用。遗传决定了人格发展的可能性，环境决定了人格发展的现实性。

第二节 大学生自我人格分析

学习与了解人格特质的相关知识，使大学生能够基本自助地进行自我人格分析，需要注意的是，大学生评估或自测的目的是了解、描述和分析人格的内容，不可因此受限，绝对化地下定论，盲目地贴标签，或是用来预测自己和他人的行为。

一、 人格特质分析

(一)人格分析的水平

人格分析通常包含三个水平：一是人性——与所有人相似的普遍人性；二是共性——与某些人相似，即某个群体(如家庭、民族)共性；三是个性——和他人都不同，独属于个体的特性。正常人格都是人性、共性、个性的集合。人性具有人类普世性的特征，如爱与善；共性具有社会文化意义和地域性，如东方人内敛，西方人开放；或者具有家庭文化意义，如有的家庭注重节俭，有的家庭则注重慷慨；而个性是在人性和共性基础上发展的独属于个体的特性。

(二)心理特质与人格特质

心理特质描述两种内容：一种是描述人格内部倾向的属性，或称内因属性，即行为原因，如欲望、动力、需求等；另一种是概括式地描述人格的外在表现，如行为倾向、应对方式等。

人格心理学创始人奥尔波特同时也是早期人格特质理论的代表人物，他认为人格由首要特质、中心特质和次要特质构成。首要特质是一个人最典型、最具概括性的特质。小说或戏剧的中心人物，往往被作者以夸张的笔法，特别凸显其首要特质。中心特质是构成个体独特性的几个重要特质，在每个人身上有5～10个中心特质。以林黛玉为例，多愁善感是她的首要特质，清高、聪明、孤僻、抑郁、敏感等属于她的中心特质。次要特质是个体不太重要的特质，往往只有在特殊情境下才表现出来。例如，有些人虽然喜欢高谈阔论，但在陌生人面前则沉默寡言。

那么，如何评估我们每个人的人格特质？

某人的一个或几个心理特质如果体现出跨时间和跨情景的相对稳定性，就成为此人的人格特质。

通常我们会使用行为观察法、自我报告法和心理测验法来评估个体的人格特质。行为观察法：由他人客观记录被观察者某种行为发生的频率和次数。自我报告法：个体评估、报告自身行为和特质。心理测验法：如实填写人格测验量表获得测评结果。国外信度和效度较好的、常用的人格特质测验有“卡特尔 16 种人格因素测验”(简称 16PF)、“人格五因素模式”(又被称为“大五人格”)、“艾森克人格问卷”(简称 EPQ)。

中国本土化的人格特质测量问卷，被称为大七人格(QZPS)。这七种特质如下。

外向性：反映活跃、主动、积极和易沟通、轻松、温和的特点，以及乐观和积极的心态，是外在表现与内在特点的结合。与西方人的外向性维度相比，共同特点是活跃、合群、乐观，但中国人的外向性维度并不包括西方人这一维度中的“冲动”和“喜欢冒险”的特点。包括活跃、合群、乐观三个因素。

善良：反映中国文化中的“好人”的总体特点，包括对人真诚、宽容、关心他人及诚信、正直和重视感情生活等内在品质。包括利他、诚信和重感情三个因素。

行事风格：反映个体的行事方式和态度。包括严谨、自制和沉稳三个因素。

才干：反映个体的能力和对待工作的态度。表现为坚定、积极、肯动脑筋，或者犹豫、松懈和回避困难。包括决断、坚韧和机敏三个因素。

情绪性：情绪稳定性的特点。急躁、冲动，情绪不加掩饰和难以控制，或者情绪稳定、平和，情绪表达委婉和可控。包括耐性和爽直两个因素。

人际关系：对待人际关系的基本态度。表现为友好、温和、与人为善，或者冷漠、计较和拖沓盲目。包括宽容与热情两个因素。

处世态度：反映的是对人生和事业的基本态度。包括自信和淡泊两个因素。表现为目标明确，理想远大，并且坚定追求卓越，或者得过且过、安于现状和不思进取。

(三)24 种积极人格特质

积极心理学研究积极的人格特质，把它们称为人格力量与优势。每个人都具备多项积极特质，人们首先关注自身积极人格的方面，极大发挥它们的力量与优势，而不是只着眼于改善不足的方面。积极心理学家总结了 24 种人格力量与优势特质。罗列如下。

创造力(原创性、独创性)：思索新颖而有价值的方法来产生概念和做事情。

好奇心(兴趣、寻找新事物、开放式体验)：对持续的体验和其内在缘由产生兴趣，进行探索和发现。

头脑开明(判断力、批判性思维)：通过全方位测验来思考事物，公平权衡所有的根据。

爱学习：掌握新的技能、话题及知识本体，不管是出于自愿还是形式要求。

洞察力(智慧)：能对他人提出明智的建议，能着眼于对己对人有意义的世界。

勇敢(勇气)：不畏威胁、挑战、困顿或苦痛，依觉悟而行，不论其是否被普遍认同。

持久(有毅力、刻苦发奋)：做事有始有终，坚持行为方向，不论障碍险阻。

正直(可靠、诚实)：自我表现诚恳，对自己的感觉和行为负责。

有活力(热情、积极、有魄力、有精力)：生活充满激情和能量，感觉活跃、活泼。

爱：珍爱与他人的亲密关系，尤其是那些其中相互分享、相互关照的。

善良(慷慨、关怀、关照、同情、无私的爱、美好的事物)：为他人帮忙、做好事。

社会智商(情绪智商、个人智商)：了解他人及自己的目的和感觉。

公民权(社会责任、忠诚、团队协作)：作为集体或团队的一员，好好工作，对集体忠诚。

公正：依照公平和正义的观念平等对待所有人，不要让个人感觉误导对他人的判定。

领导能力：促进集体，使个人在其中作为成员能完成事情并且同时维持良好的集体关系。

宽恕和仁慈：宽恕做错事的人，接纳他人的短处，给予他人第二次机会，不心怀报复。

谦虚/谦逊：让成绩说话，不自大。

谨慎：细心于自己的选择，不冒不当的风险，不说也不做后悔的事。

自律(自控)：管理自己的感觉和行为，守纪律，控制自己的欲望和情绪。

欣赏美丽和卓越(敬畏、赞叹、上进)：欣赏美丽、卓越或在生活不同领域的娴熟表现。

感恩：知道并感谢发生的好事情；多多表达谢意。

希望(乐观、为未来打算、为未来定向)：对将来有最好的展望，并努力实现它。

幽默(爱玩)：喜欢笑，喜欢逗乐，给他人带来欢笑，能看到事物的光明面。

精神信念(虔诚、守信、有追求)：有对更高追求、生活意义的信念。

二、如何培养积极的人格特质

大量的研究表明，能很好利用自身特有人格力量与优势的人，更容易做出成绩，也更能获得持续的幸福感，培养积极的人格特质可以按照三步法。

(一)了解你的优势

积极心理学把人格力量分为六大类别，并认为每个人都具有与生俱来的积极的内在力量，只是每个人在某种力量上的强弱程度不同而已。

(二)探索你的优势

首先理解所拥有的优势对自身意味着什么。回忆上一次最为得意的事及令内心获得满足的经历是什么。思索是否在这些经历中很大程度上发挥了自己较强的人格力量。总结在其中发挥了哪些人格力量。

(三)发挥你的优势

尝试在生活中使用优势，或创造机会发挥这些力量与优势。提醒自己需要有切实可行，并且有创意的行动，才能让这种尝试有可能持久。

拓展阅读

人格类型与心理功能

在现实生活中，我们会发现，周围的人并不是都按照我们的思考方式思考的，也都不是按照我们所评价事物的方式评价的。瑞士心理学家荣格因此提出了心理类型理论，指出个体人格间具有心理功能的差异性及拥有优劣势功能的理论，后来，布里格斯母女以此为基础增加自己的一些观点并研发了人格类型指数测量表。

一、两种主导倾向：外倾和内倾

这个维度在人们生活和工作中对人的精力、心理能量起指向和定位作用。外倾基本定向为外部世界，内倾基本定向为内部世界。也就是说，外倾者把精力和思想集中在外部世界的人、物、事件，喜欢把态度、精力和注意都表露出来；而内倾者把精力和思想主要集中在内部世界的概念、观点、体验、感受，并喜欢将其积存起来。外倾者的情感和态度的发展有赖于环境对他的影响和指导，他们需要立即和外部世界进行交流。内倾者喜欢相对深邃的观念和经验，因独处思考而自得其乐。我们每个人既需要与外部世界打交道的外倾导向(向外)，也需要使用内部世界独处思考的内倾导向(向内)，总有一种导向是我们最惯常、最擅长和最舒适的。无论外倾还是内倾，都需要另一种导向进行适当补充，否则，外倾者如果只使用外倾而缺乏内倾会显得肤浅，内倾者如果只使用内倾而缺乏外倾会显得孤僻。

二、两种态度偏好：感知与判断

布里格斯母女提出，人们与周围世界接触的方法有感知与判断态度偏好的区分。感知表示意识到人、事、物、观点的整个过程，即接收信息，属于非理性功能；判断表示对所感知的东西做出结论的过程，即处理信息，属于理性功能。感知决定了人们在某一情境下所了解的内容性质与角度，判断往往伴随着评价，决定人们所确定采取的行为方式。两者不能同时使用，人们在感知与判断之间转换，一些人接收信息多于处理信息，很少做评判和决定；另一些则相反，处理信息的速度快于接收信息的速度，喜欢做评判、下结论，前者属于感知偏好，后者属于判断偏好。判断偏好能使我们的生活井井有条；感知偏好能使我们随遇而安，更易于接纳变化。只注重判断忽略感知，容易武断；只注重感知而忽略判断，则易缺少行动力。

三、两种心理功能：理性与非理性功能

荣格把与个人如何观察世界、处理信息与经验有关的心理功能分为理性功能和非理性功能。

(一)理性功能：思维和情感

思维与情感是对感知、接收到的信息进行处理、决定的两极功能。思维这一术语不是智力和能力的含义，而情感也并不是和情绪混为一谈的概念。

思维：通过逻辑过程，追求非个人、相对客观的发现，基于客观而非感性因素的推理做出判断。思维型的人做决定时主要基于客观因素或人以外的因素，以及逻辑关系或结果；态度客观，对事不对人，能坚持原则，同时考虑利弊两个方面，冷静、不易动情，有时候被称为铁石心肠。

情感：欣赏与领会对事物寄予的主观价值。主要与人相关的主观性因素(如同情心、个人喜恶或社会价值观等)和个人(喜恶、价值观、态度)做决定，即更喜欢基于别人和他自己的感受做出决定。情感型的人做决定时更倚重人情和个人价值取向，即

更多考虑人的因素，而不是事物的结果；追求的是和谐的人际关系，甚至牺牲自己的利益，常被人称为善解人意。

（二）非理性功能：感觉和直觉

感觉与直觉是人们在感知事物方式方面不同的两极功能。

感觉：通过五个感官（眼、耳、鼻、舌、身）的感觉功能来感知事物，接收信息。所感知到的是显而易见的、确实存在和发生的事物。感觉型的人对于过去、现在的实践活动和经验的细节记得较清楚，总是留意观察和体验当前的事物，对将来的可能性不会有足够的重视，享受当前的生活，现实主义，具有敏锐的观察力和对细节的记忆力。

直觉：从有形意识之外的含义、关系、可能性中去领悟事物，超过了有形的观察，包括对将来事件的可能性的感知。直觉型的人通过领悟的方式去体会事物的可能性、意味和关系，无意识地综合各种并不一定是可见的想法和联想感知事物，包括在日常生活中“预感”到的最高层的原创艺术和科学发现，表现更有想象力，观点有新颖性和创造性，喜欢通过间接的线索去推断可能性。

精神导向：外倾—内倾。

认识世界：感觉—直觉。

判断事物：思维—情感。

生活态度：判断—感知。

每一种人格类型都具有功能等级的性质。这一等级排列了一个人从最强到最弱的心理功能，从而形成了某种人格类型。对于每一种人格类型而言，有一种功能是其最重要的特征，就好像一艘轮船的船长一样，它领导和指引着一个人的个性，被称为第一功能或优势功能。优势功能是每个人运用得最多而且最自然的。功能等级的下一个功能对优势功能起从属、帮助、补偿作用，以保持个性的平衡，被称作辅助功能。其次是与辅助功能相对立的第三功能，最后是与优势功能对立的第四功能，或称劣势功能。

如何理解和运用心理类型理论？一是要注意每种功能都没有绝对的好坏之分，都存在积极面与消极面。二是要在理解这些功能的基础上进行自我分析和评估。三是要进行人际互动，便于理解他人，给予其恰当的回应，提高人际关系的和谐程度。

第三节 大学生健康人格的塑造与健全人格的发展

奥尔波特认为，人格像每一种有生命的物体一样，随着成长而发生变化。

一、健康人格与健全人格

（一）两者辨析

心理学家悉尼·乔拉德和特德·兰兹曼认为，健康人格是人的良好的行为方式，由理智所引导并尊重生活，因此人的需要得以满足，而且人的意识、才智及热爱自我、自然环境和他人的能力都将得以发展。健康人格的主要特点是能保持人格的完整性、统一性、稳定性、灵活性，认知、情感、价值、道德、审美等要素整合良好，内心冲突较少，身心系统经常处于平衡、稳定的状态。

健全人格，又称完整人格，是健康人格走向全面发展的、完善的、个性化的理想人格的目标。健康人格与健全人格不同，健康人格是心理健康的表现和范畴之一，即心理健康的人格，是与人格障碍、人格偏差相对的一个概念，健康人格是健全人格的基础。

（二）人格偏差与人格障碍

人格偏差是指偏离了健康水平的人格，若干不良的性格比较稳定地组合在一起，形成了一定的风格，此风格阻碍了他对现实生活的适应。轻度的表现为人格缺陷、人格偏差，严重的可能导致人格障碍。人格障碍属于精神疾病的一类，是指人格特征明显偏离正常，形成了一贯反映个人生活风格和人际关系的异常行为模式。

1. 常见的人格偏差

常见的人格偏差包括自卑心理、敌意心理、自我中心、依赖心理、嫉妒心理、偏执心理、追求完美、冲动性。

（1）自卑心理

自己看不起自己，也担心别人看不起自己，看不到自己的价值和长处，以消极的态度看待自己，缺乏自信，无论做什么总认为自己不行。害怕失败，担心被人耻笑，做好一件事时，认为是应该的，而一旦做不好则认为自己无能，认为自己样样不如人，因而陷入自责、不安、懊悔之中，导致适应不良。由于自卑，不敢与人交往，工作缺乏主动性，不敢承担责任。

(2)敌意心理

总认为别人对自己不好，社会对自己不公平，好像戴着有色眼镜看人生。认为别人不理解自己，不信任自己，不支持自己，因此与人容易出现冲突，争吵，敌视甚至仇恨，时常愤愤不平。

(3)自我中心

以自我为中心，对自我评价过高，对别人要求也过高，凡事总是先想到自己，想到自我的利益。只想别人为自己服务和对自己进行赞扬、肯定，只向社会和他人索取，而不想回报，常有不切实际的愿望和要求，因而易有挫折感，人际关系不良。

(4)依赖心理

缺乏主见，决策困难，总是希望或依靠别人来做决定。缺少独立性、自主性，常附和别人，压抑自己，过分寻求别人的赞同、支持，过度依赖别人的照顾，不能独立面对生活。

(5)嫉妒心理

心胸狭窄，不能容忍他人超过自己，对比自己强或优越的人，心怀醋意，讽刺挖苦，甚至造谣、中伤、打击，将时间精力和才智浪费在与人计较、攻击或伤害他人的无益行动中，其结果既损人又害己。嫉妒心人皆有之，但不能过分，过之则害人害己。若将嫉妒心升华为竞争心，将其引导到正常竞争之中，则成为动力。

(6)偏执心理

敏感多疑、不信任人和固执是其主要特点。自尊心过强，期望别人都尊重自己，重视自己，未给予其特殊对遇便感到受委屈，别人无意中的一句话可以被认为是针对自己的，与自己过不去。固执己见，很难接受不同意见，只看到对自己不利的一面，忽视了好的一面。时常与人相争，容易与人为敌，总是感到他人对不起自己，有意为难自己。因此，与人矛盾不断，难以适应现实生活。

(7)追求完美

不能容忍自己的缺点和失败，对自己持过高的要求，对自己的缺点过分夸大。一帆风顺时尚可，一旦遇到挫折，达不到期望目标，便感到自卑，认为是自己的过错，是自己无能。谨小慎微，紧张多虑，担心失败，因而活得很累，影响了能力的发挥和人际关系的发展。

(8)冲动性

遇事沉不住气，易发脾气，做出过激反应，与人争吵甚至大动干戈。对适应非常不利：破坏了心理的平衡，使人失去理智；破坏了与人的关系，影响了感情；破坏了个人形象，显得没有修养；导致行为失控，产生许多难以预料的后果。在冲动性的驱使下，人们甚至会出现犯罪行为。

2. 人格障碍的共同特征

①他们有紊乱不定的心理特点和难以与人相处的人际关系。

②他们把自己所遇到的困难都归咎于命运和别人的过错。

③他们认为自己对别人没有责任可言。

④无论走到哪里总是把猜疑、仇视和固有的想法带到哪里。

⑤他们的行为伤害了别人，而自己却泰然自若。

⑥对自己的不良行为缺乏认识，很少有求助的动机。

以上所列举的特征仅供参考，对人格障碍的确诊有严格的诊断标准，必须由专业的精神科医生进行诊断，早发现早治疗。

二、 大学生健康人格的标准与塑造

(一)大学生健康人格的标准

1. 和谐的人际关系

人际关系最能体现一个人人格健康的程度。人格健康的大学生乐于与他人交往，能与老师、同学建立良好的关系，与人相处时，尊敬、信任、接纳、宽容等积极态度多于嫉妒、怀疑、敌对、厌恶等消极态度；人格健康的人常常以诚恳、公平、谦虚待人。和谐的人际关系既是人格健康水平的反映，同时又影响和制约着健康人格的形成和发展。

2. 良好的社会适应能力

社会适应能力反映了人与社会的协调程度。人的社会适应能力是在社会化过程中不断发展的。人格健康的大学生懂得及时调整自我，积极适应学校的学习和生活，遵守学校规则，愿意参与班级、社团等团体活动；以一种开放的态度，主动关心社会，了解社会，观察所接触到的各种事物和现象，对社会现象有思辨能力，不盲目跟风，能够看到社会发展的主流。

3. 乐观向上的生活态度

乐观向上的生活态度是人类在社会实践中获得的本质力量的表现。乐观的大学生常常能看到生活的光明面，对前途充满希望和信心，对自己的学习或未来职业抱有浓厚的兴趣，愿意为目标努力奋斗，踏实前进，获得成功。即使在生活中遇到困难和挫折，也能耐心地去应对，不畏艰险，勇于拼搏。相反，悲观的大学生常常看到生活的阴暗面，对任何事情都不感兴趣，心情沉重，遇到一点挫折就情绪低落，怨天尤人，甚至自暴自弃。

4. 正确的自我意识

自我意识是个体对自己与他人、与周围世界关系的认识。自我意识是一个完整的心理结构，表现在认识过程中，就是正确地认识自己，客观地评价自己；表现在情感过程中，就是自尊、自信，有自豪感、责任感；表现在意志过程中，就是能够自我监督、自我调节，努力发展身心潜能。具有健康人格的大学生对自己有恰如其分的评价，充满自信，扬长避短，在日常生活中能有效地调节自己的行为，与环境保持平衡。缺乏正确自我意识的人常常表现为自我冲突、自我矛盾，或者自视清高、妄自尊大，做力所不能及的工作；或者自轻自贱、妄自菲薄，甘愿放弃一切可以努力的机遇。

5. 良好的情绪调控能力

情绪对人的活动、人的健康有重要影响。积极的情绪体验能使人振奋精神，增强人的信心，提高人的活动效率；消极的情绪体验会降低人的活动效率，长期积累甚至能使人致病。情绪标志着人格的成熟程度。人格健康的人情绪反应适度，具有调节和控制情绪的能力，能经常保持愉快、开朗的心境，并富有幽默感。当消极情绪出现时，他能合理地宣泄、排解、转移、升华。

(二)大学生健康人格的塑造

健康的人格是大学生心理健康的基础，是适应社会发展的必备条件，是大学生自身发展的源泉。人格在人一生的发展轨迹中，具有决定性作用，扮演着十分重要的“领导”或“向导”角色。一个人真正的成功，是成功的人格，而真正的失败，也与人格息息相关。健康的人格和意志品质是大学生必备的基本素质。

第一，对照人格健康的标准，评估人格健康水平，自检偏差或缺陷，寻找偏差或缺陷出现的原因，通过自我调控系统对其进行调节。

充分了解自身个性，找出缺陷并进行调适，有助于我们今后更好地适应社会。常见的人格缺陷有自卑、抑郁、怯懦、孤僻、冷漠、悲观、依赖、敏感、多疑、焦虑或对人敌视、暴躁冲动等，这些都是不健康的心理因素。它们不仅影响活动效率，妨碍正常的人际关系，同时还会给人蒙上一层消极、阴暗的色彩。自我调控系统是人格发展的内部因素。调控系统是以自我意识为核心的，主要作用是对人格的各个成分进行调控，保证人格的完整、统一、和谐。

校园案例

折翼的小华

小华在高中学习成绩一直不错，是个认真、踏实、努力的孩子，是父母和老师的骄傲。大家都认为他会考上一个本科学校，但是不知怎么搞的，高考成绩并不理想，进入一所高职院校。他觉得辜负了父母的期望，也失去了实现自己理想的机会，前程无望，说自己就像折翼的鸟，再也飞不起来了。于是，在学校里自暴自弃，萎靡不振，经常旷课，和高中相比就像变了一个人。你觉得他出现了什么心理偏差吗？你认为他应该如何进行自我调控？

当个人目标失败，期待落空，一时产生失望、受挫感是正常的，重要的是及时调控，积极投入新的生活。小华受挫败的情绪影响产生了认知与行为的偏差。

第二，培养现实检验与判断的能力。看待自己、他人、事件不是根据自己的投射或希望，而是根据客观现实，能理性分析生活事件，做出正确判断。保持现实感，减少幻想，树立切合实际的学习、职业、生活目标，有良好的现实知觉。

校园案例

落选的班长

大学新生小田，因为高中当过班长，刚入校期间表现不错，由老师指定他暂任班长。因为他习惯用中学时严苛的管理方式去对待同学，引起部分同学的反感，后来在班干部改选中落选。于是，小田就疑心是某些“小人”嫉妒他的才干，在老师那里搞鬼，认为自己受到了排挤和压制，认为同学与老师对他不公平，故意迫害他。因此，他就指责他们，埋怨他们，后常与同学、老师发生冲突，有时还把状告到校长和家长那里，要求恢复他的班长之职，否则扬言要上告、伺机报复。大家都耐心地劝他，他总是不等别人把话说完，就急于申辩，始终把大家对他的好言相劝理解为恶意。他这样无理取闹，与同学、老师的关系日益恶化。

落选并不是落难。人际交往中的多疑往往是在思考问题时的思维偏差引起的，一个人一旦心生猜疑，就会将所有的分析判断建立在只证明自己幻想的基础上，他看到的都是他投射的信息。

第三，在自我状态下，自我悦纳，自信，独立，自尊。坚持内省与自律。积极参加体育锻炼，通过某种正当的爱好与兴趣，培养审美情趣，调整心态。尝试静心练习，在学习之余，常听轻松、幽雅、恬静的音乐，赏花悦心，书面静神，闭目养神，使肌肉、神经都处于完全放松的状态。

第四，在人际环境中，积极参加团体活动，在活动中塑造自我，在团体中形成个性。以开放的心态，在团体中接纳他人，向他人学习，接受外界的积极影响。

三、 大学生健全人格的标准与发展

美国心理学家弗洛姆曾说，人生的主要使命是自我成长，成为与其潜能相符的人。人生奋斗最重要的成果，就是自己的人格。

(一)大学生健全人格的标准

1. 中国“理想人格”的标准

从《周易》开始，中国古代一些思想家包括孔子、庄子等儒家与道家的代表人物都在构想自己的理想人格。孔子认为理想人格是以“仁”为核心、修己以安人的君子。孟子认为理想人格是注重人与人之间的“义”，正气凛然，“富贵不能淫，贫贱不能移，威武不能屈”的“大丈夫”。老子认为理想人格是以“道”为核心的“圣人”。庄子认为理想人格是以“德”为核心的“真人”。墨子认为理想人格是以“勇”(责任与担当)为核心的“侠士”。我国心理学史学家燕国材先生将《周易》中对理想人格的描述进行了概括，得到 18 种心理特征。

①天人合一的主客观念。

②奋发有为的积极态度。

③自强不息的进取精神。

④仁义礼智的完整道德。

⑤谦虚逊让的美好德行。

⑥诚信不欺的正直精神。

⑦自我节制的调控能力。

⑧持之以恒的坚持精神。

⑨不怕困难的坚强意志。

⑩与人和乐的积极情感。

⑪与人和同的待人态度。

⑫光明磊落的宽广胸怀。

⑬认真负责的工作态度。

⑭刚柔并济的处世方法。

⑮胜不骄、败不馁的正确态度。

⑯趋时守中的处世原则。

⑰革新创造的变革精神。

⑱特立独行的完善人格。

2. 西方健全人格的标准

西方许多心理学家在健全人格的标准方面都提出了自己的观点，这里选取 16 条标准。

①了解并认识现实，持较为实际的人生观。

②悦纳自己、别人及周围的世界。

③在情绪与思想表达上较为自然。

④有宽广的视野，较少考虑个人利害。

⑤能享受自己的私人生活。

⑥有独立自主的性格。

⑦对平凡事物不觉厌烦，对生活永感新鲜。

⑧在生命中有高峰体验。

⑨爱人类并认同自己为全人类之一员。

⑩有至深的知交，有亲密的家人。

⑪具有民主风范，尊重别人的意见。

⑫有伦理观念，能区别手段与目的，绝不为达到目的而不择手段。

⑬带有哲学气质，有幽默感。

⑭有创见，不墨守成规。

⑮对世俗合而不同。

⑯对生活环境有改进的意愿与能力。

(二)大学生健全人格的发展

在当今社会中，一个有着健全人格的人才能创造自己积极的人生。有时，失败并不是因为知识或技能不够，而是因为其人格不够健全。

健全人格即做完整并且具有个性化的人，最终能够达到孔子所述的“从心所欲不逾矩”的身心相对自由的状态。请设想，当你在生命尾声回顾自己的一生时，你希望是怎样的一生？在人的生命历程中，大学阶段是衔接着过去，又指向未来的关键时期。

多年以来，心理学家通过测量与跟踪研究发现，人格发展能够影响到天生的智力发展。在某种程度上，心理功能的全面发展可以替代智力的发展，更容易实现自我、收获幸福与成功。

1. 树立毕生发展观

健全人格是一个动态发展的毕生过程。

第一，发展持续终生，每个年龄阶段都有特定的生命发展任务，对生命全程都有意义。退休或老龄化并不意味着生命发展的停滞。

第二，发展受到生物、心理及社会内外部因素共同作用的影响。成熟个体，其内部因素是在与外部环境的不断互动中发展与成长的。

第三，发展是可塑的。3 岁并不能定终身。有些大学生在高中阶段表现内向，不喜欢社交，可能在大学阶段开始尝试多参加班级和社团活动，广交朋友。

第四，发展在得与失、进与退并存中进行。人生的每次选择都意味着得与失，有时为了得到可能需要先失去，正如要买到心仪的东西必须先失去一部分金钱，先有付出才有回报的可能。

2. 发展现阶段的生命任务

大学生大多处在青春期后期和成年早期阶段，首要任务是学会身份认同，即学会认识自我、接受自己，能够在社会交往场合恰当表现、表达自己，并且符合社会规则。

3. 发展感知与判断能力

判断的准确性依赖感知的准确性与全面性。充分发展感知能力，能够在任何情境下看到不同方面，多维度、多视角接收信息和处理信息，根据人与情景做出适宜的判断，采取成熟可靠的方式进行决策，并加以执行。

4. 发展成熟的、适应性的防御机制，提高心理弹性

心理的防御机制就像身体的免疫系统一样，情绪冲突能够帮助我们重构冲突内容，重新组织理智与情感的关系，应对压力，保持心理平衡。成熟的防御机制是创造性的、健康的、安抚性的、适应良好的，同时使个体能够正视内部现实与外部现实，体验自我和他人的感受、想法，平衡道德与欲望的张力，使其趋于和谐，更易从挫折中恢复心理的内稳态，心理弹性较高。成熟的防御机制包括升华、利他和抑制等。

5. 发展优势与辅助功能，顺势而行

我们每个人都有天赋，都有一套特定的心理活动方式，在日常生活中很熟练地使用它们，并且努力获得它们。我们需要了解、分析自己拥有哪些优势，尽力发挥优势功能，同时发展辅助功能，以便使得优势功能的主导作用达到最佳。每个人都需要接收信息和处理信息，要同时发展好优势功能与辅助功能这对搭档，恰当使用它们。

6. 发展次等功能

我们在熟练使用优势功能与辅助功能后，以两者作为稳固基础，发展自我的次等功能，或称第三功能(参见本章第二节拓展阅读之《人格类型与心理功能》)。一开始我们往往会受挫，可以采取较为便捷和安全的方式：一是寻找能够发展次等功能的安全环境；二是寻找能够熟练使用此功能的榜样，从榜样那里获得力量、希望和经验，内化榜样的优势功能，在解决问题中发展此能力，直到自己能够独立熟练使用。

7. 发展劣势功能及整合与平衡的能力

发展劣势功能是一个向对立面学习，并使用与优势功能相对立的心理功能过程。

大学生需要改变非黑即白、非此即彼的理念，渐渐学会建立整合矛盾性辩证的中间地带，发展“在污水中发现浪漫”的能力。在认知发展架构中，能够承受矛盾性、模糊性、相对性的能力是成熟的标志。整合与平衡包括整合内部与外部现实、调和过去与现在、综合感受与想法的心理功能。

我们常常发现人际关系存在非道德意义的分歧或冲突，我们可能难以理解甚至鄙夷某些人思考、处理问题的方式。这个时候，我们需要想想，或许，对方正在使用的心理功能恰巧是我们擅长使用的功能的对立面。例如，思维功能发达的人与情感功能发达的人常常不能和谐地相处，因为思维功能发达的人常带有一种批评倾向，虽是就事论事，但在情感功能发达的人看来却有些刻板、不留情面，不符合其对和谐氛围的需求。情感功能发达的人渴望得到赞赏和同情，希望得到他人的关注，至少承认其价值，而思维功能发达的人的批判会伤害他们的情感，因此，思维功能发达的人在表达观点前，需要照顾情感功能发达的人的情绪，否则只会引起情感功能发达的人的对抗和反感。

心理互动与训练

气质类型的判断及《动物学校》的启示

一、气质类型的判断

假如电影已经放映了，门卫又不让迟到的人进行，不同气质类型的人会有不同的表现。

第一个人到了门口，被保安拦住：“对不起，先生。您迟到了十分钟，现在进去将会影响其他观众，我不能让您进去。”“不让我进?！你知道我为什么来这么晚吗?刚才，在剧院门口，一个老太太跌倒了，我把她扶起来，我是做好事，你怎么能不让我进?!”

第二个人到了门口，被保安拦住：“对不起，先生，您迟到了十分钟，现在进去将会影响其他观众……”“哦，我来晚了，”看看表，“真的来晚了……咦，听口音你是南阳人吧，我爱人也是，老弟！来，抽支烟，抽支烟，跟你说，我在工商局，以后有事尽管找我。”于是，他进去了。

第三个人到了门口，被保安拦住：“对不起，先生，您迟到了十分钟，现在进去将会影响其他观众，我不能让您进去。”“哦，迟到了，是不是迟到都不让进?”“是的。”

“那，不进了……我站这儿可以吧?”一会儿第一个人来了……“他咋进去了?”“他，他做了好事。”一会儿第二个人来了……“他咋也进去了?”“他，他是老乡……算了算了，你进去吧。”他的目的达到了。

第四个人到了门口，被保安拦住：“对不起，先生，您迟到了十分钟，现在进去将会影响其他观众，我不能让您进去。”“哦，就是就是，迟到了十分钟，这不能怪你，要是我早到，你一定不会不让我进，好吧，那我走了。”

思考与讨论：结合本章所学内容，判断四个人分别属于哪种气质类型。

二、《动物学校》的启示

教育家里夫斯博士写过一则耐人寻味的寓言故事——《动物学校》。

有一天，动物们决定，创办一所学校，以便迎接所谓“新学校”的各种挑战。学校里开设的活动课程包括跑步、爬行、游泳及飞行。为了公正起见，所有的动物都必须参加所有课程。

第一批学员有鸭子、兔子、松鼠、老鹰及奇特鳗鱼。

鸭子在游泳这门课上表现非常杰出，甚至比老师还优秀。但在飞行这门课，它的成绩只是勉强及格，跑步的成绩更是惨不忍睹。因为跑得太慢，所以放学后不得不放弃游泳，留下来练习跑步。它不停地补课练习，脚掌都磨破了，期末考试时终于获得了勉强及格的成绩。而它的游泳科目，由于长期得不到练习，期末时只获得了中等成绩。学校对中等成绩是能够接受的，所以，除了鸭子以外，没有人在乎这件事。

兔子在刚开学时跑步成绩在班上名列前茅，但由于游泳科目有太多的作业要做，它不得不整天泡在水里，泡得它几乎神经衰弱了。

松鼠本来在爬行课程上表现优异，但对飞行科目感到非常沮丧。因为它的老师只许它从地面上起飞，而不允许从树顶上起飞。由于它非常喜欢跳跃，并花了很多时间致力于发明一种跳跃的游戏，结果期末考试时爬行科目只得了 70 分，跑步科目刚刚及格。

老鹰由于活泼爱动，被视为“问题动物”，受到老师们严厉的惩罚。以爬行课为例，它打败其他同学先到树顶，同时也坚持用自己的方式。但它用的是自己的方式，而不是老师所教的方式，因此它并没有得到老师的表扬。

学期末公布成绩，普普通通的奇特鳗鱼同学，由于游泳一般，跑、跳、爬成绩也一般，也能飞一点，最后它的总分是班级里最高的。毕业典礼那天，它成为班级的代表。

生活在草原上的土拨鼠拒绝入学，同时也反对纳税，因为这所学校的管理者拒绝增加挖掘这门课程。为了子女的将来着想，它们没让自己的孩子在这所学校就读，而是先把它们送到獾那里做学徒，之后又联合其他鼠类创办了一所私立学校。

据说这所学校办得相当成功……

思考与讨论：结合自己的经历与体验，运用学习的本章知识，说说从这个故事中能得到什么启发。

参考文献

Lawrence A. Pervin，Oliver P. John. 人格手册：理论与研究(第二版)[M]. 黄希庭，译. 上海：华东师范大学出版社，2003.

黄希庭. 人格心理学[M]. 杭州：浙江教育出版社，2002.

郑雪. 人格心理学[M]. 广州：暨南大学出版社，2001.

兰迪·拉森，戴维·巴斯. 人格心理学——人性的科学探索(第2版)[M]. 郭永玉，等译. 北京：人民邮电出版社，2011.

Jerry M. Burger. 人格心理学[M]. 陈会昌，等译. 北京：中国轻工业出版社，2000.

Richard M. Ryckman. 人格理论(第八版)[M]. 高峰强，陈英敏，王美萍，等译. 西安：陕西师范大学出版社，2005.

伊莎贝尔·布里格斯·迈尔斯，彼得·迈尔斯. 天资差异[M]. 张荣建，译. 重庆：重庆出版社，2008.

兰迪·拉森，戴维·巴斯. 基因与人格[M]. 郭永玉，贺金波，译. 北京：人民邮电出版社，2012.

克里斯托弗·彼得森. 积极心理学[M]. 徐红，译. 北京：群言出版社，2010.

马丁·塞利格曼. 认识自己，接纳自己[M]. 任俊，译. 沈阳：万卷出版公司，2010.

乔治·范伦特. 自我的智慧——哈佛大学格兰特幸福公式研究[M]. 张洁，宋欣欣，童俊，译. 北京：世界图书出版公司，2016.

第四章

大学生学习心理与自我完善

学习目标

1. 掌握学习的基本概念，了解学习的心理机制。

2. 了解高职院校学生学习的特点及常见的学习心理障碍与调适。

3. 掌握学习的方法及强化学习能力的培养。

4. 了解学习创新创业的意义。

拓展阅读

我们为什么要上学

美国前总统奥巴马在美国开学日做了一个演讲《我们为什么要上学》，这是一篇非常鼓舞人心的演讲，演讲没有太多"大词"，但通过演讲的内容可以看到三层意思：一是学习是人的一种基本需要。"没有哪一个人一生出来就擅长做什么事情，只有努力才能培养出技能"。"你的生活状况、长相、出身、经济条件、家庭氛围——都不是放弃学业和态度恶劣的借口，不是你去跟老师顶嘴、逃课或是辍学的借口，不是你不好好读书的借口。你的未来，并不取决于你现在的生活有多好或多坏。没有人为你编排好你的命运，在美国，你的命运由你自己书写，你的未来由你自己掌握"。二是学习是人的一种权力，是人获得生存、发展和实现人生价值的权力。他说"我可以向你保证，不管你将来想要做什么，你都需要相应的教育。你想当医生、教师或警官，你想成为护士、建筑设计师、律师或军人，无论你选择哪一种职业，良好的教育都必不可少。这世上不存在不把书念完就能拿到好工作的美梦，任何工作都需要你的汗水、训练与学习”。三是学习是人的一种责任。“你们每个人都会有自己擅长的东西，每个人都是有用之才，而发现自己的才能是什么，就是你们要对自己担起的责任。教育给你们提供了发现自己才能的机会。我们每个人都在培养和发展自己的天赋、技能和才智，来解决我们所面对的最困难的问题。假如你不这么做——假如你放弃学习——那么你不仅是放弃了自己，也是放弃了你的国家”。

另外我们所熟知的，如新东方教育集团创始人俞敏洪、阿里巴巴集团主要创始人马云、大学生创业成功的郭敬明和“大国工匠”众多普通人物。他们均是踏实、勤恳、敬业、尽职尽责、精益求精，在付出巨大艰辛与努力的同时，励志创新，最终获得成功。其中都涉及人的学习品质，“学习品质”是指个体在学习中形成并在学习活动中表现出来的影响学习效果的稳定的心理倾向或个人特征，包括学习兴趣、学习目的、学习态度、学习方法、学习毅力、学习恒心等。

第一节 大学生学习的实质

一、 什么是学习及其心理机制

什么是学习？用教育学规范的解释来说，“学习”是指学习者透过经验或练习而改变其行为的过程，是人类有意义的基本活动之一。学习是把信息和经验转化为知识、技能、行为和态度的过程。

心理学家研究认为，学习是一种十分复杂的心理过程，这一过程既需要全部智力因素的积极参与，又需要各种非智力因素的积极参与，它不仅与感觉、知觉、注意、记忆、思维、想象等认知过程直接相关，而且还涉及学习者的学习动机、情感、学习态度、意志、个性等非智力因素。学习动机为学习提供基本的源泉和动力；情感包含了自制、热忱、坚持及自我驱动和鞭策的能力，是解决学习问题所必需的；学习态度是学生的需要、情绪、兴趣的集中体现，会对学习过程产生直接影响，也是影响学习效果的一个重要因素。学习实质就是学、思、习、行的总称。学习最重要的心理品质是坚韧不拔。

根据学习方式、实践方式不同，学习有广义和狭义之分，广义的学习是人和动物都具有的，在生活、生存过程中凭借经验而产生的行为的变化。人所获得的广义教育包括学校教育、家庭教育和社会教育等方面的信息和知识。狭义的学习更多是指学校教育，是在各类学校环境中，在教师的指导下，有目的、有计划、有组织地进行的，是在较短的时间内系统地接受前人积累的文化经验，以发展个人的知识技能，形成符合社会期望的、以道德品质为主要任务的活动。

学习是为未来生活做准备的，也是大学生的主要任务和主要活动方式。学生知识的获得受三个心理机制系统的影响：动力系统、操作系统、控制系统。

(一)动力系统

学习的动力系统是负责学习的始动、继续的系统。

学习动力系统的心理机制是动机。动机是发动、推动、维持个体的学习朝向一定目的的心理倾向。学习动机对学习结果的影响是通过制约学习积极性实现的，学习积极性是学习动机的一种直接的外在表现，是在学习活动中表现出来的主动、坚持、投入的状态。因此，学生的学习积极性，直接影响到学习的有效性。如果一个学生的内驱力强，有强烈的求知欲望，他在上课时就能集中注意力，并且能主动做到课前预习，课后复习，积极反思，积极提出问题，使有效的学习得到长久的维持。而有的学生缺乏内驱力，认为学习对自己无益，不是自己的事，是父母的要求、老师的期待，其学习的动力是外在的要求和外在的压力，他必然缺乏学习的主动性，从而影响有效学习的程度，一旦失去了这种外在动力，有效学习也将停止。认知心理学家罗伯特·加涅指出，教学活动只是一种旨在影响学习者内部过程的外部刺激，对知识的学习和掌握主要靠学生自己去完成。由此他提出了教学活动必须与学习者内部过程相吻合的观点。

(二)操作系统

学习的操作系统是负责信息知识的接收、加工、存储、输出等具体实质性学习职能的系统。

美国认知心理学家布鲁纳和奥苏贝尔认为，学习是认知结构的组织与重新组织。认知心理学皮亚杰家认为，学生接受外界影响不是消极被动的过程，而是一个主动与环境相互作用的学习过程。在这个过程中，学生通过同化和顺应，导致个体内部图式——认知结构发生变化，达到平衡。在学习过程中，学生首先要接受外界的知识和信息，其次对信息进行分辨、确认、深入加工、转化，最后依据信息本身的特征及联系，在头脑中进行分解、组合等活动，建立新的认知结构。这个过程就是我们通常说的对知识的理解，它的形成往往通过直接观察与理解概括两种心智动作实现。直接观察需要认真仔细的听、看，理解概括需要开动脑筋，积极去思考。有的学生学习效果差，是因为他既没有把教师所讲的知识直观识记下来，也没有注意教师分析的过程和思路，更没有开动脑筋，积极思考，把新旧知识进行对比、归类、分析。认知活动经过选择、建构之后，最重要的是应用环节，就是通过运用新知识解决具体问题，达到对新知识的理解验证和巩固。所谓具体化，就是指把抽象的知识运用到具体的工作中或事物上，使抽象的知识与具体事物之间建立关联，从而充实原有抽象的知识结构。

(三)控制系统

学习的控制系统对动力系统、操作系统起到主导统摄作用，它驾驭控制着整个学习过程，包括计划与评价两个机制。

有效的学习离不开科学的学习计划。明确学习目标，合理安排时间，使学习资源得到充分的利用。没有正确的自我评价就不可能做出及时的调整，也就不可能扬长避短。对存在的问题既要找到主观原因，又要找到客观原因。

二、 大学生的学习任务

大学究竟学什么，大学应该怎样度过，有许多大学生读完大学也没有想明白。通俗地讲，大学学习就是一个让你明白自己需要提升什么的时机，这包括适应外部世界所需的提升和对自身的充实。大学也是一个人不断认识世界，丰富自己，发展自己，对自己进行专业学习和人文精神塑造和培养的过程。

(一)提高人的文化修养

人类在社会历史发展过程中创造了大量的物质文化与精神文化，特别是精神文化，它需要我们通过学习去获得，以提高自己的文化素养。

(二)优化人的心理素质

一个接受过高等教育培育的人才，应该具备诸多方面的良好心理素质，如高尚的品德、超凡的气质、敬业的精神、目标专一的性格及坚韧不拔的意志等，这些都可以通过学习来获得。正如萨克雷所言，读书能够升华人的灵魂，提高和强化其人格，激发其美好志向。

（三）提升人的“长跑”能力

大学不是“职业培训班”，而是一个让学生适应社会和不同工作岗位的平台。在大学期间，学习专业知识固然重要，但更重要的还是要学习独立思考的方法，掌握自学能力，善于举一反三，学会无师自通，这是大学几年送给每个大学生最好的礼物。在大学里，教师只会充当引路人的角色，学生必须自主地学习、探索和实践。走上工作岗位后，自学能力就显得更为重要了。微软公司曾做过一个统计：在每名微软员工所掌握的知识内容里，只有大约10％是员工在过去的学习和工作中积累得到的，其他知识都是在进入微软公司后重新学习的。教育家斯金纳曾说过：“如果我们将学过的东西忘得一干二净，最后剩下来的东西就是教育的本质了。”

（四）锻造人的职业素质和能力

大学是人在一生中最为关键的阶段，可能是人在一生中最后一次有机会系统性地接受教育，最后一次可以拥有较高的可塑性、集中精力充实自我的成长历程。面对即将进入的职场，大学生应该了解每个学科的知识、理论、方法与具体的实践、应用，如何将它们结合，“三人行必有我师”，自己的周围到处是良师益友。有一句关于实践的谚语是这样说的：“我听到的会忘掉，我看到的能记住，我做过的才真正明白。”

（五）充分展现自我，发现并挖掘自身潜能

自己只要感兴趣，在学习方面，可以扩大学习范围，选修各种不同科目的课；在社交方面，可以与比你穷得多和富得多的朋友多交往；在活动方面，可以参与多种多样的社团活动，也可以“行万里路”背上行囊到处走一走，感受一下外面的世界。如果不知道古典音乐是什么，过去没机会学习，现在有时间可以把空洞填一填；如果从来没当过领导，可以试着组建一个社团，让自己过过瘾。大学最大的好处就是可以去展现、去尝试各种各样的事情。错过或浪费一段美好的时光会是人生的一大损失。

三、 高职院校的教学特点

高职教育是一种“以服务为宗旨，以就业为导向，走产学研发展之路”，以培养高技能人才为目标的职业教育。高职教育实质上就是面向就业岗位，对学习者进行专业

化、职业化和技能化学习的教育，是学习者走向社会从事某种职业的一个起点。高职院校的教学具有以下特征。

(一)学习的专业性

大学是专业教育阶段。学校首先按所选专业对学生进行划分，所以大学生的学习是在确定基本的专业方向以后进行的。各专业之间在课程设置、教学内容和培养目标上存在较大差异。其学习的职业定向比较明确，即大学生的学习是为将来走上工作岗位，适应社会需要进行的学习活动。

高职院校的专业设置都是与经济建设发展密切相关，以培养经济建设发展所需的高技能人才为主线的。从开设的课程来看，无论是专业基础课，还是专业课，课程体系以专业职业岗位所需要的知识和技能为出发点，以真实的工作过程(任务)及工艺流程为导向构建，并且将知识、技能和素质进行有机的结合，目标是把高职院校学生培养成职业岗位所需的“职业人”；从课时安排来看，理论课与实践课的教学时数一般达到1∶1，岗位所需的理论知识与实际技能实现有机地融合，实习与就业实现零距离、学生与员工实现零转换、毕业与就业实现零过渡，培养社会所需的应用型人才。

当然，专业性不等于单一性，不等于大学生的学习必须拘泥于某一学科或专业。随着现代社会的发展，学科之间、专业之间是有联系的，是相互渗透的。因此，大学生只有在侧重学习本专业知识的同时，广泛涉猎各学科领域，才能扩大自己的知识面，才能实现“一专多能”，更好地满足社会的需求。

(二)教学的开放性

高职教学的开放性，首先，是学习内容的开放性，教学内容不仅仅局限于现有的书本知识，而是现代技术、现代工艺流程、现代管理的知识或理念都在教学内容中涉及。其次，是学习环境的开放性，体现在理实一体化的教室、模拟仿真的实验实训、企业真实岗位的顶岗位实习、企业文化感知、职场职业道德熏陶等，甚至以“进校就是进厂，实训就是以上班”“前厂后店”的方式进行教学。从培养“职业人”的目标出发，把模拟仿真、实际操作、顶岗实习等环节相结合，“做中学、学中做、做中教”，缩短学与用之间的差距。最后，是师资队伍的开放性。高职教育的教师队伍要求以专兼职结合的形式构建，教师是一支“双师素质”的团队，学生接触的是专兼职结合的“老师＋师傅”型的教师。

(三)学生的自主性

进入大学后，大学生有充分的时间由自己支配，学什么、在哪里学、怎样学都可以由自己掌控。学生学习的途径有很多，学习的方式也有很多，可以根据自己的需要、兴趣、特点等自主安排，课堂教学仅仅是主要的学习途径，但已不是唯一的途径。学生可以通过许多的渠道开展学习，如参加专题性讨论、学术报告、社会调查、社团活动、志愿者服务、创新创业实践、各种竞赛活动、文献资料阅读等，丰富多彩的教学和教辅活动为拓宽大学生的知识面提供了良好的条件。学习的多元性，为学生的学习提供了发展的自由度及空间。学习的自主性也为大学生感知社会、参与社会实践锻炼、培养创新精神的实现提供了条件和可能。

(四)能力的整合性

大学的教育更加注重学生知识的学习、能力和素质的培养。高职院校学生的学习，时常处在理实一体、学生身份与职业人身份相互转换的过程中。校企文化的培育和熏陶促使学生对职业发展的规划、职业选择的观念、职业能力的锻炼、职业信息的掌握，以及职业素养的储备、技能的训练与职业的信念进行重新思考。同时，高职院校的“做中学、学中做、做中教”的教学模式，也迫使学生在学习、操作、合作等方面的能力得到整合，并在实习岗位上的合作互动中得到强化和检验。

四、 高职院校学生常见的学习心理问题及障碍与调适

高职院校学生常见的学习焦虑有两类：情境性学习焦虑和神经过敏性学习焦虑。前者是学习中的一些情境性因素造成的。后者是受到伤害的自尊心引起的，自感没有能力应付，觉得无助，主要表现为角色转换的不适应。

(一)常见的学习心理问题

1. 学习环境的不适应

迈入大学门槛，眼前是一个全新的、陌生的学习环境，原来一直由教师掌控的学习生活结束了，他们面临着心理、生活、学习各方面的适应问题。首先，面临生活上的自理、管理上的自治、目标上的自我选择、学习上的自觉、思想上的自我教育等一系列问题，心理发生了急剧的变化，这样的变化让部分学生一时很难适应，产生了无依无靠无助的感觉。

其次，高职院校在学校环境、硬件设施、师资力量等方面与本科相比存在一定的差距，社会关注度也不如本科院校高。社会仍存在对职业教育的偏见与歧视，使得高职学生难免产生心理落差，容易产生“低人一等”“脸上无光”的心理。这种升学的挫败感往往容易引起各种不健康的心态，如缺乏自信、无奈沮丧、情绪懈怠、学习乏力等，这种心理落差如果得不到及时的调适，势必还会引发其他心理问题。

2. 学习动机的不明确

学习动机不明确的学生在学习中有一些共同的表现。在日常生活中，学习懒散，没有求知欲，上课迟到早退，对所学的专业不感兴趣，平时也不愿意把时间和精力花在学习上，干什么事得过且过，学习像“走过场”。造成这些现象的因素比较多，其中最主要的是对高职教育的认识模糊。据一项调查发现，学生对高职教育的认识和定位都很模糊。在所有的调查问卷中，有45%的学生认为高职院校是考不上其他普通高等学校的无奈选择，有21%的学生认为高职院校与本科院校没有区别，有12%的学生认为高职院校与职业高中或中等职业学校没有区别，只有22%的学生认为高职院校可以学到技能，有利于就业。这反映了很多高职院校学生对高职教育的认识并不清楚，觉得自己的能力比别人差，到高职院校上学就是为了拿个毕业证，甚至极少数学生产生退学的想法。

学生对高职教育的认识模糊，加之刚从应试教育中走出来，对学习的认识不足，自学能力、自我约束能力和适应能力较差，久而久之产生厌学的情绪，对教师讲授的内容感到枯燥，在学习中遇到一点困难和问题就缺乏毅力，产生学习的疲惫心理。同时，就业压力的增大，理想与现实之间的矛盾相去甚远，使他们深感自己的大学梦难圆，人生似乎没有了奋斗目标。

校园案例

我的学习劲头去哪儿了

一位来自贫困地区的大学生在咨询中自述：我的学习成绩一直都很好。上大学后，感到茫然，刚上大学时的那种喜悦感已荡然无存，学习没有劲头，上课打不起精神，有时看到别的同学去上自习，自己也会去，可是在自习室里待了几小时，看了几页书，过后发现，自习时看的书基本没印象，我怎么才能重新找到以前那样的学习劲头呢？

在高中时，考上大学是最主要的甚至是唯一的学习目标，一旦目标实现，人容易产生松懈心理。进入大学后，学习内容、学习方式发生了很大的变化，如果学生对专业教育的差异性不了解，对自己未来的发展缺乏规划，只希望轻轻松松度过大学时光，这样很容易造成考上大学后显著的“动机落差”，缺乏学习目标，学习动机不足，以至于在学习中注意力易分散，没有适合的学习方法，也没有成就感的体验，久之会产生不同程度的厌学情绪，以至于影响身心健康。

3. 学习内容的不适应

高职教育是学习者走向社会从事某种职业的一个起点。在专业设置上，它紧跟经济建设发展；在学习的内容上，职业岗位技能的学习是关键，理论知识不追求结构的完整，以必须够用为度，更注重学生技能的培养与提高；在人才培养模式上，它把工学结合、校企合作作为职业教育人才培养模式的切入点，注重教学过程的实践性、开放性和职业性，实验、实训、实习三个关键环节贯通，产业、产教、生产联动。

高职院校学生在学习角色的转换中，首先遇到的就是认知上的冲突。有观点认为，学生在学习新知识之前，头脑已有的原认知结构总是试图以原有的认知结构来同化新知识，一旦新知识与原有知识出现差异，心理上就会产生认知冲突认知结构，新知识找不到最好的结合点，会给学习者在认知上带来一定的阻碍。尤其是一些高职院校学生对专业学习的长期性、艰苦性认识不足，对在学习中遇到的困难缺乏必要的心理准备，往往就容易产生学习内容的不适应。

4. 学习方法的不适应

有的学生在学习中由于学习方法不当，使自己遇到困难，进而挫伤学习的积极性，引起学习焦虑。高职院校学习的特点是：教师授课时间少，教学信息量大，理论知识和技能学习要求较高，强调自学，学生的可支配时间多，学习灵活性、自主性增强，强调独立思考能力、创新能力、自主学习能力等各项实际能力和综合素质的培养等。面对这种与中学完全不同的学习生活方式，部分学生对学习方法转换不及时及对环境改变不适应，从而影响到他们对专业的认知和学习。

(二)常见的学习心理障碍与调适

1. 学习动机缺乏

学习动机缺乏是目前大学生在学习中常见的一个心理问题。

对策与调适：

第一，学校教育在学生的动机形成过程中起主导作用。教育实践表明，教师对学生学习动机的形成具有重要的作用。一方面，教师以自身严谨的治学态度和对事业的奉献精神，为学生树立了良好的榜样。另一方面，教师能够根据社会和学校对学生的要求及学习动机形成的规律，巧妙地把各种内部因素和外部因素结合起来，使学生形成正确而稳定的学习动机。

第二，加强学生的责任感教育。作为学生，学习是履行责任的具体表现。大学生承担着对自己、对父母、对社会、对国家的责任，要成为一名合格的建设者，增强学习的主动性和自学性，是一个人走向成熟必须经历的过程。教师要帮助学生增强对专业的了解和感知，学生从进校开始就教会他们进行职业目标规划设计，让他们了解到专业知识很丰富、很广阔，有很多奥妙，这也是激励他们去学习的动力；结合自己的实际，使学习更有针对性，设置适当的学习目标。

第三，为学生提供各类自我展示的平台，让他们在活动中得到成就感的提升，增强自信心。

第四，适当增加外部诱因的激励。高职院校要充分地利用各类奖惩措施，加强对学生的管理，让学生通过自己的努力去获得荣誉和奖学金等。

第五，充分发挥家庭教育对学生的影响。国内外的研究证明，学习动机在很大程度上体现了父母的要求和愿望。温特保特姆曾一方面采用谈话法询问家长对子女的要求，另一方面测验其子女对自己学习成绩的愿望。研究结果表明，子女的成就愿望随年龄的增长而加强。家长对子女的要求越高，子女的成就动机也就越强。对子女要求高的父母，往往鼓励子女探索新事物，尤其希望他们能够独立地处理自己的事情。相反，对子女要求低的父母，喜欢子女围在自己的身边，限制他们的自由。因此，对子女要求高的父母，其子女的志向水平也高；对子女要求低的父母，其子女的志向水平也低。

2. 学习焦虑

有心理学研究表明，学习焦虑对学习活动的影响是一个复杂的问题。一般来说，焦虑程度过强和过弱都会使学习效率下降。高职院校学生常见的学习焦虑主要表现为：学习时总会莫名其妙地感到头痛，到医院检查后，结果显示并未发现异常；精神长期处于紧张状态，思维反应迟钝，记忆力下降，注意力不集中，情绪躁动，寝食不安，郁郁寡欢，面无表情，精神恍惚，出现突发异常行为；严重的学习焦虑问题包括长期的睡眠困难、焦虑、抑郁、强迫、疑病、恐惧等。

对策与调适：

第一，辅导员、心理健康教育教师要与学生进行个别交谈，帮助其分析并找出学习焦虑的原因，对焦虑进行合理分辨，哪些是合理的，哪些是不合理的，用事实、常理进行解释，帮助学生提高认知水平。

第二，客观评价自我。首先应建立正确而适度的学习标准，确立合适的抱负水平，避免由于期望值过高而造成的过度焦虑。另外应提高自学能力，掌握适合自己的学习方法，制订良好的学习计划，有效提高学习成绩。

第三，合理调节情绪。

第四，尝试与回忆成功的经验。

第五，在学习中重视个人兴趣的培养。抽出一些时间，放下功课，做自己喜欢的事，调节身心的疲劳，进行有益于身心健康的放松项目，如运动、唱歌、旅游等。

第六，注意劳逸结合，正确处理学习活动与其他活动的关系，适当转移注意力。

3. 记忆力减退

记忆，就是过去的经验在人脑中的反映。它包括识记、保持、再现或回忆三个基本过程。其形式有形象记忆、概念记忆、逻辑记忆、情绪记忆、运动记忆等。

记忆力减退的主要表现：记忆力速度减慢，记忆的效率降低，所学习的东西记不住。记忆力减退的原因有很多，其中，长期睡眠不足，缺少运动，注意力分散，不能集中注意力，缺少新鲜空气，烟酒过量等，都会导致记忆力减退，这是生理上的原因。长期过分地焦虑、忧郁、心理压力过大等，也可以使记忆力减退。

对策与调适：

第一，加强认识，集中注意力。对所记忆的东西，能认识到其重要性，人的注意力就会高度集中。只要聚精会神、专心致志，杂念和外界干扰就容易被排除，大脑皮层就会留下深刻的痕迹而不易遗忘。如果学生精神涣散，一心二用，记忆效率就会大大降低。

第二，提高对所学知识的兴趣。如果觉得学习材料、知识索然无味，即使花再多时间，也难以记住。兴趣、爱好有助于提高记忆力。

第三，加强对知识逻辑关联的整理。美国著名的记忆术专家哈利·罗莱因说："记忆的基本法则是把新的信息联想于已知事物。"理解是记忆的基础。对所学习的知识进行逻辑整理，按照信息的关系进行记忆。逻辑关系可以是时间上的顺序关系、空间上的排列关系等。

第四，善于利用遗忘规律。遗忘的速度是先快后慢。对刚学过的知识，趁热打铁，及时复习巩固，强化记忆痕迹。

第五，调动各种感官协同活动。充分调动视觉、听觉、触觉等多种感官参与学习，感官越多则越有利于增强记忆效果。根据情况，灵活运用特点记忆、谐音记忆、争论记忆、联想记忆、趣味记忆、图表记忆、做笔记、卡片等记忆方法，均能增强记忆效果。

第六，掌握最佳的记忆时间。一般来说，上午9—11时，下午3—4时，晚上7—10时，为最佳的记忆时间。在上述时间段内记忆难记的学习材料，效果较好。

第七，科学用脑。积极参加体育锻炼，保持积极乐观的情绪，注意营养，科学用脑，防止过度疲劳，能大大提高大脑的工作效率。

4. *学习疲劳*

学习疲劳是生理疲劳和心理疲劳的混合物，其本质是大脑皮层细胞的疲劳。随着学习活动的持续进行，当大脑皮层细胞的兴奋与抑制、消耗与补偿的平衡遭到某种程度的破坏时，大脑就会产生自我保护性反应，产生疲劳的感觉和表现，这是一种需要暂停学习、进行调节休息的警告信号。

对策与调适：

第一，首先要保证足够的睡眠。休息是消除疲劳最好的办法，学生的学习生活一定要有规律。严格按照学习时间入睡，不要熬夜。熬夜不仅会延长学习时间，而且还会降低学习的效率。睡觉之前不要做一些过于兴奋的活动。

第二，学会用锻炼战胜疲劳。学习一段时间后适当参加体育活动，如散步、打球等，能够调节学习的神经紧张，还可以消除大脑的疲劳，提高学习效率。

第三，不同科目交替学习，预防疲劳的产生。学习时要注意学科的交替，如果一直集中学习一门学科，很容易造成学习疲劳。学科交替学习，可以让大脑保持新鲜感。

第四，掌握正确的学习姿势。学生无论读书还是写字，都要从小培养正确的学习姿势，这样才不会因为姿势不对而容易产生疲劳。姿势正确，还能促使学生身体的健康发展。

第五，保持乐观积极的心态。要学会勇敢面对学习、生活中的各种困难，保持每天都有好心情。

第六，严格控制上网时间。无论哪个年级的学生，都要严格控制上网时间。有效防止因上网时间过长而影响正常科目的学习、影响学生的身体。

心理互动与训练

学习积极性测试

你的学习积极性怎么样？请你自己测一测，根据实际情况，在与自己相符的句子前面打上"√"，不相符的句子前面打上"×"。

(　　)1. 如果别人不督促你，你极少主动地学习。

(　　)2. 在读书时，你需要很长的时间才能提起精神。

(　　)3. 你一读书就觉得疲劳与厌烦，只想睡觉。

(　　)4. 除了老师指定的作业外，你不想再多看书。

(　　)5. 如果有不懂的，你根本不想设法弄懂它。

(　　)6. 你常想自己不用花太多的时间，学习成绩也会超过别人。

(　　)7. 你迫切希望自己不用花太多的时间，成绩也会超过别人。

(　　)8. 你常为短时间内成绩没能提高而烦恼不已。

(　　)9. 为了及时完成某项作业，你宁愿废寝忘食、通宵达旦。

(　　)10. 为了把功课学好，你放弃了许多感兴趣的活动，如体育锻炼、看电影和郊游等。

(　　)11. 你觉得读书没意思，想去找份工作。

(　　)12. 你常认为课本上的基础知识没啥好学的，只有看高深的理论、读大部头作品才带劲。

(　　)13. 只在你喜欢的科目上狠下功夫，而对不喜欢的科目放任自流。

(　　)14. 你花在课外读物上的时间比花在教科书上的时间要多得多。

( )15. 你把自己的时间平均分配在各科上。

( )16. 给自己定下的学习目标，多数因做不到而不得不放弃。

( )17. 总是为同时实现好几个学习目标而忙得焦头烂额。

( )18. 几乎毫不费力就实现了自己的学习目标。

( )19. 为了应付每天的学习任务，你已经感到力不从心。

( )20. 为了实现一个大目标，你不再给自己制订循序渐进的小目标。

【评价与分析】

上述 20 个题目可分成 4 组，它们分别测查学生在学习欲望程度四个方面的困扰程度。

1～5 题测查学习动机是不是太弱；6～10 题测查学习动机是不是太强；11～15 题测查在学习兴趣上是否存在困扰；16～20 题测查在学习目标上是否存在困扰。

假如被试对某组(每组 5 题)的大多数题目持认同的态度，则一般说明他们在相应的学习欲望上存在一些不正确的认识，或存在一定程度的困扰。

第二节 大学生学习方法与学习能力的培养

常说，成功＝艰苦劳动＋正确方法＋少说空话。联合国教育、科学及文化组织在出版的《学会生存》一书中提到，“未来的文盲，不再是不识字的人，而是没有学会怎样学习的人”。当今，学习不是学不学，而是要学会怎样学。

什么叫“学会学习”？顾名思义，学会学习就是在获得必要的基础知识与基本技能的同时，掌握有效的学习方法和策略，具有自我调控学习过程的能力。我们必须学会学习，做学习的主人，这不仅是自我成才的需要，也是适应社会发展、实现个人价值所必需的。

有没有正确的、积极进取的学习动机，持之以恒的学习毅力，行之有效的学习方法，将直接影响学习获得的知识的质量。因此，学会学习至关重要。“工欲善其事，必先利其器”。孔子这句话的寓意在于：无论做什么事，要想达到预期目的，都必须事先掌握工具和方法。

一、 影响学习的心理因素

关于影响学生学习活动的因素有较多的研究，归纳起来大体上分为三类：一是认知因素，包括智力因素和元认知因素；二是非认知因素，包括非智力因素和个性特质；三是环境因素，包括自然、家庭、学校和社会等环境因素。心理机制涉及动力系统、操作系统和控制系统。它们之间相互制约，互相影响，辩证地构成了学生学习活动的因果关系，参与学生学习活动的过程。为此，我们来学习和了解一些在学习知识时常运用的心理特征。

（一）学习动机

人的各种活动，都是由一定的动机引起的。学生进行学习，参加社会实践，获得综合素质的提升等总受到一定动机的支配。成功的学习活动总是伴随积极的学习动机。学习动机是直接推动人学习的内部动因，具有引发学习行为的激活作用，驱使学生朝向一系列的学习目标努力，直到既定目标的实现。学习动机还具有维持或加强学习活动的作用。它可以使学习者减少其他无关的活动，并能持之以恒，排除干扰，克服困难，经受失败和挫折的考验，直至成功。一个学生只有具有明确的学习动机，他才能迸发出极大的学习热情，拥有克服困难、不怕挫折的勇气与力量，促使自己勤学苦练，去获取成功。而这成功的力量就源于动机。

（二）观察力

技能的掌握与训练需要细致的观察。观察力是在感知活动中表现出来的一种稳固的认识能力。人们对于客观世界的认识都是从观察开始的。根据哲学的观点，世上没有完全相同的两个事物，因而每个人对同一事物进行观察时，其方式、角度及心理的状况都会有所差别，以至于在大脑中形成的印象就不同，其深刻程度也不同，换句话说，就是记忆的效果不同。

（三）记忆力

记忆是人脑对经历过的事物的反映。它分为三个环节，即识记、保持、再现或回忆。从信息加工的角度看，记忆是对输入信息的加工、编码、存储和提取的过程。衡量一个人记忆力的高低，通常是从记得快慢、正确与否、存储时间长短及能否顺利提取四个方面来考察的。

同样一段材料有的人过目不忘，有的人则需要一再地记忆，这就是记忆的敏捷性；有的人记东西很快，但粗枝大叶，错漏百出，有的人记忆的材料再难再多，也能记得有根有据，确定无疑，这就是记忆的精确性；有的人能将记忆信息保持很长时间，有的人刚记住的事情转眼就忘了，这就是记忆的持久性。一个人记忆力发展得好，表现为记得快、准、牢，并且能在使用的时候顺利提取出来。

“一个人不能骑两匹马，骑上这匹，就要丢掉那匹。聪明人会把凡是分散精力的要求置之度外，只专心致志地去学一门，学一门就要把它学好。”善于控制自己的注意，使它能根据我们的需要而有一定的指向性、集中性和稳定性，对提高我们的智能水平有很大的帮助。注意力的集中与稳定是进入认识客观事物和提高学习效率的必要条件。有一种说法是，人类只记得自己读过的10%、听过的20%和看过的30%而已，如果你把“五观”都调动起来，你的记忆力一定是不一般的。

拓展阅读

遗忘的规律

保持和遗忘是一对矛盾的两个方面。德国心理学家艾宾浩斯用无意义音节为材料进行有关保持进程的研究，发现并绘制了第一个保持曲线，或称遗忘曲线。见图 4-1。人的遗忘有规律性：对所学习知识一小时后进行测试，对所学知识的保持在 44%左右；1 天后，遗忘已达到最初所学材料的 2/3；6 天后，这种保持逐渐缓慢地降低到 25%左右。从曲线中，可以看到最初急剧的下降和随着时间而渐趋稳定地下降。

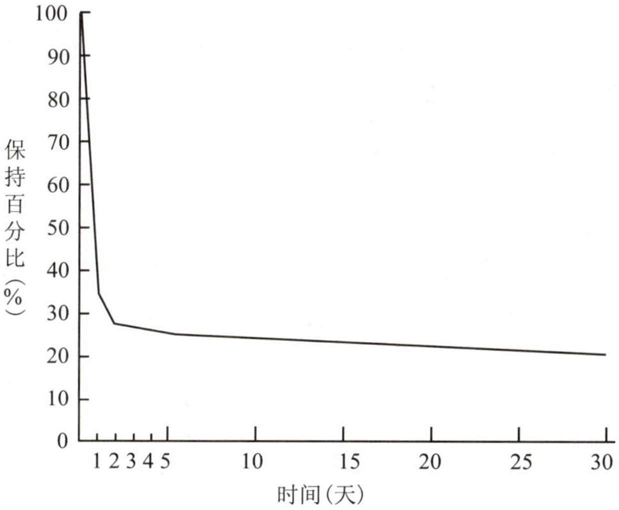

图 4-1 艾宾浩斯遗忘曲线

由此说明，巩固学习的知识，可以从各方面创造有利于保持的条件。

第一，学习材料的适量、意义性和组织。学习材料过多，增加了记忆的难度，会引起学习者的消极态度。从材料的意义性看，加深理解的知识能更容易记住和持久保持。

第二，研究发现，强化知识的学习、寻找发现知识之间的关联、合理组织复习、熟记的知识会使痕迹得到更长时间的记忆和巩固。美国著名的记忆术专家哈利·罗莱因说："记忆的基本法则是把新的信息联想于已知事物。"

第三，人的遗忘具有先快后慢的规律，为了防止记忆痕迹逐渐消退，复习必须及时。

第四，掌握知识的正向迁移。在学习的过程中，知识是可以迁移的，已经获得的知识、技能、方法和积极态度会对新知识、新技能的学习产生影响，有利于知识的重构。高职教育"做中学、学中做、做中教"的培养模式，将专业与技能理实一体化的对接，把专业知识与工作过程主要岗位技能的操作进行有机结合，做到既懂又会做，利于促进学生对知识的有效迁移。

(四)意志力

意志力是人自觉地确定目的并支配其行动以实现预定目的的心理过程。它是人类主观能动性的集中体现。一个人若没有坚强的意志力，做事缺乏坚持，遇到挫折和困难极易被消极的情绪控制，往往表现出胸无大志，行为缺乏明确的目标，遇到问题缺乏判断力，犹豫不决；遇到困难，绕道而行，知难而退；出现心理矛盾时，容易产生比一般人更多的情绪障碍和消极的身心反应。

(五)学习兴趣

兴趣是一种特殊的意识倾向，是动机产生的主观原因。学习兴趣是激发学习积极性的巨大推动力量。兴趣作为一种自觉的动机，是人们在各种实践活动中形成创造性态度的重要条件。对感兴趣的事他总是会主动去学。有了学习兴趣，再苦再累他也不觉得，而是感到很快乐。相反，如果一开始就断定自己没兴趣，产生厌学情绪，最终肯定是学不好的。

拓展阅读

目标对人的影响

心理学家曾经做过这样一个实验：让三组人分别向三个村子前进。第一组人不知道村子有多远，村子叫什么，只告诉他们跟着向前走就行。走了几千米后，就有人开始叫苦；走到一半的时候，有人几乎愤怒了，他们抱怨为什么要走这么远，何时才能走到头，有人甚至坐在路边不愿走了。越往后，他们的情绪就越低落。第二组人知道村庄的名字和路程有多远，但路边没有里程碑，只能凭经验来估计行程的时间和距离。走到一半的时候，大多数人想知道已经走了多远，比较有经验的人说："大概走了一半的路程。"于是，大家又簇拥着继续向前走。当走到全程的3/4的时候，大家情绪开始低落，觉得疲惫不堪，而路程似乎还很长。当有人说："快到了！"大家又振作起来，加快了行进的步伐。第三组人知道村子的名字、路程，而且公路旁边每千米都有一块里程碑，人们边走边看里程碑，每缩短1千米大家便知道距目的地又近了。在行进中他们用歌声和笑声来消除疲劳，很快就到达了目的地。

这个小故事告诉我们：当人们的行动有了明确的目标的时候，他们能把行动与目标不断加以对照，进而清楚地知道自己行进速度和与目标的距离，人的动机得到加强和维持，就会自觉地克服一切困难，努力达到目标。

二、学习方法的培养

(一)合理用脑

大脑的潜力是否有限？大脑是越用越灵活还是越用越衰退？为了保护脑功能就应该少用脑吗？

现代脑科学对这几个问题的答案是明确的：就一个人对脑的使用来说，其潜在能力可以说是无限的；脑不是越用越衰退，而是越用越灵活；为了保护脑，应该多用脑，勤记忆，勤思考。

从结构上看，人脑有上百亿个神经细胞，它们有着复杂的突触联系，这种联系的组合用天文数字都难以表达。此外，有人发现，学习、记忆的结果，可使神经细胞的微细结构发生变化，表现在树突上会"长芽"。这样的结构特点就使脑成为一个庞大的信息存储库。每个人的记忆容量就其现实性来说是无限的，还有很大的剩余空间。随着年龄的增长，机械记忆的效果虽然逐渐减弱，但有意记忆和意义记忆的能力却在提高。

根据日本的调查资料显示，多用脑的人，其智力比懒散者高50%；平常智力负荷很少、没有学习和思考方面的压力，甚至整天无所事事、思想懒惰者，其智力衰退较早，老年时易出现反应迟钝、脑力不济，甚至会患上老年痴呆症。因此可以认为，懒于学习和思考会使大脑出现废用性萎缩，而追求知识、勤于思维，则是精神还童的妙药。早年是否努力学习、记忆、思考，不仅关系到事业的成败，也关系到脑的健康与否。

合理用脑需要注意以下几点。

及时做短暂的休息。脑力活动是脑内旺盛的代谢过程，时间长了，消耗的营养物质和堆积的代谢废物增多，达到一定程度，个体就会感到疲劳。一般来说，大脑连续进行紧张的智力活动的时间不宜太长，应当有一小段休息的时间。

学习和工作穿插安排。交替学习内容差别较大的不同课程，比长时间学习一门功课的效率要高。这样做可使大脑管理不同功能的部位得到轮流的兴奋与抑制，避免长时间使用同一个区域，以保持大脑较高的工作效率。高职教育理实一体化的教学，使大脑的功能部位得到交替的使用。

生活要有规律。有人通过试验证明，正常的生物规律、良好的生活作息有利大脑机能的综合作用的发挥。相反，不定时起床就寝、任意颠倒睡醒节律会影响身体健康，甚至出现神经衰弱和其他疾病。

保证足够的睡眠。睡多长时间才算够？成年人每天平均要睡 7～9 小时。睡眠的好坏并不全在于“量”，还在于“质”，即睡眠的深度。深沉的、质量高的睡眠，消除疲劳快，睡眠时间可减少。过多的睡眠不但没有必要，反而有害，会使头脑昏昏沉沉，不能保持正常工作所必需的兴奋水平。

适当从事体育锻炼。体育活动是一种积极的休息。人体是一个统一的整体，脑的最佳状态自然要依赖健康的身体。体质健壮、精力充沛，大脑的工作效率和对疲劳的耐受能力也相应提高。为了身心健康，坚持体育锻炼，保持积极的情绪，培养多方面的兴趣，讲究卫生，防治疾病，都是十分必要的。学习工作间隙做短时的运动，还可使已疲劳的视觉和听觉感受力提高 30%，延缓脑力衰退，提高大脑活动的灵活性和准确性。

保持积极情绪。人们把情绪分为消极和积极两类：前者是不愉快的，如愤怒、悲伤、焦虑等，不利于身体健康，也会降低脑的工作能力；后者是愉快的，如喜悦、自信等，有利于身体健康，也有利于脑的工作。

(二)时间管理

时间管理的目的是让你在最短时间内实现更多你想要实现的目标。高效管理者的时间管理并非是对时间这一资源进行管理，而是对管理者自身进行管理。主要包括四个方面：

1. 培养较好的时间观念和效率意识

培养较好的时间观念和效率意识对合理安排大学的学习生活时间尤为重要。要珍惜时间，时间的珍贵在于它的不可重复性，还在于它的有限性，就像小河流水，只有向前没有向后。进校时每个同学都站在同一起跑线上，但毕业的时候每个人的收获是不一样的。因此，在大学这几年自己要想在各方面都成长，需要有合理的时间安排，而合理的时间安排是建立在有较好的时间观念之上的。

2. 拟定自己的职业发展规划，并认真去执行

进入大学后，要学会拟定自己的职业规划，根据自己的兴趣、爱好、特长进行科学安排，有阶段性地去落实计划，促使自己的学习生活与学校的安排及学校的教学要求相照应。

3. 合理安排学习活动的时间

学生主要的任务是学习。学习要有目标，分清生活的主次。树立一个正确的时间观念，学习时好好学习，休息时好好休息。学会有节奏的学习很重要。

4. 掌握学习生活的关键

掌握学习生活的关键简单归结为三个方面，即掌握专业学习的关键、掌握技能训练的关键、掌握能力提升的关键。掌握了关键就抓住了时间管理的要诀。

(三)学习策略

大学生活的重要特点表现在：在生活上要自理，在管理上要自治，在思想上要自我教育，在学习上要高度自觉。尤其是学习的内容、方法和要求比起中学的学习发生了很大的变化。要想真正学到知识和本领，除了继续发扬勤奋刻苦的学习精神之外，还要适应大学的教学规律，掌握大学的学习特点，选择适合自己的学习方法。培养和提高自学能力，是大学生必须具备的本领。大学的学习不能像中学那样完全依赖教师的计划和安排，学生不能只单纯地接受课堂上的教学内容，必须充分发挥主观能动性，发挥自己在学习中的潜力。这种充分体现自主性的学习方式，贯穿于大学学习的全过程，并反映在大学生活的各个方面，如学习的自主安排、学习内容和学习方法的自主选择等。

因此，注意自学能力的培养，学会独立地支配学习时间，自觉地、主动地学习，还要注意思维能力、创造能力、组织管理能力、表达能力的培养。不同学习能力的学生有不同的学习方法，改进学习方法是一个长期性的系统积累过程。一个人不断接受新知识，不断遭遇挫折，产生疑问，不断地总结，才有不断提高。“不会总结的同学，他的能力不会提高，挫折经验是成功的基石”，自然界适者生存的生物进化便是最好的例证。学习要经常总结规律，目的就是进一步发展。个体通过与教师、同学平时的接触交流，逐步总结出一般的学习步骤，它包括制订计划、课前自学、专心上课、及时复习、独立作业、解决疑难、系统小结和课外学习几个方面，简单概括为四个环节(预习、上课、整理、作业)和一个步骤(复习总结)。每个环节都有较深刻的内容，带有较强的目的性、针对性，每个环节都要落实到位。

(四)坚持读书

人类学习的过程，就是了解前人已经获得的经验和规律的特殊认识过程，而学习最基本的方法就是读书。读书可以使学生快速地积累知识，可以提高学生分析问题和解决问题的能力，读书是不断走向发展创新、正确有效的途径。因此，要掌握科学的读书方法，需要遵循一定的程序、步骤。

前人把读书分为五个步骤，即看、读、问、背、习。

看，即翻看。自学首先要看很多参考书、教材和资料。拿到一本书，先翻看一遍，走马观花地浏览全貌，粗略了解内容梗概，考虑深浅适度情况，是否符合自学所需，很快决定取舍。

读，即阅读。对需要阅读的书，要先用较快的速度粗读全文，了解内容概要及主要论点，然后再认真细读，深入思考研究，了解全书重点，理解重要内容。内容好，价值高，才有精读研究的必要。

问，即设问、质疑。对指定自学计划内的书，或决定重读的好书，要认真对待，审慎阅读。对书中的每个重点、论点或问题做认真思考、比较、分析，看它们之间有何异同，要从无疑处寻找疑处，再从有疑中想办法释疑，最后达到疑问全解为止。这是一个独立思考研究问题的重要环节。

背，即背诵。背诵是巩固读书效果的可靠方法，也是古今学者自学成功的诀窍，通过背诵、记忆，再经过联想、想象，才能发展成创造推新。所以，自学程序离不开读书背诵的功夫。

习，即温习。从学习、温故到发展创新，是一条学习规律，任何自学者都必须遵循，古人云："读书百遍，其义自见。"这是对复习、温习书本知识的好处的经验概括。

在方法上，前人总结出几种读书法。

博览式读书法：广泛猎取，多方吸收、日久天长，方可臻善臻美，精深博大。

出入式读书法：做到既能"钻进去"，又能"出得来"；既能"意会"，又能"言传"。这一进一出，就能"去尽皮，方见肉；去尽肉，方见骨；去尽骨，方见髓"。

整体读书法：从整体上把握全书的基本结构，然后厘清条理，最后细致分析，做出札记。

专题读书法：整体读书法简化到专题上使用，就是专题读书法。

标记读书法：边读边用不同符号做标记，也是一种简明、便于理解记忆、易于检查的好的读书法。

创造性阅读法：以对原书内容的深化和再创造为主。用科学的眼光去观察问题，依靠科学的思维去分析问题，对原书的内容吸收理解后进行发展创新。其全部过程是：阅读—思考—钻研—创新。

拓展阅读

童第周①滴水穿石的立志故事

童第周小时候好奇心十分强，看到不懂的问题都向父亲问为什么。父亲每次都不厌其烦地耐心给他讲解。

有一天，童第周看到屋檐下的石阶上整整齐齐地排列着一行小坑，觉得十分奇怪，琢磨半天弄不明白是怎么回事，便去问父亲："父亲，那屋檐下石板上的小坑是谁敲出来的？是做什么用的呀？"父亲看到儿子这么好奇，高兴地说："这不是人凿的，这是檐头水滴下来敲的。"童第周更奇怪了，水还能把坚硬的石头敲出坑？父亲耐心地解释说："一滴水当然敲不出坑，但是日久天长，点点滴滴不断地敲，不但能敲出坑，还能敲出一个洞呢！古人不是常说'滴水穿石'嘛！就是这个道理。"父亲的一席话，在童第周的心里激起了一阵阵涟漪，他坐在屋檐下的石阶上，望着父亲，似懂非懂地点

① 童第周，中国实验胚胎学的主要奠基人，20 世纪生物科学研究的杰出领导者。

了点头。

由于农活比较多，童第周对学习有些失去兴趣，不想读书了。父亲耐心地开导童第周说："你还记得'滴水穿石'的故事吗？"小小的檐水只要长年坚持不懈，就能把坚硬的石头敲穿。难道一个人的恒心还不如檐水吗？学知识也要靠一点一滴积累，坚持不懈才能获得成功。为了更好地鼓励童第周，父亲书写了"滴水穿石"四个大字赠给他，并充满期望地说："你要把它作为座右铭，永志不忘。"

三、 大学生学习能力的培养

所谓学习能力，通俗地讲就是指获取知识、增长才干的能力。教育专家多年的研究和实践证明，正确的态度、有效的方法、良好的环境是提高学习能力不可缺少的三个必要条件。那么如何提高自己的学习能力？

(一)学习是一种责任也是一种态度

高职院校学生学习能力的提高，最为关键的是如何解决学习态度和学习认识的问题。人生的不同阶段都有不同的使命，在学生阶段，学习掌握知识，为社会做贡献，为自己以后的人生获得成就，是大学生这个阶段最重要的使命。为了这个使命，大学生必须要学习忍耐、学会放弃、学会付出，这不仅仅是学习的需要，也是大学生承担社会责任的需要，也是人生的一种修炼。我们很难想象，一个大学生在大学阶段不努力学习，没有目标，没有经过辛苦的学习过程，不懂得付出，整天吃喝玩乐，走向社会后，会在工作中变得肯付出、肯努力、肯拼搏？所以，与其说是在教育中培养学生能够自主学习的能力、勤奋拼搏的精神，不如说是在培养他们对社会、对家庭、对自己人生成长负责任的态度和责任心，让他们长大踏入社会后具备积极向上、有责任感的优秀品质。帮助高职院校学生提高对学习的认识，这既是教师的一种教学策略，也是一种教会学生学习的策略。

(二)培养和激发学习动机

"兴趣是最好的老师"，而学习兴趣总是和成功的喜悦紧密相连。例如，听懂一节课，掌握一种方法，解出一道难题，考试取得好成绩，平时老师对自己的鼓励与赞赏等，都能使自己从这些"成功"中体验到成功的喜悦，激发更高的学习热情。

1. 创造外部条件，激发学习动机

竞赛活动。竞赛是利用人们的荣誉感及对成功的渴望而激发学生学习动机的有效手段。研究表明，学校开展适当的竞赛活动对学生的学习具有良好的促进作用。竞赛可以激励学生努力学习、积极进取，消除懈怠情绪。竞赛的外部刺激与强调学习质量及引导思考相比，能有效地刺激学生努力的强度。因此，学校应该开展适当的竞赛活动，设计有效的竞赛内容及竞赛方式，通过竞赛来激励学生努力学习。

构建奖惩机制。“勤奋和智慧是双胞胎，懒惰和愚蠢是亲兄弟”，构建奖惩机制，对优秀的学生进行奖励，对不良行为进行警告、矫正，对恶习进行惩戒处理，运用奖惩制度激发学生学习的动力，从而实现奖励与进步的良性循环。

提供成功机会。体验成功是激发学习动机的重要因素之一。美国心理学家奥苏贝尔指出：“动机是从成功的教育成就中发展起来的，它将加强进一步地学习。”在学生缺乏学习动机及目标的情况下，利用学生参加某些活动的动机，因势利导，将其转移到学习上来，使其产生学习兴趣。大学的学习有较充分的自由度，又是一个开放的空间。在教学过程中，教师要不断地创造条件，提供成功机会，确定适当的目标，让学生不断努力地达到目标，获得成功体验。

2. 创设良好的心理环境，培养学生的学习动机

良好的心理环境是激发和调动学生学习积极性的重要因素，是促进和维持学生学习的重要条件。它可以使学生保持旺盛的学习热情，积极参与学习活动，保证学习取得成功。因此，老师要想方设法创设良好的心理环境，培养学生的学习动机。

建立良好的师生关系。学生喜欢“态度和蔼可亲、充满爱心”的老师。老师爱学生，会使学生产生一种“不学好功课就对不起老师的辛勤栽培”的内心体验，从而激发学生的学习动机，提高学生的学习热情和自觉性。老师要关心、关注学生的成长，学生要学会和老师、父母、同学交流沟通。

环境的保障。积极营造一种健康向上、和谐温馨、舒适安全的环境，保持乐观积极的心态。在与人相处中学会理解，学会包容，学会分享，学会勇敢面对学习和生活中的各种困难，保持每天都有好心情。

身体的保障。身体是成就学业的本钱，没有好的身体就不能顺利完成预定的学习任务。清华大学提出“要为祖国健康工作 50 年”，学习再紧张每天也要安排半小时到一小时的体育锻炼时间。要注重身体锻炼，以确保学习活动的正常运行。严格控制上网时间，有效防止因上网时间过长而影响正常学习、影响身体。

(三)提高自主学习的能力

进入大学后，学生要积极摸索出一套适合自己的学习方法，提高自主学习的能力。提高学习能力最有效的方法是学法得当。在平时学习中，我们也曾发现，最慢的方法就是最快的方法，最笨的方法往往就是最好、最有效的方法。把复杂的技巧分解成为若干简易的步骤，并按原来的顺序排列，依序学习，以降低学习的难度。

(四)在各种社团活动中锻炼能力

大学生要充分利用在校时间，通过社团活动、学术报告、志愿服务等锻炼思维能力和创新能力，提高自己的组织能力、办事能力、沟通能力。

第三节 大学生创新创业的学习

一、 开展大学生创新创业学习的重要性

(一)对创新的认识

奥地利著名经济学家约瑟夫·熊彼特在 1912 年第一次把创新这个概念引入了经济领域。他指出，创新是生产要素和生产条件从未有过的新组合。创新是指以有别于常规或常人思路的见解为导向，利用现有的知识和物质，在特定的环境中，本着理想化需要或为满足社会需求，而改进或创造新的事物、方法、元素、路径、环境，并能取得一定效果的行为。

创新是以新思维、新发明和新描述为特征的一种概念化过程。它原意有三层含义：第一，更新；第二，创造新的东西；第三，改变。通俗地讲，别人没有说过的话，我说了叫创新，别人没有做过的事，我做了叫创新，别人没有想到的东西，我想到了也叫创新。之所以称之为创新，是因为它改善了人们的工作质量，或者改善了人们的生活质量，或者提高了人们的工作效率，又或者巩固了人们的竞争地位。总之，它对经济、社会、技术等方面产生了根本性的积极影响。

(二)对创业的认识

创业者利用自身或社会资源进行优化整合，从而创造更大的经济价值或社会价值，解决自身或帮助更多的人实现就业。

（三）对创新创业关联度的认识

创新和创业存在性质上的一致性和关联性。创新是创业的基础，而创业推动着创新。从总体上说，一方面，任何创新及创业在社会实践中的运用和实现都会引发新的生产、生活方式的出现，从而为创业提供前提；另一方面，在本质上，创业是人们的一种创新性实践活动，至少对于创业者本身而言，创业就是一种新的尝试，是创业者的一种能动的、开创性的实践活动。如果创业者的创业一开始就是一种简单的重复，也许有了创业的开始但可能无法取得创业的成功，原因在于简单重复的创业在竞争激烈的市场中一定会受到强烈的挤压而最终被淘汰。创业者只有在创业的过程中不断地寻求新的技术、新的产品、新的模式、新的思路，才能最终获得创业的成功。创新的价值在于创业，任何创新只有用于社会、用于人们的生活才有现实的意义，创新的价值就在于将创新转变为现实生产力，造福于人类社会。要实现这种转变，根本的途径就是创业。创业者可以是创新者，也可以不是创新者，但创业者必须能够发现社会需求，并将创新与这种社会需求有效地结合；创新者可以是创业者，也可以不是创业者，但其创新的成果必须要经过创业者才能推向社会，实现其价值。

（四）国家对大学生开展创新创业提供的政策支持

教育部颁布的新修订的《普通高等学校学生管理规定》（以下简称《规定》）涉及学生的权利与义务、学籍管理、奖励与处分等诸多方面。新修订的《规定》鼓励高校学生创新创业，并提供制度和改革支持。对自主创业的主要采取弹性学制，如果新生开展创新创业实践，可以申请保留入学资格，如果入学后开展创业，则可以申请休学。对休学创业的学生，可以单独规定最长的学习年限，并简化休学批准程序，突出对学生创新思维、创业精神和创新创业实践能力的培养。创新创业学生可申请转入相关专业学习。

同时，参加创新创业等活动及发表论文、获得专利授权等与专业学习、学业要求相关的经历、成果，都可以折算为学分，计入学业成绩，鼓励学校建立创新创业档案、设置创新创业学分，加强学生的创新创业教育。创新实践、休学创业的学生，经个人申请学校批准还可以转入相关专业学习，降低学生创业的机会成本，让学生在自主创业方面有更大的选择空间。

李克强在2015年的政府工作报告中提出，推动大众创业、万众创新，既可以扩大就业、增加居民收入，又有利于促进社会纵向流动和公平正义。在论及创业创新文化时，强调“让人们在创造财富的过程中，更好地实现精神追求和自身价值”。

国务院办公厅印发了《关于发展众创空间推进大众创新创业的指导意见》(以下简称《意见》)，《意见》明确指出大学生是最具活力和创造性的群体，蕴含着巨大的创造热情和创业潜能。各级政府要把鼓励和引导大学生创业摆在重要位置，积极营造良好的环境，加大扶持政策和引导力度，为大学生自主创业构建绿色通道。

第一，完善创业政策，强化创业激励。要全面梳理现有创业、就业有关政策，把扶持政策统一到“以创业带动就业”这一导向上来，把扩大就业与鼓励创业结合起来，把创业项目开发与创业培训结合起来，把毕业生创业与相关政策结合起来，建立项目开发、创业培训、小额贷款等相结合的创业机制。各级政府要积极引导各类金融机构，加大对毕业生创业的支持力度，简化小额贷款担保手续，实行劳动、担保、银行联合调查，为大中专毕业生提供小额贷款担保。

第二，加强创业教育，提升创业能力。首先是培养创业精神。让毕业生了解我国当前严峻的就业形势，懂得创业的社会责任感和使命感。其次是丰富创业知识。与企业家和自主创业成功者开展“一对一”创业指导活动。再次是加强创业心理辅导。帮助创业大学生克服不敢创业、不愿创业、怕冒风险、害怕失败的心理，树立创业自信心。最后是提高创业能力。通过培训使他们基本掌握如何把握商机、如何组织创业团队、如何充分发挥团队的人力资源优势等，不断提高创新能力、策划能力、组织能力、协调能力及管理能力。

第三，建设创业基地，加强创业扶持。政府要鼓励多方投资，充分利用闲置厂房、专业化市场等适合中小企业聚集创业的场所，建设具有滚动孵化功能的中小企业创业辅导基地，让自主创业的毕业生厘清创业思路，提高创业技能。

第四，规范执法行为，营造创业环境，为创业者提供良好的市场环境。

同时，国家对此出台了相关的大学生创业贷款政策：小额贷款，并享受财政贴息；按规定享受相关税收优惠政策；政府相关补贴政策；减免登记类和证照类等有关行政事业性收费等政策。

人力资源社会保障部等11个部门联合发出的《关于促进以创业带动就业工作的指导意见》(以下简称《指导意见》)。这份指导意见给劳动者创业带来五大好处。

第一，创业者市场准入门槛降低。《指导意见》放宽对新办企业注册资金和经营场所的限制，简化程序，提高效率。

第二，创业者将获得更多的能力培训。加大创业培训力度，健全创业培训体系，加强普通高校和职业学校的创业课程设置。

第三，创业者将有更多的融资渠道。积极探索抵押担保方式创新，对于符合国家政策规定、有利于促进创业带动就业的项目，鼓励金融机构积极提供其融资支持。

第四，创业者将有更好的市场环境。开辟创业“绿色通道”，全面落实鼓励创业的税收优惠、小额贷款、资金补贴、场地安排等扶持政策。

第五，创业者将获得更多的公共服务。开展“一条龙”创业服务，建立创业信息、政策发布平台，搭建创业者交流互助的有效渠道。

(五)开展大学生创新创业学习的意义

“创新是一个民族进步的灵魂”“创新是一个国家兴旺发达的不竭动力”“创新是一个政党永葆青春的源泉”。应该说在高校教育中，大力加强大学生创新创业的教育工作应该成为高校教育的一项社会责任。

第一，对大学生开展创新意识、创新思维、创新方法的教育，有助于提高大学生的创新能力。高职教育培养未来社会的经济建设一线的高技能人才，学校教育是文化知识传播和应用的主要基地，也应该是培养创新精神和创新人才的摇篮。在教师正确引导下，在专业学习的基础上，大学生可以在课外科技、实践活动或科学研究中有新的提高，甚至可以发明、创造、创新成果。大学生能从新的视角用新的思维方法观察问题，进行一定的创新设想。

第二，高职教育办学的根本之路是产、学、研相结合的教育，高职院校开展创新创业教育可以帮助大学生更新就业思路、转变就业观念、促进大学生就业。创业能力是一个人在创业实践活动中自我生存、自我发展的能力。开展创新创业教育，大学生可以通过自主创业这一平台提高他们的实践能力，积累更多实践的经验及社会经验，一个创业能力很强的大学毕业生不但不会增加社会的就业压力，相反，还能通过自主创业活动来增加就业岗位，以缓解社会的就业压力。

第三，创新创业教育促进大学生成长成才，有利于大学生自我价值的实现。大学毕业生通过自主创业，可以把自己的兴趣与职业紧密结合，做自己最感兴趣、最愿意做和自己认为最值得做的事情。在五彩缤纷的社会舞台上大显身手，最大限度地发挥自己的才能，并获得合理的报酬。

第四，高职院校开展创新创业教育有助于加强学生自信心的培养，帮助他们实现自我价值。我国著名教育家陶行知先生写过一篇“创造宣言”的文章，他说：“处处是创造之地，天天是创造之时，人人是创造之人，让我们至少走两步退一步向着创造之路迈进吧！”

创新教育能最大限度地激发和唤醒学生蕴藏着的创造力和创新热情，增强对知识、对生活、对社会的感知，使其学会逻辑分析，全方位思考，换位思考，面对困难不畏惧，勇敢去面对。

二、 创新思维的特征

创新的内核是创新思维，创新思维是综合素质的核心。创新能力是一种复杂的能力结构，在这个结构中创新思维处于最高层次，它是创新能力的重要特性。创新能力实质上就是创造性解决问题的能力。除此之外，创新能力还包括认识、情感、意志等许多因素。创新能力意味着不因循守旧、不循规蹈矩、不故步自封。随着知识经济时代的到来，知识创新将成为未来社会文化的基础和核心，创新人才将成为决定国家和企业竞争力的关键。

(一)创新思维的基本特性

主体性。创新的主体是人，是创新主体为某种目的所进行的创造性的活动。

新颖性。任何一种创新活动都会产生(前所未有的)新成果、新方法、新产品、新特性等。

价值性。任何一种创新都是有价值的，有的用于提高人的生活质量、工作效益，有的用于服务社会，推进社会进步。根据价值影响的范围，创新可分为历史性的创新、一般的创新和低层次的创新。

坚韧性。任何一种创新活动都需要坚韧不拔、百折不挠、不怕任何艰难险阻、努力达到既定目标、不服输的精神。

探索性。具有创新精神的人，都不满足于已有的认识和现成的结论。他们对蕴藏着无穷无尽奥妙的客观世界具有强烈的求知欲和大胆的探索精神。一般人认为很平常的现象，他们都会产生疑问。他们不满足于公认的解决问题的方法，喜欢寻根问底。他们不受传统文化的约束，能别出心裁、标新立异，常常能够抓住一般人容易忽视的线索而做出重大发现。

(二)制约创新思维能力的因素

在我们的实现生活中，制约人的创新思维能力的因素有很多，有智力发展因素，也有非智力发展因素；有社会体制环境的因素，也有文化差异的因素。下面是几个常见的问题。

第一，定势思维。在问题解决的过程中，我们往往会受到定势思维的影响，不假思索地用同一种方法解决同一类问题，这种习惯性的倾向就是一种定势。其思维模式是习惯化的、直线性的、图式化的。例如，见到笼和鸟，我们就会认为：有笼必有鸟！许多广告请明星代言，也是借用公众人物在人们心目中的好形象。

第二，从众心理。从众心理是指人内在信念与外在言行之间的心理冲突。在认识上常常受他人影响而使自己独立思考的能力降低。具体表现为盲目地服从权威、服从多数、人云亦云。

第三，偏见思维。它是指个人由于受感官、经验、利益等因素的影响对某一事物全面正确的认识。这与处在不同的位置上，就会用不同的角度得出什么样的认知是一样的。偏见容易产生刻板印象。

第四，知识结构单一，欠缺肯钻研的精神，不思进取，生活享受安逸的人和做事按部就班的人也很难有创新的意识。

一个融洽的工作环境，可以使创新集体相互支持、协作、感情融洽、减少内耗、心情舒畅、精神振奋，使创新个体对集体产生认同感，充分发挥各自的优势，促使集体创新思维顺利进行。

三、 提供大学生创新创业学习的途径

高校围绕国家“大众创业、万众创新”的战略目标，培养国家所需要的创新人才。各高校都在积极构建服务学生创新创业的工作体系，以加强“双创”引导、搭建“双创”平台、配备“双创”师资、提升“双创”能力、加强“双创”辅导、深化“双创”实践、完善“双创”政策、营造“双创”氛围等举措多方面推进高校创新创业工作。

(一)开设课程

浓厚的创新意识是创新思维的前提，强烈的好奇心是创新思维的起点。高校通过

开设“职业生涯规划”“KAB课程”“创新心理学”等课程，同时依托专业教学增强学生的创新意识，面向广大学生大力开展思维创新、方法创新、应用创新的教学。

(二)开展思维训练

学会多种思维方法，有目的地进行改善与训练。掌握多种思维方法，发展思维能力，也是学会学习的一项重要内容。创新思维更多地需要将所学知识进行分类、比较、分析、综合、归纳等一些逻辑思维的整理，也需要求异思维、发散思维、逆向思维、联想思维、辩证思维方法的训练，开展头脑风暴训练、推测假想训练、自我设计训练等，使大学生的思维更加灵活。

(三)提供创新创业活动的实践平台

好奇—探索—创新这是创新思维的必由之路。广泛的兴趣是创新思维的动力。国家层面、高校层面现在都有许多创新创业的活动赛事和创业平台。例如，“创青春”全国大学生创业计划大赛、大学生“挑战杯”创新大赛、大学生机器人大赛、创客空间等，特别是国家政策支持的大学生创业孵化园的建设为大学生提供更为宽松的创新创业支持。

(四)团队合作精神的培养

优化创新人格，以增强学生社会责任感、创新精神、实践能力为重点，着力拓展和提升学生的综合素质和社会化技能，促进学生全面发展和个性发展的协调统一，努力提升人才培养质量。团队建设让学生学会学习、学会合作，使团队在创新活动中扬长避短，彰显团队的精神。

有句名言说：“没有想象则不可想象。”一是在具体的学科学习中展开想象，如开展学习身份的想象，学习时可以把自己想象成一位职业岗位上的技术员，想象所学的专业知识与生产过程是怎样结合的，在这一过程中容易出现什么问题，从而学会挖掘所学知识的内涵。二是充分利用实验、实习和实训的机会，加强动手能力的训练，做到“活”与“实”的统一。三是参加各种技能培训、技能大赛、创新活动和创业活动，可以说，想象力造就了一批又一批高技能人才，使一批又一批高职院校学生实现了自己的人生梦想。

拓展阅读

大学生创业计划应该考虑的问题

一、创业计划

创业不是仅凭热情和梦想就能支撑起来的，因此在创业前期制订一份完整的、可执行的创业计划书应该是每个创业者必做的功课。通过调查或者资料参考，规划项目的短期及长期经营模式，以及预估出能否赚钱、赚多少钱、何时赚钱、如何赚钱及所需条件等。当然，以上分析必须建立在现实、有效的市场调查基础上，不能凭空想象、主观判断。根据计划书的分析，再制订出创业目标并将目标分解成各阶段的分目标，同时订出详细的工作步骤。

二、资金

周密的资金运作计划是保证“有粮吃”的重要步骤。在项目刚启动时，一定要做好三个月以上或到预测盈利期之前的资金准备。但启动项目后遇到不可避免的变化，则需适时调整资金运作计划。如果能懂得一些必要的财务知识，计划好收入和支出，始终使资金处于流动中而不出现“断链现象”，那么项目的初期就能为未来发展打好基础。

三、创业能力与知识

俗话说“不打无准备之战”，创业者要想成功，必须扎扎实实做好充分准备和知识的不断积累。除了合理的资金分配，创业者还必须懂得营销之道，如如何进货，如何打开产品的销路，消费者对产品的需求有哪些，都要进行充分的调查研究。这些知识获取渠道可以是其他成功者的经验，也可以是书本上的理论知识。同时还要学会和各类人士打交道，如工商、税务、质检、银行等相关的工作人员，这些部门都与企业的生存发展息息相关，要善于同他们交朋友，建立和谐的人脉关系。

四、团队

创业不是一个人的自拉自唱，而是在惨淡经营过程中相互搀扶、不断回响的群体乐章。每个成功的创业明星，都是他身后众志成城的团队的缩影，也是这个团队走过艰难困苦的旗帜。不管创业最终是否成功，这个走过患难的团队才是创业者最大的资源。

五、坚持

创业是弱者逐步变强的过程，是咬紧牙关挺住、舔着伤口不断成长的生命历程，是经历过一次次迷茫与无奈后清晰与坚定的洗礼，是在激烈甚至残酷的竞争中不断淘汰参与者而“剩者为王”的活剧。

六、空间

从根本上讲，创业不是扶持出来的，因为扶持出来的物种缺乏顽强的生命力。但创业需要有利于成长的空间、社会的尊重与宽容：创业者往往从零开始——不管他以前是否辉煌，而且有可能偏离大家所公认的主流领域，其经济角色和话语权相对弱小。这种起步阶段的弱势状态不应该引起社会公众的漠视、歧视或鄙夷，因为这种难言的社会压力甚至比经济上的窘迫更让创业者心力交瘁。

心理互动与训练

观察力的培养与训练

观察事、物、人是对有意注意的运用。善于使用注意力，就是善于掌握优先次序，分清楚哪些是重要的、哪些是不重要的。学会“舍”才会“得”，集中注意力，才能发挥核心优势。

你的观察力怎样？

请你用五秒的时间观察一下图 4-2，此图形包含几个三角形？

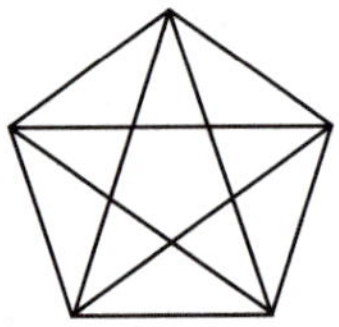

图 4-2　观察的图形

在观察中，善于观察到一般人不易发现或容易忽略的那些东西，是创造者可贵的独特之处。

参考文献

孔燕，江立成，兰文敏，等．大学生心理健康教育[M]. 合肥：安徽人民出版社，2005.

薛德钧，田晓红. 大学生心理与心理健康[M]. 北京：北京大学出版社，2007.

邢群麟，李敏. 哈佛教授给学生讲的 200 个心理健康故事[M]. 北京：中央编译出版社，2007.

张大均，吴明霞. 大学生心理健康[M]. 北京：清华大学出版社，2007.

樊富珉. 团体心理咨询[M]. 北京：高等教育出版社，2005.

黄希庭，徐凤姝. 大学生心理学[M]. 上海：上海人民出版社，1988.

中共北京市委教育工作委员会. 大学生心理素质教程[M]. 北京：北京出版

社，2002.

李新旺. 心理学[M]. 北京：科学出版社，2003.

陈书凯. 超强记忆力训练法[M]. 北京：当代中国出版社，2004.

布拉德·乔伊斯. 超级记忆力训练[M]. 北京：民主与建设出版社，2003.

第五章

大学生情绪管理与调适

学习目标

1. 了解自身的情绪特点，熟练掌握情绪调适的方法。
2. 可以自主调控自己的情绪，保持良好的情绪状态。

校园案例

冲动的惩罚

两位热恋的大学生在校园里散步，忽然女生感到头上有口痰。原来是教学楼窗户旁边一位男生B在作怪。男生A去询问，见男生B醉醺醺的，男生A与男生B争吵并厮打在一起，这位女生抄起屋里的板凳去打男生B的头部，致使男生B身受重伤，后休克死亡。

情绪的激情状态可以使人意识狭隘，判断能力降低，容易陷入一种情绪困境。情绪不但是一种精神动能，同时也是一种生理反应，情绪可以控制人体某些激素的分泌量，激素的变化反过来又助长了情绪的延续、高涨。这些激素可以影响人的智力、耐力、力量(肌肉的爆发力)，所以在悲喜之时，人都可以具有超常的身体表现。因此，管理自己的情绪是一件很复杂的事情，我们要学习利用情绪引起的身体机能变化，并将之用于恰当之处。

拓展阅读

钉钉子的小男孩

从前，有个脾气很坏的小男孩，他父亲给了他一大包钉子，要求他每发一次脾气都必须用铁锤在他家后院的栅栏上钉一颗钉子。第一天，小男孩共在栅栏上钉了 37 颗钉子。过了几个星期，由于学会了控制自己的愤怒，小男孩每天在栅栏上钉钉子的数目逐渐减少。他发现控制自己的坏脾气比在栅栏上钉钉子要容易多了。他把自己的转变告诉了父亲。他父亲又建议说："如果你能坚持一整天不发脾气，就从栅栏上拔下一颗钉子。"经过一段时间，小男孩终于把栅栏上所有的钉子都拔掉了。

父亲拉着他的手来到栅栏边，对小男孩说："儿子，你做得很好。但是，你看一看那些钉子在栅栏上留下那么多小孔，栅栏再也不会是原来的样子了。当你向别人发过脾气之后，你的言语就像这些钉孔一样，会在人们的心灵中留下疤痕。你这样做就好比用刀子刺向了某人的身体，然后再拔出来。无论你说多少次对不起，那个伤口都会永远存在。其实，语言对人们造成的伤害与对人们造成的肉体伤害没有什么两样。"

成功路上，最大的敌人不是缺少机会，或是资历浅薄，而是缺乏对自己情绪的控制。愤怒时，不能制怒，使合作者望而却步；消沉时，放纵萎靡，把许多稍纵即逝的机会白白浪费。情绪健康与否与我们的人生息息相关，主要表现在身心健康和事业发展两个方面。

第一节 情绪概述

我们的生活充满着情绪，如欣喜若狂、焦虑不安、孤独恐惧等。这一切使我们的生活时而阳光灿烂，时而阴霾密布，时而晦涩呆板，形成了一个五彩缤纷的心理世界。情绪的多样性说明它是一个极其复杂的心理现象。因此，情绪最能表达人的内心状态，可以说它是人的心理状态的晴雨计。个体情绪的变化是伴随着个体心理活动过程产生的，也就是说，个体情绪的起伏和变化是有原因的。良好的情绪状态给人以自信和希望，为提高学习工作效率和生活质量创造条件；消极的情绪会放大生活中的挫折、失败，使人消沉，丧失对美好未来的期望和追求。从心理学的角度看，情绪既是人心理活动动力机制的重要组成部分，也是个性形成的重要方面。

一、 情绪的概念和组成

(一)情绪的概念

俗话说:“人非草木,孰能无情。”人生活在社会中,为了自身的生存和发展,就要不断地认识和改造客观世界,创造人类文明、进步和发展的条件。人们在变革现实的过程中,必然要遇到得失、顺逆、荣辱、美丑等各种情境,因而有时感到气愤和憎恶,有时感到悲伤和忧虑,有时感到爱慕和钦佩等。这里的喜、怒、哀、乐、忧、愤、憎等都是情绪的不同表现形式。

由于情绪的极端复杂性,情绪的概念至今还没有得到一致的结论。当前比较流行的一种看法是,情绪是人对客观事物的态度体验及相应的行为反应。这种看法说明,情绪是以个体愿望和需要为中介的一种心理活动。当客观事物或情境符合主体的需要和愿望时,个体就会产生积极的、肯定的情绪;当客观事物或情境不符合主体的需要和愿望时,个体就会产生消极的、否定的情绪。由此可见,情绪是个体与环境间某种关系的维持或改变。

(二)情绪的组成

1. 主观体验

主观体验是个体对不同情绪状态的自我感受。每种情绪都有不同的主观体验,它们代表了人们不同的感受,构成了情绪的心理内容。人的主观体验与外部表现存在固定的关系。例如,愉快的体验必然伴随着欢快的面容或手舞足蹈的外显行为。

2. 生理唤醒

生理唤醒是情绪产生的生理反应。生理唤醒是一种生理的激活水平。不同情绪的生理反应模式是不一样的。例如,愉快时,心跳节律正常;恐惧或暴怒时,心跳加速、血压升高、呼吸频率增加,甚至出现间歇或停顿;痛苦时,血管面积缩小等,因此情绪与我们的生理健康有着密切的联系,特别是不良的情绪往往能够诱发一些生理上的疾病。

(1)心血管系统

愤怒、焦虑等会使心率加快、血压上升,使交感神经系统处于兴奋状态,久而久之会造成心血管机能错乱,出现高血压、冠心病等,严重的可导致血栓、心肌梗死。

(2)消化系统

长期的消极情绪，如忧愁、悲哀、痛苦等，使肠胃蠕动明显减慢，胃液分泌减少，胃肠机能受到严重扰乱。这种状况持续下去，会造成胃炎、胃溃疡等肠胃疾病。

(3)内分泌功能

长期情绪不稳定，造成内分泌功能加强，促使垂体后叶分泌增加，从而引起冠状动脉收缩，同时肾上腺皮质激素分泌增加，肾上腺分泌儿茶酚胺增多，易导致心肌缺血，严重的可能危及生命。

(4)癌症

长期心理紧张、情绪消极，促使胸腺退化、免疫系统中的具有最强抗癌能力的T淋巴细胞减少，使得体内免疫能力大大被削弱，容易诱发或加重癌症疾患。

3. 外部表现

外部表现是在情绪状态出现时身体各部分的动作量化形式，包括面部表情、姿态表情和语调表情。

(1)面部表情

面部表情是由所有面部肌肉变化组成的模式，如高兴时额眉平展、面颊上提、嘴角上扬。面部表情模式能精细地表达不同性质的情绪和情感，因此是鉴别情绪的主要标志。据估计，人的面部有80块肌肉，可以产生7000多种不同的表情。

(2)姿态表情

姿态表情是面部表情以外的身体其他部分的表情动作，包括身体表情和手势表情。

身体表情是指人在不同的情绪状态下，身体姿态会发生不同的变化，如高兴时捧腹大笑，恐惧时紧缩双肩，紧张时坐立不安，痛苦时捶胸顿足，愤怒时摩拳擦掌。

手势表情是指手势通常和语言一起使用，表达赞成还是反对、接纳还是拒绝、喜欢还是厌恶等态度。手势也可以单独用来表达情感、思想，或做出指示，在无法用语言沟通的条件下，单凭手势就可以表达开始或停止、前进或后退、同意或反对等指示。

(3)语调表情

语调表情是通过言语的声调、节奏和速度等方面的变化来表达的，如当播音员转播乒乓球赛实况时，他的声音尖锐、急促，语调高昂，语速快，表达了一种紧张而兴奋的情绪；而当转播某位领导人逝世的公告时，他的语调缓慢而深沉，表达了一种悲痛而惋惜的情绪。

总之，面部表情、姿态表情和语调表情构成人类的非语言交往形式，心理学家和语言学家称之为“体语”(body language)。人们除了使用语言沟通来互相了解之外，还可以通过面部、身体姿势、手势及语调等来表达个人的情绪。

二、 情绪的分类及状态

(一)情绪的分类

情绪的纷繁多样使它的分类成为一个复杂而困难的问题。据我国古代名著《礼记》记载，人的情绪有“七情”分法，即喜、怒、哀、惧、爱、恶、欲。《说文》有 354 个描述人的情绪的字，按释义可分为 18 类，即安静、喜悦、悲痛、忧愁、愤急、烦闷、恐惧、惊骇、恭敬、抚爱、憎恶、贪欲、嫉妒、傲慢、惭愧、耻辱等。

近年来，西方有一个心理学流派认为，情绪分为基本情绪与复合情绪，基本情绪是先天形成、不学而能的，在人的幼年时期就已形成，带有先天遗传的因素。复合情绪是在基本情绪基础上，两种以上的基本情绪的混合。

根据情绪的性质和内容，现代心理学把“快乐、愤怒、恐惧、悲哀”作为人的基本情绪形式。

(二)情绪的状态

情绪状态是指在某种事件或情境的影响下，在一定时间内所产生的某种情绪，其中较典型的情绪状态有心境、激情和应激三种。

1. 心境

心境是指人比较平静而持久的情绪状态。心境具有弥漫性，它不是关于某一事物的特定体验，而是以同样的态度体验对待一切事物。

心境的持续时间有很大差别，有的可能持续几小时，有的可能持续几周、几个月，甚至更长时间。一种心境的持续时间依赖于引起心境的客观刺激的性质，如失去亲人往往使人产生较长时间的郁闷心境。一个人取得了重大的成就，在一段时间内会处于积极、愉快的心境中。心境产生的原因是多方面的，生活中的顺境或逆境、工作中的成功或失败、人与人之间的关系是否融洽、个人的健康状况、自然环境的变化等，都可能成为引起某种心境的原因。人的世界观、人生观、价值观、理想和信念决定着心境的基本倾向，对心境有着重要的调节作用。

2. 激情

激情是一种强烈的、爆发性的、为时短促的情绪状态。这种情绪状态通常是对个人有重大意义的事件引起的。成功之后的狂喜、惨遭失败后的绝望、亲人突然死亡引起的极度悲伤、突如其来的危险所带来的异常恐惧等，都是激情状态。

激情状态往往伴随着明显的生理变化和明显的外部行为表现，如盛怒时全身肌肉紧张，双目怒视，怒发冲冠，咬牙切齿，紧握双拳等；狂喜时眉开眼笑，手舞足蹈。极度的恐惧、悲痛和愤怒，可能导致精神衰竭、晕倒、发呆，甚至出现所谓的激情休克现象。有时表现为过度兴奋、言语紊乱、动作失调。

在激情状态下，个体往往出现“意识狭窄”现象，也就是说认识活动的范围缩小，理智分析能力受到抑制，自我控制能力减弱，进而使人的行为失去调控，甚至做出一些鲁莽的行为或动作。有人用激情爆发来解释自己的错误，认为“激情时完全失去理智，自己无法控制”，这种说法是不对的。人能够意识到自己的激情状态，也能够有意识地调节和控制它，因此，任何人对在激情状态下的失控行为造成的不良后果都是要负责任的。

3. 应激

应激指人对某种意外的环境刺激所做出的适应性反应。

人们在遭到某种危险或面临某种突发事件时，必须集中自己的智慧和经验，动员自己的全部力量，迅速做出选择，采取有效的行动，此时，人的身心处于高度紧张的状态，即应激状态。例如，飞机在飞行中，发动机突然发生故障时，驾驶员紧急与地面联系着陆；正常行驶的汽车发生意外故障时，司机紧急刹车等，在这些情况下人们所产生的一种特殊、紧张的情绪体验，就是应激状态。在应激状态下，人的身体各系统受到紧急动员，肾上腺激素分泌增加，心跳加快，血压升高，呼吸急促，肌肉紧张，各部分积极行动起来去应对眼前的危险。

三、 情绪的功能

(一)调节功能

情绪对个体的认知水平有提高或降低的作用。研究表明，愉快的情绪可以提高个体智力操作的水平，而痛苦、恐惧和愤怒的情绪则会降低个体智力操作的水平。一般来说，中等强度的情绪有利于智力操作活动的完成。比如，在考试前，个体尽可能保持平静的心情，过于兴奋或过于低落的情绪都不利于智力操作活动的完成。

（二）动力功能

情绪对人的行为活动有促进或阻碍作用。常言道"人逢喜事精神爽"，心情好干什么都带劲，心情不好则心灰意冷，做事也差强人意。

（三）感染功能

个体的情绪对他人会产生影响。例如，在一个学生宿舍中，有一个人的情绪很差，就会使整个宿舍的气氛变得压抑，大家都感到不自在，所谓"一人向隅，满堂不欢"就是这个道理。

（四）迁移功能

个体对他人的情绪会迁移到与他人有关的对象上去。成语"爱屋及乌"就是对这种功能的说明。

拓展阅读

吃葡萄的狐狸

盛夏酷暑，一群口干舌燥的狐狸来到一个葡萄架下，一串串晶莹剔透的葡萄挂满枝头，狐狸们馋得直流口水。

第一只狐狸发现以它的个头这辈子是无法吃到葡萄的，心想，这个葡萄肯定是酸的，还不如不吃。于是，它愉快地离开了。这在心理学上称为"酸葡萄效应"，即以能够满足个人需要的理由来解释不能实现自我目标的现象。

第二只狐狸看到高高的葡萄架并没有气馁，心想，我可以向上跳，只要我努力，我就一定能够得到。可是事与愿违，它跳得越来越低，最后累死在葡萄架下，献身做了肥料。这在心理学上称为"固执"，有时也称为"强迫症"。它说明，不是任何事情的最佳方案都能解决问题，要看自己的能力、当时的环境等多种因素。

第三只狐狸一看到葡萄架比自己高，愿望落空了，便破口大骂，撕咬自己够得到的藤，正巧被农夫发现，一铁锹把它拍死了。这种行为我们称为"攻击"，这是一种不可取的应对方式，于人于己都是有害无利的。

第四只狐狸一看到自己在葡萄架下显得如此渺小，便伤心地哭了起来：为什么自己如此矮小？如果像大象那样，不是想吃什么就吃什么吗？为什么葡萄架如此高？自己连个葡萄都吃不到，活着还有什么意思！于是找了个树藤吊死了。这种表现我们在心理学上称为“退化”，即个体在遇到挫折时，从人格发展的较高阶段倒退到人格发展的较低阶段。

第五只狐狸仰望着葡萄架，心想，既然我吃不到葡萄，别的狐狸肯定也吃不到，如果是这样的话，我也没什么好遗憾的了，反正大家都一样。这种行为在心理学中称为“投射”，即把自己的愿望与动机归于他人，断言他人的动机和愿望，这些东西往往都是超出自己能力范围的。

第二节 当代大学生的情绪特征及困扰

一、 健康情绪的标准

情绪是心理健康的窗口，它在很大程度上反映了心理健康的状况。健康情绪有以下三个标准：①情绪的目的性明确、表达方式恰当；②情绪反应适时、适度；③积极情绪多于消极情绪。

一个情绪健康的大学生具有以下特点：①开朗、豁达，遇事不斤斤计较；②及时、准确、适当地表达自己的主观感受；③情绪正常、稳定，能承受欢乐与痛苦的考验；④充满爱心和同情心，乐于助人；⑤正确地认识自己和他人，人际关系良好；⑥对前途充满信心，富有朝气，勇于进取，坚韧不拔；⑦善于寻找快乐，创造快乐；⑧能面对现实、承认现实和接受现实，善于把个人需要与社会的需求结合起来。

二、 当代大学生的情绪特征

大学阶段是人生的第二个“心理断乳期”，是一个非常关注自我、注重个性表达、情绪体验丰富、情绪波动起伏的时期。大学生常见的情绪有快乐、兴趣、羞愧、内疚、羞涩、悲伤、惊奇、敌意、愤怒、蔑视、厌恶、恐惧等。大学生的情绪具有以下几个特点。

(一)情绪的丰富性

从自我意识的发展看，大学生出现较多的表现是自我体验、自我尊重的需要强烈，易产生自卑、自负等情绪；从社交看，大学生的交往范围日益扩大，同学、朋友及师长之间交往频繁，有的大学生开始谈恋爱，情绪表现得更细腻、更复杂；从个人定位看，大学生通过各种活动了解社会，学习社会的道德规范，对自己的身份、角色、志向、价值等问题有了更深入的思考，理智感、美感、集体荣誉感等高级情感也有所发展。

（二）情绪的不稳定性

由于大学生的人生观、价值观还未完全定型，认知能力还有待提高，大学生的情绪活动往往强烈而不能持久，情绪活动随着认知标准的改变而改变。喜怒哀乐无常是大学生情绪常见的现象，风平浪静之后可能就是疾风暴雨。大学生的情绪容易从一个极端走向另一个极端，高兴时忘乎所以，看什么都顺眼，消沉时心灰意冷，看什么都别扭，情绪呈现不稳定状态。

（三）情绪的掩饰性

大学生随着知识水平的提高、思想内涵的丰富，在情绪反应上较隐晦。他们已具备在一定的情景下控制自己的愤怒、悲伤等情绪的能力，形成外在表现和内心体验不一致的特点。他们会根据一定的条件来表达情绪，如对一件事情或对一个人明明是厌烦的，但由于种种原因，可能表现出较好的或不在意的态度。

（四）情绪的冲动性

有的心理学家把青年期形容为“疾风怒涛”时期。大学生的情绪往往表现得快而强烈，他们常因一点小事振奋不已。大学生情绪的冲动性一般表现为对外部环境或他人的不满，情绪失控，语言、行动极具攻击性，如果不对其予以引导，会给大学生本人及社会带来危害。

三、在大学生中常见的情绪困扰

（一）常见的情绪困扰

1. 焦虑

焦虑是个体主观上预料会有某种不良后果产生或模糊的威胁出现时的一种不安情绪，并伴有忧虑、烦恼、害怕、紧张等情绪体验。

焦虑会明显地影响一个人的精神状态、认知、行为和身体状况，被焦虑困扰的大学生常表现出烦躁不安、思维受阻、行为不灵活、动作不敏捷、身体不舒服、失眠、食欲不振等。严重的焦虑能使人失去一切情趣和希望，甚至产生心理疾病，在心理上摧垮一个人。

2. 抑郁

抑郁是在大学生中常见的情绪困扰，是一种感到无力应付外界压力而产生的消极情绪，常常伴有厌恶、痛苦、羞愧、自卑等情绪体验。

抑郁的大学生的主要表现是：情绪低落、思维迟缓、郁郁寡欢、闷闷不乐、兴趣丧失、缺乏活力、反应迟钝、干什么都打不起精神、不愿参加社交、故意回避熟人、对生活缺乏信心、体验不到生活的快乐、食欲减退、失眠等。长期的抑郁会使人的身心受到严重损害，无法有效地学习、工作和生活。

3. 冷漠

冷漠是一种对人对事冷淡、漠不关心的消极的情绪体验。冷漠是一种个体对挫折环境的自我逃避式的退缩性心理反应，它带有一定的自我保护或自我防御的性质。

4. 易怒

发怒是当客观事物与人的主观愿望相悖时产生的强烈的情绪反应。大学生正处在热情高涨、激情澎湃的青年时期，有时候似乎难以控制激情。容易发怒，便是在大学生中常见的一种消极激情。有的大学生因为一句刺耳的话、一件不顺心的事，就激动得暴跳如雷，或出口伤人，或拔拳相向，铸成大错。盛怒过后，却后悔不已。

5. 嫉妒

嫉妒是在大学生中有一定普遍性的不良情绪。容易引起大学生嫉妒的因素主要有以下几类：外表、成绩、能力、物质条件、恋人、运气等。那些自尊心过强、虚荣心过盛、自信心不足、以自我为中心、认知有偏差、自控能力弱的大学生更易产生嫉妒，而且程度也较一般人更重。嫉妒会影响大学生的人际关系，造成同学间的隔阂甚至对立，同时使自己处于烦躁、痛苦的情绪中。

6. 压抑

压抑也是在大学生中常见的情绪问题。相当多的大学生常常感到自己的情感不能得到尽情倾诉。近年来在大学中流行的郁闷情绪就是压抑的表现。

(二)情绪困扰的原因

导致大学生不良情绪产生的原因错综复杂，其中既有个体因素的影响，也有环境因素的影响。

1. 个体因素

个体因素包括个体的生理因素和心理因素。

(1)生理因素

有研究认为，人的体力、情绪和智力呈现一种周期性的盛衰节律，它们的周期分别为23天、28天和33天。当三者均处在高峰期时，人就处于身心的最佳状态，精力充沛、生机勃勃、愉快豁达、头脑清醒、思维敏捷；当三者均处于低谷期时，人的各种机能效率都降低，情绪不佳，而体力和智力的不佳也会加强已有的低情绪状态；当三者处于临界状态时，个体则处于一个极不稳定的过渡期，机体协调性差，易出差错，情绪易波动。同时，躯体疾病会引起不良情绪，而心理疾病常伴有不良情绪。

(2)心理因素

影响情绪的心理因素很复杂，知识经验、认知方式、情感成熟水平、意志品质和个性特点等都可能导致不良情绪。

①情绪特征：不稳定、好冲动、易暴易怒或者消沉、冷漠、郁郁寡欢。

②意志特征：固执、刻板、任性、胆怯、优柔寡断，缺乏自制力，遇到困难过分紧张不安，经受不住挫折，不易摆脱内心矛盾。

③自我意识特征：过分自尊或缺乏自信、自贱自卑。

④社交特征：孤僻、退缩、自我封闭、敏感、多疑、心胸狭窄、好嫉妒等。

有以上心理特征的人较易陷入情绪困扰。

2. 环境因素

环境因素包括家庭、学校和社会三个方面。家庭环境包括家庭结构、家庭气氛、父母关系、父母的情绪特征及教养方式等因素。学校环境包括教育方法、学习压力、人际关系、教师身心健康状况等因素。社会环境包括社会文化背景、社会风气、社会经济条件等因素。大学生的情绪常会受到社会环境的影响。

四、 情绪调适的可能性

情绪不易调适，但并不是不可调适。我们可以从以下影响情绪的因素中来把握情绪调适的可能性。

(一)从影响情绪的主观因素和客观因素来看

情绪是客观刺激引起的主观体验，可见，客观的事物与主观的信念同时影响情绪的变化，因此，要改变一种情绪，便可以从两个方面入手，要么改变客观事物的性质，要么改变内心主观认知的倾向。

有的客观事物的性质是能被人们改变的。例如，将失败转变为成功，情绪就会由悲转喜；把危险解除，恐惧就会消失；将重要的任务圆满完成，紧张就会变为轻松；找到知心朋友，孤独就被温暖代替。而有的客观事物的性质是不能被人们改变的，如“天有不测风云”，晴朗或下雨的天气等。

主观认知和理念是可以改变的。例如，把失望当作为成功所交的学费，沮丧就会转为振奋；把沉重的任务、艰难的工作看作锻炼自己的机会，压抑就会变为兴奋；不用想象中的灾难和不幸吓唬自己，恐惧就会大大减轻；领悟了世间有些路必须一个人去走，就可能学会在一定程度上享受孤独。

(二)从影响情绪的先天因素和后天因素来看

每个人的确具有由先天因素决定的比较稳定的情绪反应倾向，同时也具有在后天环境中通过学习获得的、可以加以改造的情绪反应倾向。

影响情绪的先天因素主要有两种，一种是人的气质类型，它决定着人们的情绪反应倾向，这是不易改变的。但人们可以通过了解自己的情绪倾向，接纳自己的现状，并设法扬长避短。另一种是与情绪有关的一些生理需要和感官刺激，影响情绪的后天因素则完全可以被人加以利用或改变。后天的因素是人们受到的教育、社会家庭、个人的生活经历等，这些都可能导致人们情绪反应倾向的明显改变。

(三)从情绪发生时的身体内部变化和外在表现来看

内在的生理变化有一部分在一定程度上可以通过人为的手段加以改变，有的则无法改变。而外在的表情动作大部分是可以为人们所改变的。

心理学家通过实验手段研究证实，与情绪有关的生理变化主要有：循环系统的变化，包括心率、血压、血糖和血液含量的变化，如愉快时心跳平静，紧张时心率加快、血压升高等；呼吸系统的变化，包括呼吸频率、深浅、节奏的变化，如“紧张得喘不过气来”等；腺体的变化，包括身体内、外分泌活动的变化，如“吓出了一身冷汗”等；肌肉的变化，包括骨骼肌和内脏肌肉的活动，恐惧时瘫软，紧张时颤抖等；脑电波和皮肤电阻的变化，如在平静、清醒状态下，脑电波呈现出 α 波，紧张焦虑时使出现频率较高的 β 波等。这些身体的内在变化有的是无法改变的，有的则可以通过气功、深呼吸、放松训练等加以改变。情绪发生时外在的表现包括面部表情，如哭、笑、皱眉、目瞪口呆等；身体姿态、手的动作，如昂头挺胸、垂头丧气、手舞足蹈、捶胸顿足、紧握拳头、手足无措等；语言、语速、语调的变化，如满意时啧啧称赞，嫉妒时怪腔怪调等，这些大部分是可以被人们改变的。例如，“笑一笑，十年少”，笑口常开可以帮助人们保持愉快的情绪，抵御不良情绪的滋生。

五、 良好情绪的保持

(一)养成快乐的习惯

快乐是一种心理习惯、一种心理态度，如果不在现在加以了解和实践，将来也永远体会不到。快乐不是在解决某种问题后产生的，因为一个问题解决了，另一个问题又会出现，生活本身就是由一系列的问题组成的；快乐也不只是在到达某种目的、获得某种满足后才会到来的，因为快乐更存在于生活实践本身。

(二)学会宽容、悦纳

宽容不仅是一种美德，也是交往成功的重要保证和情绪健康的前提条件。宽容既表现为对他人的宽厚容忍，不斤斤计较，也表现为对自己的悦纳，不过分苛求。一个不肯宽容别人的人，既容易被别人怨恨，在人际关系中不受欢迎，也往往会使自己的身心受到伤害；一个不肯宽容自己的人，常常会处于自责、悔恨之中。

(三)适当的自我定位

从中学到大学是一个巨大的转折，环境的变化和竞争的加剧，会使不少同学感到心理不适，失落感变得明显，因此，在大学生活中给自己一个适当的定位十分重要。

大学生血气方刚、积极进取、竞争意识强，这是积极的一面。然而，由于自身的不成熟及某些错误的认知方式，容易造成一些同学争强好胜、相互攀比、盲目竞争的现象，这很不利于心理健康。在大学校园中，人才济济，每个人都具有各自的优势，假如盲目地做事，处处都要与他人竞争、攀比，就有可能因为自己在某些方面处于劣势，而产生自我挫败感，有的甚至会自我否定，陷入深深的自卑之中。同时，事事与人竞争、攀比还会造成自己过度紧张，心理上承受过大的压力，从而对身心健康产生不良影响。

（四）善于与人交往

人是社会的人，交往是人生发展的内在需要。一个人当交往的需要没有得到满足时，就会情绪低落，甚至会产生孤独、空虚、抑郁、自卑和恐惧等不良心理，严重的会在行为上表现出自我封闭、逃避现实、自暴自弃，或与外界冲突、对抗，甚至丧失生活的信心和勇气。善于交往的人，常常更容易成为健康、快乐和成功的人。

（五）学会自我解脱

遇事要想得开，要心胸开阔。必须承认，生活不只有快乐，也会有痛苦；不只有成功，也会有失败；不尽是圆满，也会有缺陷。只有认识到这些，才会在顺境时，格外觉得幸运；在逆境时，也承认这是不可避免的。从而使自己拥有一种良好的心境，这样良好的心境往往能创造出更多的收获。

第三节　大学生的情绪管理与自我调适

每个人的心理承受能力都有一定的限度。一个人当出现心理适应不良、矛盾冲突及由其他事件引起的消极情绪体验时，应及时化解，最大限度地减轻不良情绪的消极影响。要化解这种矛盾冲突，一方面要不断提高自己应对和承受挫折的能力；另一方面要靠合理的调节或宣泄，使自己的情绪得到缓解。否则，长期积累，轻则会影响正常的学习与生活，重则会产生严重的后果。这就是所谓的“最后一根稻草会压垮整只骆驼”。有的学生认为，当自己产生不良情绪时，最好的方法是克制自己的感情不让它流露出来，做到“喜怒不形于色”。其实，这种说法是不全面的，喜怒不形于色未必好。强行压抑情绪的外露，会给人们的生理健康带来很大的危害。但并不是说，不良情绪一旦产生，就可以不分场合，不顾影响，不计后果，无所顾忌地加以发泄。那种一有怒气就大动肝火，一有痛苦就大声哭嚎，一有冲动就蛮干一通、胡乱发泄的方法，不但不能真正地把不良情绪发泄出去，反而会给自己带来新的、更大的烦恼，产生更严重的不良情绪。

一、情绪管理的概念

情绪管理是对情绪进行控制和调节的过程，即通过一定的策略，使情绪在生理活动、主观体验和表情行为等方面发生一定的变化，以建立和维护良好的情绪状态。

二、情绪管理的意义

有效的情绪管理可以使我们较少体验消极情绪，保持心境良好，促进身心健康，有利于我们提高认知水平、提高学习和工作效率，有助于培养乐观向上、积极进取的良好品质，建立良好的人际关系。

情绪没有好坏之分，但有正负之分。正性情绪是一种精力充沛、积极向上的状态，起着协调、组织的作用；而负性情绪是一种不健康的主观体验，起着破坏、瓦解的作用。所以，我们要学会管理情绪，做情绪的主人。

三、情绪自我调适的基本要点

第一，重视情绪的自我管理，追求情绪生活的高质量。

第二，了解自己处理情绪的风格并注意克服不足。

第三，注意体察自己的情绪，提醒自己注意：“我现在情绪怎么样?”承认自己有不良情绪产生，我们控制它的能力和力量才会加强。

第四，要适当表达自己的情绪。对于情绪的管理并不是简单地压抑，而要让情绪以文明方式适当地表达出来。

第五，以适宜的方式缓解情绪，目的在于让自己好过一点，也让自己更有能量去面对未来。

四、情绪自我调适的方法

(一)自我暗示

暗示效应也称“罗森塔尔效应”“皮格马利翁效应”“期待效应”，由美国著名心理学家罗森塔尔提出。此效应源于罗森塔尔等人于 1968 年做过的一个著名实验。他们到一所小学，在一至六年级各选三个班的儿童进行“预测未来发展的测验”，然后实验者将认为有“优异发展可能”的学生名单通知教师。其实，这个名单并不是根据测验结果确定的，而是随机抽取的。它以“权威性的谎言”暗示教师，从而调动教师对名单上学生的某种期待心理。八个月后，再次智能测验的结果发现，名单上的学生的成绩普遍提高，教师也给了他们良好的品行评语。暗示在本质上是指人的情绪和观念会不同程度地受到别人下意识的影响。

拓展阅读

一个美丽的传说

远古时候，塞浦路斯的国王皮格马利翁是一位有名的雕塑家。他精心地用象牙雕塑了一位美丽可爱的少女。他深深爱上了这个“少女”，并给他取名叫盖拉蒂。他还给盖拉蒂穿上美丽的长袍，并且拥抱它、亲吻它，他真诚地期望自己的爱能被“少女”接受。但它依然是一尊雕像。皮格马利翁感到很绝望，他不愿意再受这种单相思的煎熬，于是，他就带着丰盛的祭品向阿弗洛狄忒女神求助，他祈求女神能赐给他一位如盖拉蒂一样优雅、美丽的妻子。他的真诚感动了阿佛洛狄忒女神，女神决定帮他。

皮格马利翁回到家后，径直走到雕像旁，凝视着它。这时，雕像发生了变化，它的脸颊慢慢地呈现血色，它的眼睛开始释放光芒，它的嘴唇缓缓张开，露出了甜蜜的微笑。盖拉蒂向皮格马利翁走来，她用充满爱意的眼光看着他，浑身散发出温柔的气息。不久，盖拉蒂开始说话了。

皮格马利翁惊呆了，一句话也说不出来。上帝！皮格马利翁的雕塑成了他的妻子。

自我暗示又称自我肯定，是对某种事物积极的叙述。所以让我们用一些更积极的思想和概念来替代我们过去陈旧的、否定性的思维模式。自我暗示可以默不作声地进行，也可以大声地说出来，还可以在纸上写下来，更可以歌唱或吟诵。每天用十分钟对自己说下列或你自己设定的语句，进行自我肯定练习。

“我是最棒的！”

“我具有强大的行动力。”

“我越来越勤奋，越来越能干。”

“我设定的目标一定会实现。”

“积极的思想和行动使我成功。”

(二)改变认知

美国著名心理学家艾利斯①创建了“情绪 ABC 理论”。见图 5-1。

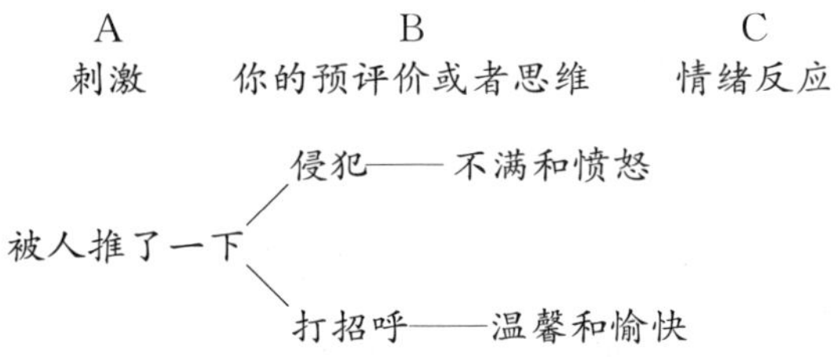

图 5-1　情绪 ABC 理论

该理论认为诱发事件 A 只是引发情绪和行为后果 C 的间接原因，而引起 C 的直接原因则是个体对诱发事件 A 的认知和评价而产生的信念 B，即人的消极情绪和行为障碍结果 C，不是某一诱发事件 A 直接引发的，而是经受这一事件的个体对它不正确的认知和评价所产生的错误信念 B 直接引发的。错误信念也称为非理性信念。依据情绪 ABC 理论，分析日常生活中的一些具体情况，我们不难发现人的不合理观念常常具有以下三个特征。

1. 绝对化的要求

绝对化的要求是指人们常常以自己的意愿为出发点，认为某事物必定发生或不发生的想法。它常常表现为将“希望”“想要”等绝对化为“必须”“应该”或“一定要”等，如“我必须成功”“别人必须对我好”等。这种绝对化的要求之所以不合理，是因为每一种客观事物都有其自身的发展规律，不可能以个人的意志为转移。对于某个人来说，他不可能在每一件事上都获得成功，他周围的人或事物的表现及发展也不会以他的意愿来改变。因此，当某些事物的发展与其对事物的绝对化的要求相悖时，他就会感到难以接受和适应，从而极易陷入情绪困扰之中。

2. 过分概括化

这是一种以偏概全的、不合理的思维方式的表现，它常常把“有时”“某些”过分概括化为“总是”“所有”等。用艾利斯的话来说，这就好像凭一本书的封面来判定它的好坏一样。它具体体现在人们对自己或他人的不合理评价上，典型特征是以某一件或某

① 阿尔伯特·艾利斯，美国心理学家。

几件事来评价自身或他人的整体价值。例如，有些人遭受一些失败后，就会认为自己一无是处、毫无价值，这种片面的自我否定往往导致自卑自弃、自罪自责等不良情绪。而这种评价一旦指向他人，就会一味地指责别人，产生怨恨、敌意等消极情绪。我们应该认识到，“金无足赤，人无完人”，每个人都有犯错误的可能性。

3. 糟糕至极

这种观念认为如果一件不好的事情发生，那将是非常可怕和糟糕的。例如，“我没考上大学，一切都完了”“我没竞选上，不会有前途了”，这种想法是非理性的，因为对任何一件事情来说，都会有比这更坏的情况发生，所以没有一件事情可被定义为糟糕至极。但如果一个人坚持这种“糟糕”观时，那么当他遇到他所谓的百分之百糟糕的事情时，他就会陷入不良的情绪体验之中而一蹶不振。

所以，在日常生活和工作中，当遭遇各种失败和挫折，要想避免情绪失调，就应多检查一下自己的大脑，看是否存在一些“绝对化的要求”“过分概括化”和“糟糕至极”等不合理的想法，如果有，就要有意识地用合理观念取而代之。

因此，美国心理学家艾利斯认为，人天生就有歪曲现实的倾向。但是，人也能够接受理性，改变自己不合理的信念和自我挫败行为。由于情绪来自认知，因此，改变情绪要从改变信念入手。大学生的知识面较广，认识水平也高，所涉及的心理困扰多与不合理的信念有关。改变信念的方法对大学生的情绪调节非常适用。情绪困扰并不一定是诱发事件直接引起的，常常是经历者对事件的非理性的解释和评价引起的。如果改变不合理的信念，调整对诱发事件的认识和评价，建立合理的信念，情绪困扰才能消除。

拓展阅读

改变认知，结果不同

有一个年轻人失恋了，一直摆脱不了事实的打击，情绪低落，已经影响到了他的正常生活。他没办法专心工作，因为无法集中精力，常常想到的就是前女友的薄情寡义。他认为自己在感情上付出了，却没有收到回报，自己很傻、很不幸。于是，他找到了心理咨询师。

心理咨询师告诉他，其实他的处境并没有那么糟糕，只是他自己想象得太糟糕了。在给他做了放松训练，调整了他的紧张情绪之后，心理咨询师给他举了个例子。

“假如有一天，你到公园的长凳上休息，把你最心爱的一本书放在长凳上，这时候走来一个人，径直走过来，坐在椅子上，把你的书压坏了。这时，你会怎么想?”

“我一定很气愤，他怎么可以这样随便损坏别人的东西呢！太没有礼貌了!”年轻人说。“那我现在告诉你，他是个盲人，你又会怎么想呢?”心理咨询师接着耐心地问。“哦，原来是个盲人。他肯定不知道长凳上放有东西!”年轻人摸摸头，想了一下，接着说，“谢天谢地，好在只是放了一本书，要是油漆，或是什么尖锐的东西，他就惨了!”“那你还会对他愤怒吗?”心理咨询师问。“当然不会，他是不小心才压坏的，盲人也很不容易的。我甚至有些同情他了。”

心理咨询师会心一笑：“同样的一件事情——他压坏了你的书，但是前后你的情绪反应却截然不同。你知道是为什么吗?”“可能是因为我对事情的看法不同吧!”对事情不同的看法，能引起自身不同的情绪。很显然，让我们难过和痛苦的，不是事件本身，而是对事情的不正确的解释和评价。这就是心理学上的情绪 ABC 理论的观点。情绪 ABC 理论的创始者艾利斯认为，正是我们常有的一些不合理的信念，才使我们产生情绪困扰，如果这些不合理的信念日积月累，还会引起情绪障碍。

在情绪 ABC 理论中，A 表示诱发事件；B 表示个体针对此诱发事件产生的一些信念，即对这件事的看法和解释；C 表示个体产生的情绪和行为结果。通常人们会认为诱发事件 A 直接导致了人的情绪和行为结果 C，发生了什么事就引起了什么情绪体验。然而，对同一件事，人们的看法不同，情绪体验也不同。

比如，同样是失恋了，有的人放得下，认为未必不是一件好事，而有的人却伤心欲绝，认为自己今生可能都不会有爱了。再比如，在找工作面试失败后，有的人可能会认为，这次面试只是试一试，不过也没关系，下次可以再来，有的人则可能会想，我精心准备了那么长时间，竟然没过，是不是我太笨了，我还有什么用啊，人家会怎样评价我。这两类人因为对事情的评价不同，他们的情绪体验当然也不同。

对于上面这个失恋的年轻人来说，失恋只是一个诱发事件 A，结果 C 是他情绪低落，生活受到影响，无法专心工作，而导致这个结果的，正是他的认知 B——他认为自己付出了一定要收到对方的回报，自己太傻了，太不幸了。假如他换个想法——她这样不懂爱的女孩不值得自己去珍惜，现在她的离开可能避免了以后她对自己造成更大的伤害，那么他的情绪体验显然就不会像现在这么糟糕。

（三）转换目标

你一旦陷入忧郁、焦虑等不良情绪而不能自拔时，就要改变一下自己的注意目标，使引起消极情绪的兴奋点暂时被压抑，从而及时激发积极愉快的情绪。具体的做法是可把使你不顺心的事放下，去做喜欢的事，如打球、游泳、看电影、听音乐等，或者到风景秀丽的公园、绿树成荫的大道上散散心，大自然的美景、绿色的世界、蓬勃的生机能使人旷达胸怀，欢娱身心，忘却烦恼，消除精神上的紧张和压抑之感，以度过情绪低落期。

（四）合理宣泄

1. 倾诉性宣泄

俗话说：“快乐有人分享，是更大的快乐；痛苦有人分担，就可以减轻痛苦。”不愉快的事情隐藏在内心深处，会增加心理负担。当出现不良情绪时，你可以找一个你认为最能理解或最值得你信任的人，尽情地将心中的郁闷无所顾忌地向他倾诉出来。这样，一方面使不良情绪得到宣泄，另一方面你在倾诉烦恼的过程中，还可以获得更多的情感支持和理解，获得认识和解决问题的新思路、新途径，并增强克服困难的信心。

2. 书写性宣泄

通过写信、写文章、写日记等方式，将内心的消极情绪宣泄出来。它的好处在于可以把那些因各种原因而不能对人表露的消极情绪宣泄出去。

3. 运动性宣泄

医学研究表明，运动可以使人的情绪得到振奋。通过打球、跑步、游泳等有氧运动，将消极情绪宣泄出来。这种方式既可以直接宣泄消极的情绪，又能达到锻炼身体、促进心理健康的目的。建议每周 3～4 次，每次持续 30 分钟。

4. 哭泣性宣泄

通过号啕大哭或偷偷流泪的方式将消极情绪宣泄出来。科学研究表明，流泪能将人体内导致情绪压抑的化学物质排除，从而使不愉快的情绪得到缓解，消除心理上的压力。当然，哭泣时应注意时间和场合。

（五）放松训练

在生活中，每个人都会紧张。当处于紧张状态时，我们全身的肌肉都会变得紧张起来，而肌肉的紧张会引起身体上的各种反应：脸红、心跳、额头和手心出汗、手发抖、身体僵硬或颤抖等。这些反应也会进一步导致紧张，形成一种恶性循环。缓解身体紧张最有效的方法就是进行放松训练，放松身体能消除或缓解焦虑及身体不适感，而且，心理也能得到放松。

1. 步骤

(1)预备(1 分钟)

选择一首轻松而舒缓的音乐，找一个舒适的姿势坐或平躺着，放松你的手脚；掌心向上；轻轻转动脚踝；头慢慢侧向一边；感觉整个身体深深沉入地下；闭上双眼；全身放松。

(2)深呼吸(2 分钟)

开始做第一个深呼吸，首先深深地吸气，使身体内充满空气，然后让气体从胸腔流动到喉部，再流动到鼻腔；保持这种状态(大约 5 秒)，然后突然收腹，将胸腔、喉部和鼻腔内的气体全部吐出；感受一下全身放松的感觉；现在开始做第二个深呼吸，慢慢地、深深地吸气，呼气；然后做第三个深呼吸，静静感受全身舒适放松的感觉。

(3)收紧脚趾(1 分钟)

现在将脚趾弯曲，紧紧抓住地板，保持紧张状态(10 秒)；松开脚趾，放松，深呼吸；然后将脚趾尽量张开，向上向外伸展，保持紧张状态(10 秒)；恢复原状，放松，体会脚部那种舒适温暖的感觉。

(4)收紧腿部(30 秒)

收紧双腿的肌肉，保持紧张状态(10 秒)；松开，让双腿充分放松，深深地沉入地下，继续缓慢地深呼吸(5 秒)。

(5)收紧臀部(30 秒)

收紧臀部肌肉，保持紧张状态(5 秒)；然后松开，让整个身体深深沉入地下，缓慢地深呼吸，全身放松。

(6)收紧腹部(30 秒)

收紧腹部肌肉，挤出那里的紧张感，保持这种状态(10 秒)；松开肌肉，感受温暖放松的感觉。

(7)收紧双臂和肩膀(30 秒)

高高耸肩，紧握双拳，拉紧手臂肌肉，保持这种状态(10 秒)；突然松开这部分肌肉，背部沉入地下，感受放松和舒适的感觉。

(8)收紧全身肌肉(1 分钟)

收紧全身每一部分肌肉，拉紧面部肌肉，皱眉，保持这种状态(10 秒)；突然同时放松；身体深深沉入地下，全身充分放松，四肢放松，静静地躺上一会儿。

(9)使注意力集中在眉间(30 秒)

现在，让你的头轻轻侧向一边，下巴放松，嘴唇张开，闭上眼睛，将注意力集中在眉间；慢慢地深呼吸，放松，让自己所有的注意力、思想、感觉都集中在眉间，整个人沉入那个空间中去。

(10)想象自己置身于一个美丽的地方(2 分钟)

你可以想象自己躺在金色的沙滩上，和煦的阳光照在你身上，不远处就是辽阔的大海，你的心情舒畅极了。还可以想象自己坐在湖边的大树下，湖水清澈，你可以看见小鱼在水中轻轻游动，树上有小鸟在歌唱，一阵清凉的风吹过，你感觉特别宁静而安详。在眼前开始出现你一直渴望见到的最美丽的景色，让景色逐渐变得越来越清晰，慢慢进行；让那个地方聚焦(10 秒)；现在你已置身其中，进入了那个仙境一样的地方，感受身临其境的美好感觉，体验全身心的放松和舒适，静静地待在那个地方，像先前那样慢慢地进行深呼吸(60 秒)。

(11)结束(60 秒)

现在让你脑海中的美丽画面慢慢隐去(15 秒)，睁开双眼，慢慢坐起来，结束放松训练。

2. 原则

第一，坚持每天练习，才能起到较长期的效果。

第二，每天练习 2～3 次。不要空腹和饱餐后练习，房间里也不要太冷或太热。

第三，练习时需找一个安静的环境、穿宽松的衣服。要以“自然”的态度去练习，投入地体验，而不是时刻顾虑“我是否能达到放松”。

第四，练习时，请注意通过鼻子呼吸。深呼吸时注意要缓慢、均匀，而不是快速地呼吸。

(六)借助心理咨询

心理咨询是一门科学、一门艺术、一种经验，通过受过专门培训的咨询人员运用心理学的原理和方法营造良好的咨询气氛，帮助来访者学会以更有效的方式对待自己、他人和生活中的困惑以适应社会生活。

心理互动与训练

心理互动及测试

一、心理互动

（一）情绪红绿灯

活动目的：理解情绪的多样性，保持乐观心态。

活动材料：事先制作好的情绪卡片。

操作方法：选出几名同学作为扮演者，分别表演几种不同的面部表情。将事先制作好的情绪卡片分别呈现给几位同学，但不能让其他同学看到。然后这几名拿到卡片的同学分别进行情绪表演，每一次表演完，让同学们猜是什么情绪，对此给予适当的评价并谈谈自己的感受。

（二）乱词接龙

活动目的：培养快速反应的能力，感受集体游戏的快乐情绪。

活动材料：秒表。

操作方法：

1. 以10人左右为小组单位进行比赛。

2. 由教师作为出题者，说出一个词或句子，小组成员就要以这个词或句子的最后一个字当作自己要说的词语或句子的第一个字，按此要求，继续进行接龙。

3. 这个字可以是同音字、多音字或近音字，词语或句子的字数是2～5个，同一个小组内不能出现相同的词语或句子。

二、心理测试

情绪自我评定量表

下面是一组有关情绪的自我评定量表，请对照你的状况，选择符合你的选项。A表示经常这样；B表示有时这样；C表示很少这样；D表示从不这样。

（一）愤怒

1. 我对别人隐藏、压抑自己的愤怒。

2. 我和某人生气后，感到后悔。

3. 别人一激，我就忍不住发怒。

4. 我一生气就要摔东西或找人打架。

5. 气得说不出话来。

(二)快乐

1. 我的工作很枯燥，毫无乐趣可言。

2. 我对一切都感到厌倦。

3. 除非有了很多钱，否则我不会快乐。

4. 没什么事情值得高兴。

5. 当别人说我的坏话时，我无法快乐。

(三)抑郁

1. 我入睡困难，而且容易被吵醒。

2. 很少大声地笑。

3. 常梦见自己被人追赶，直至梦醒。

4. 对什么都不感兴趣。

5. 有过自杀的念头。

(四)焦虑

1. 我感到要有麻烦，而这些麻烦究竟是什么，我并不清楚。

2. 我对自己的目标心里没数。

3. 我的压力来自四面八方。

4. 面对新问题，感到心神不宁。

5. 莫名其妙地感到惊慌。

【评价与分析】

A、B、C、D 分别代表 5、3、1、0 分。如果某一部分总分超过 15 分，表明你应该注意这一方面的情绪；少于 5 分，表明你对这一方面的情绪处理得很好。

参考文献

严玲，常雅娟. 大学生心理健康教育[M]. 北京：高等教育出版社，2012.

第六章

大学生人际交往

学习目标

1. 理解大学生人际交往的重要意义。
2. 掌握人际交往的原则和方法，构建和谐的人际关系。
3. 正确认识网络人际交往。

校园案例

人际交往受挫——新生想退学

在某重点高校就读的大一学生小蕾（化名）几次找到班主任要求退学。"小蕾写得一手好文章，还弹得一手好钢琴。入校不久，她因文笔出众，被校内文学团体破格吸收为会员。"小蕾的班主任说，听说她要退学，大家都很吃惊。小蕾要退学的理由主要是觉得同学们瞧不起她，总在背后议论她，以至于她感觉"大家都挺虚伪的，一回到寝室，就胸口发闷"，甚至觉得"活着没意思"。老师们也描述说，当讲到这一点时，小蕾就变得烦躁不安，最后泪流满面。

人对环境的适应，主要是对人际关系的适应。有了良好的人际关系，人才有了支持力量；有了归属感和安全感，人才能有好心情。小蕾主要由于在适应大学的人际关系中遇到了挫折，在人际交往中出现人际关系的敏感问题，对同学比较敏感和多疑，心里感到紧张和不安，进而觉得自己与周围的人格格不入，产生心理压力。于是产生退学的想法。

第一节 大学生人际交往与人际关系

每个人都生活在人际关系的网中，每个人的成长和发展都依存于人际交往。对于大学生而言，无论是学校中的学习生涯，还是毕业后的职业生涯都不可能没有人际交往。一般来说，具有良好人际交往的学生大多具有开朗的性格、热情乐观的品质。相反，如果缺乏积极的人际交往，则容易产生精神上、心理上的巨大压力，难以化解心理矛盾，严重的还可能导致病态心理，影响身心健康。

一、 大学生人际关系和人际交往的内涵

人际交往是指人们在社会生活中交流信息、沟通感情、相互作用和相互知觉的过程。它表现为人与人之间的心理距离，反映着人们寻求满足需要的心理状态。人际交往具有两个最基本的特征，即沟通和相互作用。人际交往的直接结果是建立一定的人际关系，即人们在社会活动过程中所形成的建立在个人情感基础上的相互联系，也表现为人与人之间心理的关系。而这种关系一旦建立又反过来影响和制约着人们的交往。因此有的学者主张人际交往就是人际关系，是同一个概念，虽然前者强调动态的相互作用，后者强调静态的情感联系，但它们的本质都是指人与人之间的心理距离关系。

大学生人际交往的含义严格地说有广义和狭义之分。广义的人际交往是指大学生和与之有关的一切人相互作用的过程。这里作为人际交往主体的大学生，可以是个体也可以是群体。同样地，人际关系的对象也可以是个体或者是群体。在这些人际关系中有的对大学生的身心具有举足轻重的影响，如大学生和父母家人、亲朋好友及老师、同学之间的人际关系，有的作用却无关紧要，如大学生和那些偶然相遇的路人的人际关系。狭义的人际交往是指大学生在校期间和周围与之有关的个体或群体的相处及交往，它是大学生之间及大学生与他人之间沟通信息、交流思想、表达感情和协调行为的互动过程。其中最主要的是师生交往和同学交往。

人际交往是由信息交流、动作交换和相互理解三个过程构成的复杂活动。

(一)信息交流

信息交流也叫人际沟通，指的是人与人之间在共同的社会活动中彼此交流思想、

感情和知识等信息的过程。人们在交往中总要把自己的所见所闻告诉其他人，把自己的想法和感受告诉别人，同时也了解交往对象的观点和态度，进而决定是否修正自己的观点或看法，改变其他人的观点，这就需要进行人际沟通。进行信息交流的手段有言语和非言语两种形式，因此人际沟通可以分为言语沟通和非言语沟通两种。言语沟通是通过语言这种媒介而实现的信息交流，是人们对书面语言和口头语言的应用，是人际沟通的主要手段。非言语沟通是通过语言以外的媒介，主要是各种面部表情、言语表情和身段表情而实现的信息交流。非言语沟通是言语沟通重要的补充形式，能起到增强表达、促进理解的作用。

(二)动作交换

人们在交往中除了运用各种手段进行信息交流外，还伴随着必要的动作。例如，商业活动中的“一手交钱，一手交货”、教学活动中的“手把手”、朋友相聚时的“抱成一团”、亲密接触时的“勾肩搭背”“手挽手”等都是交往中的动作交换。有时人不用说话，仅通过动作上的“你来我往”便完成了交往过程，甚至还有“此时无声胜有声”的效果。

(三)相互理解

交往中的相互理解是交往成败的关键。如果经过一番信息交流和动作交换以后双方都在思索“他这是什么意思”，那这样的交往就未达到预期效果。正如俄国戏剧理论大师斯坦尼斯拉夫斯基所说的，在和一个人交往时，首先要探寻他的心灵，他的内心世界。相互理解包括三个方面，即意义理解、情感理解和动机理解。理解对方所提供信息的内容，明白对方在表达什么，这是意义理解。根据对方提供信息的方式，领悟其表达方式中所包含的情感和态度，这是情感理解。洞察其提供信息的意图，也就是明白对方为什么要表达这个信息，这是动机理解。所以在交往中要善于“察言观色”，以实现真正的相互理解，避免因对信息的误解导致误会，造成交往的障碍。

二、 大学生人际交往的重要意义

(一)人际交往是维护大学生身心健康的重要途径

1. 人际交往影响大学生的生理和心理状况

处于青年期的大学生，思想活跃、感情丰富，人际交往的需要极为强烈，人人都渴望真诚友爱，大家都力图通过人际交往获得友谊，满足自己物质和精神上的需要。但新的环境、新的对象和新的学习生活，使得一部分学生的心理矛盾加剧。此时，积极的人际交往、良好的人际关系可以使人精神愉快、情绪饱满、充满信心、保持乐观的人生态度。一般来说，具有良好人际关系的学生，大多具有开朗的性格、热情乐观的品质，从而正确认识、对待各种现实问题，化解学习、生活中的各种矛盾，形成积极向上的优秀品质，迅速适应大学生活。相反，如果缺乏积极的人际交往，不能正确地对待自己和别人，心胸狭隘，目光短浅，则容易形成精神和心理上的巨大压力，难以化解心理矛盾。严重的还可能导致病态心理，个体如果得不到及时的疏导，可能形成恶性循环而严重影响身心健康。

2. 人际交往影响大学生的情感和情绪变化

处于青年发展期的大学生，正处在人生的黄金时代，在心理、生理和社会化方面逐步走向成熟。但在这个过程中，一旦受到不良因素的影响，就容易导致焦虑、紧张、恐惧、愤怒等不良情绪，影响学习和生活。实践证明，友好、和谐、协调的人际交往，有利于大学生对不良情绪和情感的控制和发泄。

3. 人际交往影响大学生的精神生活

大学生情感丰富，在紧张的学习之余，需要进行彼此之间的情感交流，讨论理想、人生，诉说喜怒哀乐。人际交往正是实现这一愿望的最好方式。人际交往可以满足大学生对友谊、归属、安全的需要，可以使大学生更深刻、更生动地体会到自己在集体中的价值，并产生对集体和他人的亲密感和依恋之情，从而获得充实的、愉快的精神生活，促进身心健康。

(二)人际交往是大学生成长成才的重要保证

1. 人际交往是交流信息、获取知识的重要途径

现代社会是信息社会，信息量之大，信息价值之高，是前所未有的。人们对拥有各种信息和利用信息的要求，随着信息量的扩大，也变得越来越严格。通过人际交往，我们可以相互传递、交流信息和成果，使自己积累经验，增长见识，开阔视野，活跃思维，启迪思想。

2. 人际交往是个体认识自我、完善自我的重要手段

孔子曾说过：“独学而无友，则孤陋而寡闻。”人际交往可以帮助我们提高对自己

的认识，以及自己对别人的认识。在人际交往的过程中，彼此从对方的言谈举止中认识对方。同时，又从对方对自己的反应和评价中认识自己。交往面越宽，交往越深，对对方的认识就越完整，对自己的认识也就越深刻。只有对他人的认识全面、对自己的认识深刻，才能得到别人的理解、同情、关怀和帮助，自我完善才可能实现。

3. 人际交往是一个集体成长和社会发展的需要

人际交往是协调一个集体关系、形成集体合力的纽带。而一个良好的集体，能促进学生优良个性品质的形成。例如，正义感、同情心、乐观向上等，都是在民主、和睦、友爱的人际关系中培养的。良好的人际交往还能够增强学生集体的凝聚力，成为集体中最重要的教育力量。人际交往是人与人之间的一种互动。良好的人际交往是积极向上的，有利于个体健康的发展。

4. 人际交往是加快大学生社会化进程的必要前提

大学生的交往性质和水平，直接影响着他们社会化的水平。在这个阶段里，所有大学生都在认真把握每个即将走向社会的关键时刻，使自己尽量多地开展人际交往活动，锻炼自己的人际交往能力，为自己未来的人生道路铺上最重要的基石。

5. 人际交往是大学生不断取得成功的重要因素

人际交往的和谐不仅有利于大学生提高学习和工作效率，而且有利于合作意识和全局观念的形成。大学生只有在学习工作中互相取长补短，互相支持，团结协作，集大家的聪明智慧共同奋斗，才能更好地得到锻炼，才能获得社会的认可，受到他人的尊重，为未来取得事业的成功做好准备。

第二节 大学生人际交往的特点、存在的问题、基本原则及技能

校园案例

焦虑的小黄

黄某，男，18岁，大学一年级学生。在他小时候，父母的同事、朋友或亲戚到家里来，他都不敢打招呼，总是想办法躲起来。高中以后稍微好一点，但在集体场合

还是不敢讲话，除非对大部分人都很熟悉，一般不参加聚会和集体活动。尤其不敢和女孩子讲话，不敢看女孩子的眼睛，一讲话就脸红。上大学后，他大部分的时间都用在学习上，虽然成绩很好，但内心很痛苦，别人无法理解。

这是社交焦虑的一个案例。主要表现为在与他人交往过程中表现出不自然，严重害羞的心理，脸红，心情紧张，举止表情不自然，口干，盗汗等。像黄某这样的社交焦虑者应学会自我调节，如放松自己，缓解焦虑情绪，不断提高自我意向，积极看待自己，以及增强自己的交往吸引力等。

一、 大学生人际交往的特点

在各高校举行的校园招聘会上，人际交往与沟通能力越来越成为用人单位招聘大学生的重要条件。在对毕业生的跟踪调查中，用人单位普遍反映毕业生的专业水平能适应岗位要求，但在人际关系和集体合作方面有所欠缺。大多数步入社会的大学生对人际交往感到困惑。那么，大学生的人际交往有什么特点呢？

(一)人际交往愿望强烈

当代大学生独特的生活环境和思想氛围，决定了其人际交往较之中学时代具有更大的广泛性、互动性和多样性。大学生人际交往的需求比中小学生更为迫切，他们力图通过人际交往去开阔视野，丰富知识，学会处世以表现自己各方面的才能，获得情绪的稳定，保持足够的自尊心和自信心。大学生思维活跃、精力充沛、兴趣广泛，有充裕的时间去思考人际交往。他们富有情感，讲究情投意合、融洽相处。

(二)人际交往的社会性强

大学生年轻、有活力、有干劲、“初生牛犊不怕虎”，他们参与社会交往，不仅可以增长见识，还可以增加社会财富。由于青年学生在中学阶段注意力都集中在高考上，没有时间和精力进行很多的人际交往，进入大学后，他们走出家门，认识、结交更多的朋友，交流更多的信息，接受更多的新思想，与社会的接触比中学时更加频繁与密切，人际交往呈现出前所未有的开放式趋势。

(三)人际交往存在于一些团体或组织中

社团已成为大学生交往的重要场所，形成这些团体或组织的原因主要有相似性吸引、接近性吸引和补偿性吸引三类。在这些群体中，有起积极作用的团体，他们之间有共同的兴趣和爱好，互相关心、互相帮助、共同进步，也有起消极作用的团体，他们的交往活动常常是玩耍、娱乐、吃喝，在学习和生活上不能互相帮助，不能用集体的道德标准和生活规范来约束自己的行为。

(四)人际交往注重自立，不依赖家庭

大学生的独立意识普遍增强，不仅能够理性地思考、判断、处理自身的问题，也会关心社会，批判地接受知识，批判地看待其他事物，有着强烈体现个性的见解和疑问。大学生在自我意识和社会关系相互协调的基础上，开始树立自我的个性，支持自己的主张，以独立的人格和态度处事，积极自主地开展人际交往活动。这个时期，大学生的抱负与志向鲜明。他们对于家庭往往已不再依赖，而是以成人的眼光参与和处理家庭事务，充分体现个人的意志和性格，更容易接受新事物，更容易受社会思潮的影响。

(五)人际交往内容具有多样性

由于大学生兴趣广泛，情感丰富，精力充沛，求知欲强，他们对各种自然的、社会的现象都很关注，希望自己见多识广，因此他们的交往内容丰富多彩，涉及文学、艺术、体育、政治、外交、人生、理想、爱情和社会问题等方面。

大学生交往频率提高，由偶尔的相聚、互访发展到较为经常的聊天、社团活动、聚会、体育活动、娱乐、结伴出游及其他一些集体活动。交往方式增多，由原来的互访、通信等转向使用现代化的通信设备、交往工具、交往场所等。

(六)人际交往范围扩大，但仍以同龄人为主

市场经济的发展，使人际交往不能局限于亲缘群体之中，人际交往的范围随之扩大，大学生交往对象由以前的亲戚、邻居、成长伙伴转向大学同学和在社交场合上认识的其他人，其中又以同学交往为主。大学生过着朝夕相处的集体生活，众多的交流机会、相似的人生经历、共同的学习任务，使得大学生的交往对象主要选择在同寝室、同班级、同乡同学之间，围绕学习、娱乐、思想交流、感情沟通而展开。他们较少受社会经验和传统思想的束缚，思想开放活跃，力图突破现有的交往圈，不断以新的眼光和标准去扩大交往范围，寻求更多更好的伙伴；交往能力强的学生交往不局限于同班同学，他们更多地突破班级、年级的范围，发展到同级、同系、同校高低年级可能认识的所有同学及外校、社会上的朋友。人际交往不仅包括同性之间的交往，也

包括异性之间的交往。

(七)人际交往的高期望值与高挫折感

在人际交往中，大学生常会以理想的色彩来看待交往，希望交往不带任何杂质，以理想的标准要求对方。一旦发现对方某些不好的品质就深感失望。而且与其他人群相比，大学生人际关系的挫折感较强，致使不少大学生沉湎于对过去的回忆之中，从而表现出渴望交往又自我闭锁的双重性。

(八)人际交往的平等意识强

随着自我意识的逐渐增强，独立和自尊的要求越来越明显，这就使得大学生对人际交往过程的平等性要求较高。他们既对他人平等相待，也希望他人对自己也一视同仁。所以大学生更多地选择与同辈交往而远离父母经常回避居高临下的说教。平等性交往的需求使得那些谦和、真诚、善解人意、通情达理、热情、乐观的人容易受到学生的喜爱。

(九)对异性之间的交往愿望强烈

由于处于青年中期性生理的成熟和性意识的唤醒，大学生对异性产生了强烈的兴趣，而大学生的班集体生活和丰富多彩的课外活动，又为异性之间的交往提供了许多机会，更强化了与异性交往的愿望。

二、 大学生人际交往存在的问题

(一)以自我为中心倾向

当代大学生大多是独生子女，自幼受家庭的宠爱与呵护，在人际交往中，更习惯于从自己的立场、观点出发对待周围的人和事。对别人期望高，要求严；对自己期望低，要求低。因而，在与同学、朋友、老师的相处过程中，他们时常“以自我为中心”的心态去看待别人、要求别人，很少去体会别人的想法与感受，在交往中缺乏与人合作的意识与行为及换位思考的能力，总是以自己的思想、情感和需要为出发点，不能体谅他人的感受，致使一些大学生很难真正适应大学环境和集体生活。

(二)消极闭塞倾向

有些大学生在人际交往中存在消极闭塞倾向，主要表现如下。

孤独。一些大学生平时沉默寡言，形影孤独，独来独往，性情冷僻，沉稳有余，激情不足，很少与同学交流，不愿参加集体活动，也使同学不愿与其交往。

自卑。自卑是由于过低评价自己而造成的消极体验。自卑心理的产生源于多种原因，如家庭条件、容貌长相、学习成绩、才艺特长等。自卑心理致使一些大学生在与人交往中出现不自信、敏感、猜疑等现象。害怕、担心别人看不起自己，心情抑郁、压抑。有些大学生用自傲来掩饰自卑的心理，喜欢与人争论，具有较强的攻击性，导致人际关系紧张。

嫉妒。嫉妒是在才能、成绩、荣誉、容貌等不如别人时，由羞愧、愤怒、怨恨中产生的复杂的情绪状态。它限制了大学生交往的范围，抑制了大学生交往的热情，甚至造成"视友为敌"。正如培根所言："嫉妒这恶魔总是在暗地里，悄悄地去毁掉人间的好东西。"

情绪自控能力弱。对别人缺少正确对待，对别人的话语缺乏理解，缺少宽容、忍让之心，一旦看不惯别人做的事，听不惯别人说的话，当即反驳，毫不留情。实际调查发现，男生年轻气盛、血气方刚、好讲"义气"，往往导致说不该说的话，做不该做的事，影响了同学之间的和谐关系。

胆小羞怯。有些大学生性格恬静，不善张扬，过分在乎别人的评价，害怕留下不好的印象，好面子，习惯迁就、忍让，甚至忍气吞声、唯唯诺诺，不善于与人评理，不善于与人平等、坦诚沟通，总是委屈自己，结果与他人关系也未搞好。

（三）功利化倾向

随着市场经济的深入发展，人们的商业意识日趋增强。面对激烈的竞争和就业的压力，越来越多的大学生开始重视人际交往的物质实惠。"有用即交往""有求即结识""互相利用"等功利意识增强，注重"往前看"，以后能用到的人就想办法结交相识，用不上就不交往。忽视"向后看"，感恩意识缺乏。个别大学生将功利主义作为人际交往的指导思想，表现为有用的才交，没用的不交，用处大的深交，用处小的浅交的交往观念。

（四）虚拟淡漠倾向

随着网络技术的发展，虚拟世界开始成为当代大学生的精神家园。"踏着铃声进出课堂，宿舍里面不声不响，互联网上互诉衷肠"，可谓是对某些大学生交际现象的形象描述。依据有关调查，有 39%以上的学生认为，纷繁复杂的网络虚拟世界让自己沉迷其中。大学生利用网络进行交际日益增多，但网络虚拟交往具有两面性，他们在扩大人际交往范围与对象的同时，也容易忽视现实的人际关系，表现为逃避现实的心理现象。网络虚拟交往一边是鲜活的人，另一边却是符号。虽然符号可传递思想和情感，但无法感受到现实人际交流的情感色彩，长此以往必然引起交往者的情感匮乏而趋向冷淡。加之，大学生一旦在现实交往中受阻，就会转向虚拟世界里寻求安慰和满足，形成恶性循环，导致其更加沉溺于网络，脱离现实，最终将导致其退缩孤僻，自我封闭，人际交往出现淡漠与疏离。

三、 大学生人际交往的基本原则

(一)平等交往

平等交往主要指交往双方在态度和地位上的平等。我们每个人都有自己独立的人格、做人的尊严和法律赋予的权利和义务，人与人之间的关系是平等的。在交往的过程中，如果一方居高临下、盛气凌人、发号施令、颐指气使，那么他很快便会碰壁，从而被孤立。大学生往往个性很强，不服输，这种精神是值得提倡的，但绝不能高人一等，因同学之间在出身、家庭、经历、长相等方面的客观差异而对人“另眼相看”。坚持平等交往的原则，就要正确评价自己，不要只看到自己的优点而盛气凌人、自以为是，也不要只看到自己的弱点而妄自菲薄、盲目自卑，要尊重他人。

(二)尊重他人

尊重他人是人际交往的“绿灯”。每个人都有自己的人格尊严，并期望在各种场合中得到尊重。尊重能够赢得他人的信任、坦诚，缩短交往的心理距离。一般来说，大学生的自尊心都比较强，因此，大学生在人际交往中尤其要注意尊重别人，不损害他人的名誉和人格，承认或肯定他人的能力与成绩。否则，容易导致人际关系的紧张和冲突。坚持尊重他人的原则，必须注意尊重同学、平等待人、语言文明、礼貌待人、不开恶作剧式的玩笑、不乱给同学取绰号、尊重同学的生活习惯。

(三)真诚待人

真诚是人与人之间沟通的桥梁，只有以诚相待，才能使交往双方建立信任感并结下深厚的友谊。坚持真诚待人的原则，必须做到热情关心，真心帮助他人而不求回报，对朋友的不足和缺点能诚恳批评。对人、对事实事求是，对不同观点能直抒己见而不是口是心非，既不当面奉承，也不在背后诽谤人，做到肝胆相照、赤诚待人。

（四）互助互利

人际关系以能否满足交往双方的需要为基础。如果交往双方的心理需要都能获得满足，其关系才会继续发展。因此，交往双方要本着互助互利的原则。互助就是当一方需要帮助时，另一方要力所能及地给予对方帮助。这种帮助可以是物质方面的，也可以是精神方面的，可以是脑力的，也可以是体力的。坚持互助互利的原则，就是要破除极端自私的个人主义，与人为善，乐于助人，同时又要善于求助别人。别人帮助你克服了困难，他也会感到愉快，这样可以进一步沟通情感。

（五）讲究信用

信用是成功的伙伴，是无形的资本，是中华民族古老的传统。讲究信用的原则要求大学生在人际交往中要说真话：言必信，行必果。答应做到的事情，不管有多难，也要不遗余力地做到。如果经再三努力而没有实现，则应诚恳地说明原因，不能有凑合、对付、糊弄的想法。守信用者能交到真朋友、好朋友，不守信用者只能交到一时的朋友。坚持这一原则，要做到有约按时到，借物按时还，不乱猜疑，不轻易许诺、信口开河让人空欢喜。

（六）宽容大度

人际交往免不了会产生误解和矛盾。由于大学生个性的、多样化的感觉“过敏”，不可避免地会产生一些矛盾。这就要求大学生在交往中不要斤斤计较，而要谦让大度、克制忍让，不计较对方的态度，不计较对方的言辞，并勇于承担自己的行为责任，做到“宰相肚里能撑船”。宽容克制并不是软弱、怯懦的表现。相反，它是有涵养、有“肚量”的表现，是建立良好人际关系的润滑剂，能“化干戈为玉帛”，能使大学生赢得更多的朋友。

四、 大学生人际交往的基本技能

（一）学会赞赏别人

俗话说“尺有所短，寸有所长”。每个人都有优点，也有不足，不要只看到别人的不足。人性最深切的禀质都是渴望被人肯定和赞赏。既然如此，我们为何不去赞赏别人身上那些闪光的东西呢？但是赞赏他人必须实事求是，发自内心，诚心诚意，否则就有可能变成恭维或虚伪。在大学里，有一些同学可能由于家庭贫困或其他原因导致内心非常自卑，他们需要得到别人的认可和鼓励，从而帮助他们树立信心。只要我们有一颗充满自信的爱心，我们就会觉得赞赏和肯定别人其实并非一件难事，而且我们还会获得人际交往的主动权，从而建立良好的人际关系。

（二）得理也应让人

大学生思维敏捷，知识面比较广，自我意识又强，于是特别喜欢争论。其实争论对人际交往常常是一种干扰。我们应该明白一个道理，每个人在争论中坚持的观点，都是他自我的一部分。当你反驳其观点时，你便或多或少地威胁了他的尊严，所以争论双方很难单纯地就问题展开争论，其间往往渗入了保卫尊严的情感成分。很多争论最后都会演变成人身攻击，就是这个道理。因此，只要不是原则问题，适时地退让一步，反而体现了高尚的风格，会赢得对方和旁观者的认可，获得意想不到的好人缘。

（三）对别人要主动热情

我们常常会在生活中发现，那些热心肠的人、总是面带微笑的人都有好人缘。心理学家经过研究发现热情最能打动别人，是对别人最具有吸引力的特质之一。一个充满热情的人很容易把自己的积极情绪传染给别人。因此，要对别人主动热情，首先要让自己变得愉快起来。其次要从心里对他人感兴趣，真心喜欢他人。实践证明，人们更容易喜欢那些对自己感兴趣的人。最后要真诚关心他人，心中常常装着别人，能设身处地替他人着想和心理换位，在别人需要帮助时，在力所能及的条件下，能够及时主动地伸出援助之手。

第三节　大学生网络人际交往与心理健康

拓展阅读

网络综合征

网络综合征(Net Synthesis)是人们沉迷于网络而引发的各种生理、心理障碍的总称。这是新近出现的疾病之一，目前各国正开展对它的研究。现在研究焦点在成瘾性(依赖性)，人际关系(包括网友、网恋、现实生活中的人际障碍等)，创造毁灭欲和与此有关的抑郁症、躁狂症等，而对于由于辐射、荧屏闪烁、久坐、注视疲劳等造成的生理和心理疾病则因时间、精力有限不予追踪。国内大学生的确存在网络成瘾或沉迷现象。被判定为成瘾的学生，每周平均上网时数在20小时以上，比未成瘾者多很多时间上网，而且每周上网时间越长，网络沉迷的倾向性越高。沉迷于网络的学生经常无法有效控制、管理上网时间与金钱，也容易与父母、师长等关系破裂，甚至因为上网太长而损害健康。也就是说，上网时间越来越长，他们就会情不自禁想再上网，一旦不上网便十分痛苦；而每周上网时间越多，所出现的人际关系问题也会更加严重。在这项研究中的成瘾高危群，平均每周上网时数为19.6小时，与1996年以来国外研究所得的数值相差不多。专家发现，网络综合征患者由于上网时间过长，大脑神经中枢持续处于高度兴奋状态，会引起肾上腺素水平异常增高，交感神经过度兴奋，血压升高，自主神经功能紊乱。此外，还会诱发心血管疾病、胃肠神经官能症、紧张性头痛等病症。

网络人际交往是一把双刃剑，一方面为大学生心理健康提供了前所未有的机遇，另一方面也对大学生心理健康提出了严峻的挑战，它易引起大学生各种心理障碍和心理疾病。那么，网络人际交往对大学生的心理健康有何影响呢？

网络是现代文明的产物，它突破了传统的文化束缚，为人类的生活开辟了一个新的领域，改变了许多人的生活方式、人与人及人与社会的交往模式，从而改变了许多传统的道德观念和行为方式。了解网络人际交往，对建立新型的人际关系，更好地为人类的生活服务是十分有益的。

一、 网络人际交往的特点

首先，便利性网络改变了人际沟通的途径，它使人们由面对面的互动交流转换为大众化的交流，这决定了网络通信的普遍性。在以往，时间和空间的限制一直是人们交流的主要障碍，然而在网络时代，这个问题已不复存在。人们在互联网上可以随意与人对话，而现实生活中的人际交往是直接实在的、一对一的、人与人之间的，而不是网络与网络之间的。

其次，广泛性沟通使得人们的交往空间扩大，人际沟通的时效性、便利性和准确性提高，有利于其建立和发展良好的人际关系，对人们的心理健康发展是有益的。传统的人际沟通往往局限于现实生活的个别小圈子，而网络交往打破了地理空间的限制，让整个地球变成一个“地球村”，它可以使人们在家里很快、很方便地寻找到沟通对象，不受礼貌、情感、道德和责任等约束。网络不仅使社会的便利性提高，社交范围扩大，还解决了一些有特殊困难和交往障碍的人的社会问题，为他们提供了一个新的人际沟通的平台。

再次，在现实生活中，人与人之间的交往是真实的，一对一的。网络关系是模糊的，沟通主体是不确定的，仿佛在虚拟与真实之间变换。网络交流、沟通不再是一般的社会行为，还带来了许多政治、法律、伦理和其他方面的社会问题，这直接影响到人与人的沟通，也反映了网络的利弊。网络提供了一个特殊的平台，其特殊性决定了网络人际交往不同于真正的社会生活。

最后，平等性网络赋予人与人之间新型的关系。网络人际关系完全超越了人们在现实生活中社会阶层、地位、职业、性别的差异，人与人之间实现了真正的平等。在现实生活中，因为环境、社会分工、性别等不同，从而产生不同的身份，且人与人之间的文化层次、财富和地位的差异，造成了人与人之间的交往不平等。

二、 网络人际交往对大学生心理健康的正面影响

第一，对大学生而言，网络人际交往的全球性和超时空性，扩大了人际交往的圈子，有助于建立良好的人际关系网络，可满足人际交往的需要、归属的需要、获得成就的需要和自我超越的需要。网络交往可推动青少年的人格向独立性、平等性、个性化和开放性发展。在国内调查中，大学生认为网络可扩大交往范围，填补心灵空虚的占 51.7%。国外的研究发现，互联网作为社交工具，增加了与他人的交往和沟通，给用户以归属感和人性支持。在传统的交往方式下，个体的人际交往常常囿于实际生活狭小的圈子。网络社会的大学生却可以跨越千山万水，突破地域空间的限制，让整个地球变成一个小小的村落，真正实现“我们的朋友遍天下”。它可以让人足不出户找到多年挚友，而免去了彼此的客套、试探、戒备和情感道义。另外，网络人际交往匿名性的特点，使其比较容易突破年龄、性别、地位、身份、外貌美丑等传统的人际交往因素的限制，建立更为和谐、民主、平等的人际关系。

第二，网络人际交往的隐蔽性，能够克服现实交往的尴尬和羞怯等。在网络中每个人以网络代号的身份(网名)，通过网上聊天室等方式，可以无拘无束地、毫无顾忌

地充分展示自己的个性。在网上聊天室中，你随时可以找到陌生的异性网友聊天，随意聊几句，聊得来就继续，聊不来则随时可以中断，一走了之。这中间甚至无须什么开场白或客套话，就可以直截了当，说出自己心中想说的话或问题。网络人际交往的隐蔽性，使得其人际交往变得无拘无束，人性中的情感交流的本能和个性得以充分张扬。

第三，网络人际交往的平等性，能够克服现实交往中的地位、身份等的不平等和利益的冲突。友情的基础是平等、互惠的，是平等基础上的互惠。这种平等首先是在精神地位上平等，其次是相互之间没有利益冲突。这两点在传统的人际交往中很少能同时具备，而这在网络世界中只是轻而易举的小事；另外，在现实生活中人们的交往无不事先就局限在双方特定的身份关系中，如亲戚、同事、上下级、同学关系等。在网络人际交往中，不论你在现实生活中的身份是何等显赫，或者是家财万贯，但到了网上，你同其他任何人一样无任何特权，只不过是一个符号(网名)而已，其他一切都被省略，都集中到语言和思想的交流上。

第四，网络人际交往的虚拟性和神秘性，能够克服现实交往的直接、刻板，增加朦胧感和浪漫色彩。网络的神秘和虚幻使网络具有挡不住的诱惑力和吸引力；网络空间的距离会使人产生一种朦胧的美感，为想象提供足够的空间。网络虚拟群体允许使用匿名，可把原来不能表达出来的情感表达出来，可以找到志同道合的朋友，产生群体的归属感，增强自我接受的体验。匿名的互联网环境还可为内向与神经质的人提供一个感觉较为安全的讨论平台，降低其情感上的孤独。

此外，由于网络的开放性、虚拟性，大学生参与其中，只是一个数字符号，因此在人前的面具被摘除了，真实的内心得以袒露，现实生活的种种压抑与苦闷在这里尽情倾诉。这为大学生不良情绪的宣泄提供了有效的途径，增强了大学生的自信心，激发了他们的想象力和创造性，有利于提高他们的心理健康水平。

三、 网络人际交往对大学生心理健康的负面影响

首先，网络人际交往的间接性，淡化了在现实生活中交往的广度和深度。网络人际交往是以文字为载体的间接性交往，不存在上下级、长晚辈之间现实的直接性交往。许多大学生往往在网络中可以与陌生伙伴侃侃而谈，但却回避直接接触。一些大学生整日与电脑打交道，家庭成员之间、邻居之间、同学朋友之间的感情联系淡薄，

对现实社会生活中的他人与社会的幸福漠不关心，他们感到在网络世界获得的快乐要比现实世界多，便把更多的时间和精力投入网络交往中，从而减少参与日常社交活动的时间。在现实生活中遇到挫折时更倾向于在信息网络中寻找安慰。这种网络交往逐渐使他们丧失现实交往的技巧，导致人与人之间关系疏远，变得紧张、孤僻、冷漠等。

其次，网络人际交往角色的虚拟性及其心理交流的间接性，容易引发心理信任危机和人格障碍。网络里的聊天室等虚拟社区以匿名或化名方式进行的网络交往，无法保证人们言论的真实性，甚至公开承认和认可交往者的虚假言论。这使很多大学生抱着游戏的心态进行网络交际交往，不仅自己撒谎面不改色，对他人言论自然也是毫无信任感可言。网络人际信任危机可能会影响到大学生现实的人际交往，导致在现实交往中对他人真诚性的怀疑和自身真诚性的缺乏，进而影响自己与他人良好关系的建立和发展；同时交往角色的虚拟性和心理交流的间接性也可能使大学生免除承担任何责任的心理负担，因而可能在网上表现得异常真实和坦率。从大学生网络交往来看，不少大学生在网上是活跃分子，但在现实中却是性格内向者。事实上，网络为性格内向者提供了人际交往的大舞台，但另一方面也使他们在“台下”变得更加内向，特别是一些性格孤僻者一旦发现在网上寻找知己比现实更容易，就会沉溺其中，离开网络后就变得失落，远离周围的伙伴，更不愿与人交往，长期下去可能会导致双重人格出现。

再次，网络人际交往主体的弱社会性和弱规范性，容易引发大学生的焦虑心理。网络交往主体不再是在现实中受社会传统和规范约束的行为者，他们在网上无所不为的行为特征，使网络安全问题显现出来。他们时刻担心自己的个人隐私被偷窃；担心电子邮件中隐藏的病毒；担心从网上走到自己身边的“熟悉的陌生人”。层出不穷而又形形色色的网络病毒、黑客等使人们应接不暇、身心疲惫。大学生因上网而引发的安全焦虑问题已经相当普遍。网络暴力和网络黑客事件也经常发生，有些大学生因害怕自己的个人隐私被侵犯，或是担心自己的电脑遭受网络病毒破坏和黑客攻击，特别是面对网上恐吓、暴力、欺诈或是陷入“网恋”陷阱和遭受网上性骚乱时，经常会让他们感到惊恐不安和无所适从，产生安全焦虑。

最后，网络人际交往的虚拟性和真实性，容易使异性引发情感问题，从而影响其心理健康。网络交往给大学生提供了一个虚拟性和真实性并存的情感环境。大学生一方面可以在网上大胆而直接地与异性交往；另一方面这种真真假假、半真半假、时真时假的交往，则又对大学生心理情感的健康发展产生较大的负面影响。大量的事实表明，网络爱情源于网上的偶然相遇和突然迷恋。网上的偶然相遇虽不是面对面的，但通过电脑（文字或语言聊天室）聊天等方式也能彼此联系密切，最大化地相互间感知和审视，往往会出现“一见钟情”。这种网上的“一见钟情”是一种理想化的情感状态，常常是不成熟的。从大量的网上调查来看，大学生网络交往的情感问题常见的有：一是在现实中遭遇失恋或其他挫折时，上网寻求心理寄托和解脱。二是对网恋的虚幻性缺乏认识或认识不足，从而过分相信网恋，付出太多，感情受到极大伤害。三是出于对网恋真实性一面的不信任，从而玩弄感情。四是网络交往的虚拟性和缺乏责任感，使婚外恋和多角恋正越来越得到青少年的认同。五是现实时空的局限，使网恋的成功率较低，从而造成感情投入后的情感挫伤。可见，网恋对大学生心理的冲击和影响是不言而喻的。

四、 正确引导对网络人际交往的认识

(一)大学生要全面认识和理智对待网络人际交往

大学生在肯定网络人际交往的积极作用时，要正视网络人际交往的负面影响，尤其对“网络人际交往成瘾症”的消极影响要有清醒、正确的认识。英国诺丁汉大学心理专家麦克·格里弗斯博士认为，过分迷恋上网有损身心健康，严重的会导致心理变态，危害程度不亚于酗酒或吸毒，患者的行为与吸毒成瘾类似，一接触互联网就异常兴奋，不接触就寂寞难耐。可见，网瘾问题的心理危害不容小觑。

(二)大学生要自觉树立正确的网络人际交往观念

网络人际交往虽然在一定程度上有助于大学生宣泄不良情绪，但大学生要学会区分网络社会和现实生活的界限，不要沉溺于脱离现实的虚幻网络世界，而把网络人际交往当作逃避生活问题或者调适消极情绪的主要工具。

(三)大学生要养成良好用脑和理智上网的习惯

首先，应科学安排上网时间，明确网络人际交往目标。上网之前应把具体要完成的工作列在纸上，避免成为“网络人际交往的迷途羔羊”。其次，要控制上网，每天操作累积不应超过 5 小时，连续操作 1 小时后，应休息 10 分钟左右。最后，应设定强制关机时间，准时下线。

(四)大学生要培养健康、成熟的心理防御机制

学会用转移和替代的方式摆脱网络人际交往成瘾，要不断完善自己的个性，培养广泛的兴趣、爱好和较强的个人能力，只有这样才会形成成熟的心理防御机制，不会一味地躲在虚拟世界中，逃避失败与挫折。程度较重的网络人际交往成瘾者，可以通过多种心理治疗法达到治愈目的，如直接隔断法或寻求专业的心理咨询与心理治疗的帮助。同时，要学会劳逸结合，用每个人所特有的爱好和休闲娱乐方式转移注意力，使其暂时忘记网络人际交往的诱惑，减少对网络的依赖。

(五)大学生要自觉增强对网络人际交往的安全防范意识和社会公德意识

网络人际交往同现实人际交往一样，不可能是一片净土。欺骗、色情、人身攻击、反动言论等都可能使大学生受到伤害。大学生一定要自觉遵守网络人际交往的“游戏规则”，自觉抵制形形色色的不良网络行为；自觉接受道义、自律和网络规则的约束，努力倡导网络人际交往的自尊、自爱、自律、自觉的新风尚。此外，学校、社会、家庭应营造良好的网络人际交往环境，建立网络人际交往安全体系，使之为学生成长、成才提供服务，同时，教师和家长也应提高自身的网络素质，给予学生正确的引导和帮助。

第四节 大学生人际吸引与改善人际关系的方法

校园案例

社交恐惧症

小 A，女，23 岁。在读高中时，有次在食堂遇到一个同班的男同学，互相对视了一下。这个男同学学习好，长得也很帅，自己早就对他有好感，但没有说过话。这次面对面的对视，她忽然觉得自己脸红了，怕被同学们看出她对那个男同学的爱慕之情。以后，见到别的男同学她也感到表情不自然，脸红，心情抑郁，沉闷。考入大学后不久，她见了女同学也脸红起来，觉得女同学也看出了她的心思。近一年来，不论是见到熟人、生人、男人、女人，她都感到脸红，心慌，无地自容，好像心里有愧。因此，她尽量避开人，不到食堂吃饭，一个人躲在教室角落里读书，与父母、姐姐也很少交流。她曾想过自杀或过隐居生活，感到实在难以控制自己，不得已才寻求帮助。

本案例的当事人表现出社交恐惧症的典型症状：不敢见人，与人交往时面红耳赤，神经处于一种非常紧张的状态，拒绝与任何人发生社交关系，自我孤立，抑郁消沉。社交恐惧症患者对自己的神态举止和言谈过分敏感，生怕自己在别人面前失态出丑。他们越是害怕，就越是无法控制自己的失态行为，反而在别人面前感到异常紧张，极不自然。他们越是提醒自己不要脸红，越是脸红得厉害，不自然的面部表情和行为更加强了紧张意识，形成恶性循环。在以往交往中的受挫经验和消极的自我暗示，会使他们对交往情境形成一种条件反射般的害怕心理。

一、 大学生人际吸引

(一)人际吸引的含义

在现实中，有的人你一看就喜欢，而有的人则怎么看都不顺眼，对于喜欢的人你会设法增加交往频率，进一步发展人际关系。这种人与人之间相互形成的积极态度，如彼此注意、欣赏、仰慕或喜爱等，就是人际吸引。它是形成和发展人际关系的心理条件。人为什么会喜欢别人或为别人所喜欢？心理学家阿伦森通过调查发现有以下一些原因：一是信仰和利益与自己相同；二是有技术，有能力，有成就；三是具有令人愉快或崇敬的品质；四是自我悦纳。

(二)人际吸引的条件

心理学家们经过广泛地调查研究后认为，人际吸引的主要条件是熟悉、个人特征、相似性与互补性。

1. 熟悉

心理学研究结果表明，熟悉引起喜欢，熟悉本身就可以增加一个人对某种对象的喜欢。人际关系的由浅入深，多半是由相互接触与初步交往形成的。例如，在日常生活中，人们大多将喜欢的情感投向周围与自己有直接交往的对象，并在其中选择交往或合作的伙伴。虽然熟悉不是引起喜欢的唯一变量，但熟悉可以增加人们对中性对象的喜欢程度。走进大学以后，大学生最初的人际交往都是从宿舍舍友与老乡开始的。相比之下，同一宿舍成员彼此的熟悉程度显然高于非本宿舍成员，大学生最好的朋友往往在同一宿舍，而老乡由于地域关系，在陌生的环境中自然会产生心理上的亲近感。许多古语都印证了这一点“远亲不如近邻”“亲不亲，故乡人”。一句“老乡见老乡，两眼泪汪汪”更是说得非常直白。

2. 个人特征

(1)外貌

大量的研究表明，人们对外貌美的人有很强的刻板印象，即“美就是好”。人们一般觉得外貌好的人聪明、有趣、独立、会交际、能干等。可见，外貌魅力会产生明显的“辐射效应”，使人们对高魅力者的判断具有明显的倾向性。在大学生组织的各种集体活动中，那些最先受到关注的学生总是在同等条件下具有外貌吸引力的同学。关于外貌美的标准，人们通常有一致的看法，不过也存在文化差异、时代差异、个体差异和关系差异。值得我们重视的一个原则是，人们对于拥有美貌的人的其他方面也会给予积极评价。但如果人们感到有魅力的人在滥用自己的美貌时，会对他加倍反感。在现实生活中貌美的男女如果不注重个人修养，往往很难交到知心朋友，从而时常感到内心孤独，就是这个道理。

(2)个性品质

一个人如何才能赢得别人的喜欢，与别人保持良好的人际交往，在众多的个性品质中，哪一项最重要、最关键。1968 年，美国心理学家安德森做了一项调查，排在序列最前面、受喜爱程度最高的个性品质是：真诚、诚实、理解、忠诚、真实、可信，而排在序列后面的消极个性品质是：说谎、装假、不诚实、不真实等，由此可见，在人际交往中，真诚是最关键的品质。大学生要想建立良好的人际关系，真诚必不可少。今天我们对大学生进行的诚信教育，会使大学生受益终生。大量的经验或教训告诉我们，只有讲信用的人，才最受别人的欢迎和信任，也才最可能取得成功。

(3)能力

一个人是不是能力越强，人际关系就越好，就越受欢迎。大量的研究表明，实际上在一个群体中最有能力、最精明能干的人往往不是在这个群体中最受人喜爱的人。能力超群，但偶尔犯点小错误的人要比前者更受欢迎。中国有句古话“木秀于林，风必摧之”，说明能力与被人喜欢的程度只在一定范围内成正比，超出这个范围可能会产生相反的效果，因为任何一个人都不愿意去喜欢一个能力远远超出自己、使自己时时感到有心理压力的人。在平时的心理咨询中，经常有学生咨询如何才能搞好与同学的关系，其中有的学生就是因为自己在各方面出类拔萃，反而失去了同学的喜爱与信任，为此感到十分苦恼。

3. 相似性与互补性

个体之间虽然存在许多差异，但也有许多相似之处，如相同的信仰、兴趣、价值观共同的语言、种族、国籍、出生地、宗教背景、教育水平、年龄、职业、社会阶层、疾病等。所谓相似性就是指交往双方在交际过程中存在诸多相似性，这些相似性能缩小交往双方的时空距离和心理距离。我们一般都乐意与情趣志向相似的人相处，而且有时还夸大对方的相似之处，以增强自己的信任感和安全感，不太愿意与自己情趣志向不一致的人相处，有时甚至夸大对方的不一致之处，以表示自己的不信任感和反感。古语云“酒逢知己千杯少，话不投机半句多”“英雄所见略同”，说明任何人对与自己具有相似性的人都抱有好感。

与相似性相联系的是互补性。交往活动是一个十分复杂的心理过程。当双方的个性或需要及满足需要的途径正好互补时就会产生强烈的互补效应。所谓互补性是指双方在交往过程中能获得相互补偿、相得益彰的心理效应。在大学生中，外倾性格的人有时喜欢与内倾性格的人友好相处、相互欣赏，家庭经济条件优越的学生有时会欣赏那些勇于克服困难、孜孜求学的学生，依赖性强的学生更愿意与独立性强的学生交朋友等。从某种意义上讲，心理距离永远是客观存在的，关键在于如何在交往过程中做到彼此关怀、帮助、信任和容忍，加深感情，缩小心理距离，相互补偿，这样才能建立起良好的人际关系。

二、改善人际关系的方法

(一)有效沟通

有效沟通具备两个必要条件：首先，信息发送者清晰地表达信息的内涵，以便信息接收者能确切理解；其次，信息发送者重视信息接收者的反应并根据其反应及时修正信息的传递。沟通高手在尝试让人倾听和了解之前，会把倾听别人和了解别人列为第一目标。如果你能做到认真倾听，对方便会向你袒露心迹。掌握别人内心世界的第一步就是认真倾听。在陈述自己的主张说服对方之前，先让对方畅所欲言并认真聆听是解决问题的捷径。倾听不仅是耳朵听到相应声音的过程，而且是一种情感活动，需要通过面部表情、肢体语言和话语的回应，向对方传递一种信息——我很想听你说话，我尊重和关心你。在倾听时要保持高度的警觉性，随时注意对方所说的重点，每个人都有他的立场和价值观，你必须站在对方的立场上，仔细地倾听他所说的每一句话，不要用自己的价值观去指责或评断对方的想法，要与对方保持共同理解的态度。

(二)悦纳自我

1. 悦纳自我的概念

悦纳自我是指个体能正确评价自己、接受自己，并在此基础上使自我得到良好的发展。悦纳自我不仅要接纳自己的优点、长处，还要接受自己的缺点与不足。在接受不足的基础上，努力改进自己、完善自己，而不是妄自菲薄、失去信心。

认识自我是一种境界，是我们在现代社会应具有的素质。首先就应该明白什么是悦纳自我。总体来说，悦纳自我包括三个方面。第一，接受自己的全部，无论优点还是缺点，无论成功还是失败。第二，无条件地接受自己，接受自己的程度不以自己是否做错事而有所改变。第三，喜欢自己，肯定自己的价值，有愉快感和满足感。只有真正做到这些，我们才能真正地悦纳自我、认识自我。

心理健康的人对自己能做出恰当评价，既了解自我，又接受自我，体验自我存在的价值。一个悦纳自我的人，并不意味着他的一切都是完美的，而是他在接受自己优点的同时，也了解自己的缺点，坦然地承认自己的不足之处。然后，不断克服缺点，注意自我形象的塑造，把握自己做人的准则，不断完善自己，更加自信地面对生活，走向成功。悦纳自我是一种修养，也是一种难能可贵的品质。当你快乐地接受了自己时，你的整个心胸便会舒展和开阔，同时你会发现，你也更加容易接受他人了。

悦纳自我可以有效缓解发展中的矛盾冲突，使个体得到健康发展。马斯洛的需要理论认为：人有尊重的需要，这是仅次于自我实现需要的第二高层次的需要。悦纳自我即产生高自尊。

2. 悦纳自我的途径

每个人都是一个“独特的我”。无论男性还是女性，都有各自的价值。积极的、健康的性格可以通过平时的努力来培养。人的能力是多方面的，要愉快地接受自己，并通过努力改进和发展自己。

如何做到悦纳自我。

①应该勇敢地接受自己的缺点、不足。每个人都有自己不完美的地方，接受自己的不完美，每天给自己一个完美的笑脸。

②每天想一次自己的优点和长处，并发扬这些优点和长处。

③当取得成功的时候，个体可以尽情体验自己的喜悦，并与他人分享。

④悦纳自我，就是欣然接受自我。

⑤客观地评价自己。

(三)换位思考

作为人际交流中维护正常关系的一种手段，换位思考具有极为重要的作用。通过换位思考，我们能从别人的角度出发来想问题，以及了解别人的难处和困惑之处，从而就可以更加理性地做出正确的判断，从而及时有效地化解矛盾。当有人冒犯你时，当有人做了让你很不开心的事情时，你都可以换位思考一下，然后做出理性的抉择，那么我们如何才能做到换位思考呢？也许下面的方法可以帮助你来解答这个问题。

第一，学会站在他(她)人的角度来思考问题。在无法理解别人的行为时，自己就应该试着想象一下，从别人思考问题和解决问题的角度，来体验他人面对棘手问题时，所采取的合理地解决问题的方法。学会体验对方的生活，深入别人生活和学习的地方，通过亲身感受来提高换位思考的能力。由于通常不同的人的生活环境是不一样的，要想了解一个人，就必须处于他的生活环境中，这样才能更彻底地理解对方，从而站在对方的角度思考问题。

第二，真诚相待，与对方达成共识，让对方对你产生信任。同时根据遇到的问题，设法征得对方的意见，这样可以从侧面来了解对方的性格特点。更重要的是，了解对方处理问题的特点和做法，了解对方的处境，以及对方的性格特点，同时抓住问题的主要矛盾，只有这样才能做到换位思考。尤其是在和别人闹矛盾的时候，你就更应该站在对方的角度考虑一下，想想当问题出现时，应该如何从更加理性的角度出发来想问题。当你这样想的时候，问题就可以得到很好的解决，双方的矛盾就可以及时化解。

拓展阅读

社交定律

首因效应：一般指人们初次交往接触时各自对交往对象的直觉观察和归因判断。注意表情、体态、仪表、服装、谈吐、礼节。

近因效应：指在交往过程中，我们对他人最近、最新的认识占了主体地位，掩盖了以往的评价，也称为“新颖效应”。近因效应给了我们改变形象、弥补过错、重新来过的机会。

晕轮效应：从某一个特征出发得出好或坏的全部印象，就像光环一样，从一个中心点逐渐向外扩散成为一个越来越大的圆圈，因此有时候也称光环效应。所以我们要善于倾听和接受他人的意见，尽量避免感情用事，全面评价他人，理性与他人交往。利用晕轮效应，与人交往时应采用先入为主的策略，全面展示自己的优点、掩饰缺点，以留给他人尽量完美的印象。

刻板效应：评价他人时，往往喜欢把他看成是某一类人中的一员，而很容易认为他具有这一类人所具有的共同特征。

定势效应：人们在认识活动中用“老眼光”——已有的知识经验来看待当前事物的一种心理倾向，也称为心理定势效应。

投射效应：就是“以己论人”，常常以为别人与自己具有同样的爱好、个性等，常常以为别人应该知道自己的所思所想。投射效应是一种严重的认知心理偏差。克服投射效应的消极作用，应该辩证地、一分为二地看待自己和他人，严于律己、客观待人，尽量避免以自己的标准去判断他人。

自我暴露定律：表露自己的真实感情和真实想法，向他人讲心里话，坦率地表白自己，陈述自己，推销自己。理想的自我暴露是对少数亲密的朋友做较多的自我暴露，而对一般朋友和其他人做中等程度的暴露。

互惠定律：得到对方的恩惠，就一定要报答的心理。

相似定律：因为对方和自己相似而喜欢对方。为什么喜欢与自己相似的人？①与自己持有相似观点的人交往时，能够得到对方的肯定，便会增加“自我正确”的安心感。②相似的人容易组成一个群体。

互补定律：当别人和我们形成互补，我们就会喜欢对方。互补一般可分为两种情况：一种是交往中的一方能满足另一方的某种需要，或者弥补某种短处，那么前者就会对后者产生吸引力。另一种因为别人的某一种特点满足了自己的理想，而增加了你对他的喜欢程度。

相互吸引定律：仅仅是因为对方喜欢自己，我们也就喜欢他们。

皮革马利翁定律：热切的期望能使被期望的人达到期望者的要求。有时对别人的心理暗示有用是很大的。因为信任是人的精神生活中必不可少的，它代表一种对人格的积极肯定与评价。每个人都有被别人信任的需要，而当这种需要得到满足的时候，人们就会感到鼓舞和振奋，就容易发挥出自己的潜力。

攀比定律：人们喜欢模仿和攀比别人。完全避免攀比也许办不到，但攀比应该适度。别人的生活是别人的，也许并不像我们想象的那样。当你真正过上了别人的生活时，你可能也会发现许多不如意之处。所以不要盲目地去模仿、攀比别人，最重要的是了解自己，知道什么能给自己带来最大的幸福。

以貌取人定律：人们会对容貌美的人更有好感。人们对容貌的重视，会随着彼此的熟悉而减弱。

邻里定律：邻近的人会对我们形成某种影响。所谓“近朱者赤，近墨者黑”，周围的人总会对我们产生无形的影响，影响我们的个性成长，以及影响我们获得什么样的机会。

情感与理性宣传定律：在宣传中诉诸情感和理性。人的心理既有理性的一面，也有感性的一面。人是理性的，具有深邃的哲理和严密的逻辑性，因而理性的宣传能使人心悦诚服；人又是有感性的，有丰富感情色彩的宣传能使人声泪俱下或欢呼雀跃。

单面和双面宣传定律：单面宣传指的是当别人向我们宣传一件事情的时候，他们只说有利的一面。双面宣传指当别人向我们宣传一件事情的时候，他们不仅说有利的一面，还说不利的一面。当宣传对象和宣传者所提倡的方向一致，而他们在这方面的知识经验不太充足时，单面宣传的效果比较好。但是，如果宣传对象具备这方面比较充足的知识，双面宣传就可以向他们提供更多的信息，让他们能够在权衡利弊之后做出正确的判断。

心理控制定律：先掌握对方的心理特征，使用诱导的方法，让对方自动去做你想让他做的事情，就可能间接达到你的目的。心理控制包括自我控制和他人控制，自控和他控都是通过一定的心理信息传递实现的。

交往适度定律：适度最好，过犹不及。过度投资可能引起三个不良后果：①使人感觉到无法回报或没有机会回报对方，而在心里感到愧疚，感到欠对方的情。这种心理负担会使受惠的一方只好选择疏远；②会令对方对这种恩情感到麻木，时间长了，就不觉得你对他有多好；③容易让别人觉得你心太软，不怕你，对你无所忌惮。

欲扬先抑定律：先否定后肯定，先抑后扬，给人最好的心理感觉的规律。

感情征服定律：无论一个人外表多么强硬，在内心深处一定都有感情的需要，希望从别人那里得到关怀、体贴和重视。

换位思考定律：把自己设想成为别人，以他们的角度考虑问题。很多时候甚至需要暂时抛开自己的切身利益，去满足别人的利益。

交际氛围定律：交际氛围的营造非常有利于交际的成功。

讨厌完美定律：一般人与完美无缺的人交往时，总难免因为自己不如对方而有点自卑。如果发现精明的人也和自己一样有缺点，就会减轻自己的自卑，感到安全，也就更愿意与之交往。

异性定律：人和人之间"同性相斥，异性相吸"的现象，以及这种现象对社会交往产生的微妙影响。异性定律的好处：取长补短，完善个性，增强凝聚力、推动力和约束力。

(四)合作共赢

国际21世纪教育委员会在向联合国教育、科学及文化组织提交的《教育——财富蕴藏其中》报告中指出，为了适应未来社会的需要和实现人的全面发展，教育必须围绕四大支柱即学会求知、学会做事、学会共处、学会做人来重新设计和组织。其中"学会共处"就是要学生具备与社会相处、与他人共同生活的能力，就是要培养学生的团队合作精神。所谓团队合作精神，简单来说，就是大局意识、协作精神和服务精神的集中体现。在团队合作中，每个人都要进行角色定位，每个人都是不可替代的，在此基础上强调协同合作、优势互补，这符合大学生个性发展的规律。在团队合作中，成员之间相互尊重、相互沟通，当团队生活遇到困难或团队目标难以实现时，成员之间相互安慰、相互分担，强烈的归属感、安全感使他们能尽快走出失败的阴影，重新奋斗启航。基于团队成员的知识结构及阅历差异，成员之间的冲突碰撞在所难免。正是有了团队合作精神的指引，这种冲突碰撞并非破坏性的，而是一种积极有益的探索，许多新观念、新方法应运而生。长期的团队活动能够营造出增加满意度的氛围，促进大学生创造性地学习和工作。

心理互动与训练

优质团队团体辅导

一首人们耳熟能详的歌曲《众人划桨开大船》，唱出了团队管理在人们工作和劳动中的地位和作用。

所谓团队，是由一群不同背景、不同技能及不同知识的人员组成的，通常人数不多，他们分别来自组织中的不同部门，为了某一特殊的任务而工作。

团队的成员也许因任务的不同而有所不同，但团队组织的基础却保持不变。随着任务的改变，团队的成员可能会发生变动，甚至同一成员可以归属于两个以上的团体。在很多情况下，单靠个人能力已很难处理各种错综复杂的关系，所有这些都要求企业人员组成团队加强沟通、共同合作完成。但是，团队的规模和结构的设计往往是困扰企业的大问题：团队成员过多，容易产生交流障碍，削弱团队凝聚力，降低团队决策效率，团队成员过少，则容易形成“一言堂”，决策失去客观公正性；团队成员背景经历趋同，容易出现以偏概全的现象，但是如果团队成员的背景差异过大，容易造成不易沟通的现象。

因此，团队的成功要求极高度的自律和团队协作精神。这种自律和协作精神要求所有团队成员能顾大局，摒弃部门差异，形成一个整体。

一、活动目的

1. 运用性格色彩心理学组建最和谐的团队。

2. 帮助学生更好地理解他人，在求同存异中追求成功。

3. 使学生体验到优质团队给个人的有效支撑，在团队中获得归属感。

4. 培育学生对团队的责任感，打造高绩效团队。

二、活动计划

详见表 6-1。

表 6-1　活动计划

<table>
<tr><th>阶段</th><th>活动名称</th><th>活动目的</th><th>活动时间</th><th>参加人数</th><th>道具</th><th>场地</th></tr>
<tr><td>准备阶段</td><td></td><td>打乱秩序，对成员进行分组</td><td>约 5 分钟</td><td rowspan="3">视具体情况而定</td><td></td><td></td></tr>
<tr><td>阶段一</td><td>言行不一</td><td>活跃气氛，调动学员间的参训情绪</td><td>约 10 分钟</td><td></td><td>空旷的大会议室或户外</td></tr>
<tr><td>阶段二</td><td>西游记</td><td>用大家耳熟能详的人物来诠释不同性格的人，了解自己和你的队友，学会接纳和你不一样的人</td><td>约 30 分钟</td><td>《西游记》师徒五人的图片</td><td>空旷的大会议室或户外</td></tr>
</table>

续表

阶段	活动名称	活动目的	活动时间	参加人数	道具	场地
阶段三	飞夺泸定桥	一个人的力量，永远不可能比一个团队的力量强大，因为有一个团队的支撑，所以你才可以走得更快，跑得更远。而加以适当的策略调整，会事半功倍	约 20 分钟	视具体情况而定	奖励用的小纪念品	空旷的大会议室或户外
阶段四	信任之旅	考察双方的交流沟通能力，让大家懂得去信任自己的队友，如何在困难的条件下完成不可能完成的事情	约 20 分钟		障碍物、布袋眼罩	空旷的大会议室或户外
阶段五	坐人椅	学会为别人付出，其实在为别人付出的同时自己也得到了最需要的支撑	约 10 分钟			空旷的大会议室或户外
阶段六	总结分享		约 20 分钟			

三、活动流程

(一)言行不一

步骤：

学员围成圈。游戏开始，教师指定任何一人从逆时针或顺时针方向开始游戏，第一人说："篮球！"同时两手做成乒乓球的样子。第二人应接着说："乒乓球！"同时两手做成篮球的样子。如此交替进行。如果某人出现错误，必须为大家表演一个节目。然后从出现错误的人开始，继续游戏(也可以采用说高低、胖瘦等，并做出相反意思的动作来进行游戏)。

规则：①必须讲话与手势同时进行。②前后两人之间不能停顿时间过长，否则视为失败。

分享：热身、破冰。

（二）西游记

步骤：

1. 教师将师徒五人的图片放在固定的位置，让学员选择自己喜欢的人物，然后到指定位置。

2. 请学员发表观点，说明喜欢该人物的理由，并由其中一人总结记录该人物的优点。

3. 请学员发表观点，说明不喜欢其他几个人物的理由（一人说一个即可，其他人再轮流发表），并由该组一人总结记录本组人物的缺点。

4. 教师分析五个人物的性格，讲解在一个团队中每个人的重要性。

分享：

每个人与生俱来就和其他人不一样，我们在一个团队当中，应当意识到这个世界上有和你不一样的人，而非永远以自我为中心，学会了解自己，了解身边的人。每个人将自己性格上的优点发挥到极致，学习其他人身上的优点，大家一起努力，将整个团队打造得无坚不摧！因为不同，我们相互吸引；因为相同，我们相互欣赏！

（三）飞夺泸定桥

步骤：

1. 将所有学员分成两个大组，每组选出一个代表。

2. 各组剩余的所有人员，平均分成两列面对面站好，四手交叉，形成一道“手臂桥”。

3. 两组代表比赛，通过“手臂桥”用时最短的一组获胜，败者接受惩罚。

4. 一轮结束后，给大家 5 分钟时间开“战略研讨会”，制定自己的战略和战术。

分享：

没有成功的个人，只有成功的团队。一个人的力量，永远不可能比一个团队的力量强大。因为有一个团队的支撑，所以你才可以走得更快，跑得更远。每个人都是这个团队中不可或缺的一员，大家彼此相互支撑。无论在生活中还是工作中，彼此之间必须相辅相成，这是大家合作的关键，彼此之间拥有信任和支撑，这个团队永远也不会失败，因为他们有相互合作的精神，有信任、责任和真诚。大家齐心协力，目标一致，加以适当的策略调整，会事半功倍。

（四）信任之旅

步骤：

1. 所有人“1、2”报数，平均分成两组，一组先用眼罩蒙上眼充当盲人，另一组每人去带领一位被蒙眼的成员，在此过程中带领者不可以说话，只能通过其他方法引导和带领“盲人”直到到达目的地，然后盲人全部到达后，带领者回到原位，盲人再摘掉眼罩，然后大家交换，刚才的带领者变“盲人”，再次踏上旅途。

2. 开始上路，在相同路段，看谁先到达目的地。

分享：

1. 我们面临未知的困难时会变得怯懦，而由你信任的人带领，胆子就变大了；如果你不信任别人，此过程也会走得很艰辛。

2. 信任是相互的，当你给予别人信任时，别人也才愿意去相信你。

3. 在人生旅途上，很多时候我们不得不选择信任，或许那个真正给予你无微不至帮助的人只是那个一路上默默无闻的人。

4. 每个人从出生以来无时无刻不是在团队中成长的，自己是这个集体中的一员，首先要充分发挥潜能，尽力做好自己的工作，加强配合，发挥自己的创新能力。团队的发展才是真正的发展。遇到一个问题时，必须集中整个团队的智慧，形成一个统一的计划，然后按照计划去实施，及时调整方法和策略，做到最好。决不轻言放弃，增强勇气和毅力，相信自己能做到。学会换位思考，站在对方的角度，替他人着想，换一个角度思考，多一分理解，多一分关爱。我们成功挑战每一个项目，自始至终都是我们所有队员共同努力的结果。我们是一个整体，只有相互信赖、互相支持，做好自己应该做好的每一步，才能将我们的集体打造成一个富有战斗力、执行力的团队。（可分享其他不同的观点。）

（五）坐人椅

步骤：

1. 所有人围成一个圈站好，所有人向左或向右转。

2. 给你前边的人捏捏肩、捶捶背、揉揉腿，所有人向后转。

3. 最后所有人坐在你后边那个人的腿上，看看可以坚持多少分钟。

分享：

当你在为别人付出时，其实你也得到了别人给你的支撑和帮助。没有任何付出会白白付出，所有的努力在将来的某一天会得到回报，尽管这个回报不会像游戏这样来得那么快、那么直接，但努力不会白费，所以学会在团队中付出，享受在团队中成长。

（六）总结

一个没有团队精神的组织，将是一盘散沙；一个没有团队精神的民族，将难以强大。时代的列车行驶到21世纪，世界舞台上少了战场上的硝烟，多了商场上的竞争，这是一个追求个人价值实现的时代，一个追求个人价值实现与团队绩效双赢的时代。个人单打独斗的时代已经远去，团队合作的时代已然到来。我们需要的是团队精神。正如古人所说的："千人同心，则得千人之力；万人异心，则无一人之用。"但是，在市场竞争越来越激烈的前提下，合作并不一定产生1+1>2的效果。如何进行有效合作，形成一种团队精神，以达到整体效益大于部分之和的效果，是每一个企业的重要任务。

作者指出，所谓团队精神，简单来说，就是大局意识、协作精神和服务精神的集中体现。团队精神的基础是尊重个人的兴趣和成就。核心是协同合作，最高境界是全体成员的向心力、凝聚力，反映的是个体利益和整体利益的统一，并进而保证组织的高效率运转。

参考文献

陈义静．当代大学生人际交往透视[J]．教育与职业，2012(9)：189-190.

高蕾．当代大学生人际交往中存在的问题及应对策略[J]．教育探索，2012(1)：138-139.

王志玲．大学生人际交往问题探析[J]．中州学刊，2010(5)：271-272.

姚静仪．网络对大学生人际交往的影响[J]．中国青年研究，2010(4)：64-66.

吴军．浅析大学生人际交往能力的培养[J]．教育理论与实践，2010(3)：59-60.

第七章

大学生恋爱心理与性心理

学习目标

1. 了解自己的情感世界，理解大学生恋爱心态与恋爱特点。

2. 树立和培养正确的、健康的恋爱观。

3. 了解性心理的有关知识，掌握性心理概念及发展的规律。

4. 建立科学的性观念，培养健康的性心理。

拓展阅读

爱——与你相对皓首

生死契阔，与子成说。执子之手，与子偕老。

爱情，自人类诞生的那一刻起，就已经理所当然地成了人类情感世界中最美的风景。从古至今，从东方到西方，爱情永远是人一生中的必需品。于是，让这件必需品与众不同、光彩炫目便成了人类永恒的课题。

爱情不仅仅是我们人类本能的情感需要，也是一种力量。它可以让你在失落时开怀大笑，在悲伤时充满暖意，在得意时骤然冷静，在轻浮时淡视功名。

关于爱情的词组，如甜蜜、幸福、厮守、山盟海誓等。

可是，爱情并不总是完美的。爱情是一种建立在物质基础上的精神享受，没有物质的爱情难以恒久。就像鲁迅先生笔下的涓生和子君，在缺少面包的情况下，他们的爱情并没有维持很长时间，爱情不只是简单地相互依存，你侬我侬，还要有物质作为基础，才能达到情感的满足和长相厮守。

面对爱情，我们应该做的是，以一颗真诚的心接纳它。

生死契阔，与子成说。执子之手，与子偕老，是我们追求的理想的爱情。

第一节 大学生恋爱心理

一、爱情概述

(一)错误的爱情

几乎所有的大学生都能背诵《大话西游》中那段经典的台词：曾经有一份真挚的爱情摆在我的面前，我没有珍惜，等到失去的时候我才追悔莫及，人世间最痛苦的事莫过于此。如果上天能够给我一个再来一次的机会，我一定会对那个女孩子说："我爱你!"如果非要在这份爱上加一个期限，我希望是一万年……大学生心中理想的爱情有很多种，但是，理想并不等于现实，当大学生心中的理想之爱面对现实的挑战时，很多时候爱就会化作烟雨，随风而逝，留给当事人的只能是无尽的遗憾、懊恼与失落。

因此，作为当代的大学生，我们首先要清楚什么不是爱情。

1. 偶像化的爱情

一个没有达到高度自我知觉的人，倾向于把自己所爱的人"神化"，将他当作一切爱情、光明与祝福的源泉而崇拜他。在这一过程中，人失去了对自己力量的觉悟，在被爱者身上失去了自己，而不是找到自己。从长远观点看，没有一个人能符合崇拜者的心愿，当然也不可避免地会出现失望。解决这一问题的方法是寻找新偶像。这种偶像式的爱情在最初的体验是强烈性与突发性，但是很容易被打碎。这种爱常常错误地被看作真正的、伟大的爱情。恰恰是这种所谓的强烈性表现了那些恋爱者的饥渴和孤独。

2. 完美的爱情

完美的爱情的本质只存在于想象之中，而不存在于同另一个人实实在在的结合之中。我们常常将恋爱的对方想象得极其完美。特别是校园爱情被称为"真空爱情"或

“玻璃爱情”，就是因为大学生夸大了爱情的完美性而忽视了其现实性。当真实的生活摆在面前时，大学生的爱情就显得脆弱不堪，因为完美本身拒绝缺点。

3. 爱的投射

当恋爱失败或受挫后，当事人将注意力放到“所爱者”的错误和缺点上，对他人细微错误的反应十分灵敏，而对自己的问题与弱点却不闻不问。他们考虑更多的是如何指责对方或者教育对方。那么，两者之间的爱情关系就成为相互投射。事实上，当恋爱受挫后，当事人需要认真反思自我，而非投射。

4. 爱情的非理性观念

常见的爱情的非理性观念主要有以下十类：①没有爱情的大学生活是失败的；②爱情是靠努力可以争取到的，即付出总有回报；③爱不需要理由；④因为相爱而发生的性关系无可非议；⑤恋人是完美的，爱情是至高无上的；⑥爱是缘分也是感觉；⑦不在乎天长地久，只在乎曾经拥有；⑧爱情重在过程不在结果；⑨爱情能够改变对方；⑩失恋是人生重大的失败。由于受非理性观念的影响，部分大学生将恋爱置于其他重要的人生任务之上，如有的大学生甚至因为爱而荒废了学业。有的大学生坚信在爱情中付出总有回报，做爱情的守望者，耐心地等待，有的甚至采取极端举措。

5. 产生于孤独无助时的爱恋

爱情产生于何时？我们无法精确计算。但很多悲剧产生于开始，因为开始本身就意味着错误。特别是大学新生，来到陌生的城市，面对陌生的环境，显得无助与孤独。此时，可能一声问候、一束鲜花都会令孤独无助的你感动至极。要记住：在孤独无助时，你更需要广泛的社会支持，如友情，而不一定是爱情。

(二)真正的爱情

1. 爱情的含义

爱情是人性的组成部分，狭义上指情侣之间的感情，广义上还包括朋友之间的爱情和亲人之间的爱情(爱的感情)，如夏衍在《关汉卿不朽》里说：“他是一个对现实生活和人民群众有爱情的人。”

狭义的爱情是人与人之间的强烈的依恋、亲近、向往，以及无私并且无所不尽其心的情感。它通常是情与欲的对照，爱情由情爱和性爱两部分组成，情爱是爱情的灵魂，性爱是爱情的能量，情爱是性爱的先决条件，性爱是情爱的动力，只有如此才能达到至高无上的爱情境界。

可见，爱情有其独特的生物性特征，从生物学角度看，与性冲动不同，爱事实上由脑内化学反应引起，它是一种长久维持的反应。我们注意到，人类并不是只有在做爱、生育及共同抚育后代时才爱对方，爱情始终都存在，所以依然很难用简单的生育本能来解释爱情。

2. 产生爱情的生物因素

(1)苯基乙胺

最基本的一种爱情物质称为苯基乙胺(phenylethylamine，PEA)。无论是一见钟情也好，或者日久生情也好，只要让大脑产生足够多的 PEA，那么爱情也就产生了，俗话说那种“来电”的感觉就是 PEA 的杰作。有趣的是，当人遇到危险的时候，紧张也能够使得 PEA 的分泌水平提高。也就是说，人处在危险的时候，产生爱情的可能性反而会提升。

事实上 PEA 是一种神经兴奋剂，它能使人有一种极度兴奋的感觉，使人觉得更加有精力、信心和勇气。由于 PEA 的作用，人的呼吸和心跳都会加速，心跳加快，手心出汗，颜面发红，特别是瞳孔是否会放大是判断真爱与否的最佳标准。也许在未来的某个日子里，人们再也不必为如何向挑剔的恋人证明自己的爱而烦恼，也再也不必像歌里唱的那样不停地问自己“真爱是谁”。只要像做体检一样去医院做个简单的化验，那个让你瞬间血流量急增的人，就是你的真爱了。

恋爱中的人喜欢海誓山盟，愿为爱人上九天揽月，下五洋捉鳖，这实在不能说是一种有意的欺骗，因为在承诺的时候，一个深陷情网的人会真的相信自己有这样的能力。自信心的空前膨胀是 PEA 的一种副作用。另外一种副作用就是能让人产生偏见，变得执着，丧失客观思考的能力。

英国伦敦大学的一位瑞士科学家曾经招募自称处于热恋阶段中的青年男女作为志愿者，采用磁性共振成像技术记录他们的大脑活动，图像表明，在看到自己恋人照片的时候，大脑的四个特定的区域不约而同地出现血液流量急增的现象，同时，大脑中负责记忆和注意力的部分活动则受到了抑制，于是，那些处在恋爱中的男男女女自然就“变笨了”。为了说明“爱情使人变傻”这种观点是不分种族国界、人人平等的，他挑选的志愿者来自 11 个不同的国家。

(2)多巴胺

另一种重要的爱情物质是多巴胺(dopamine)，它能产生一种使人很欢欣的感觉。多巴胺是去甲肾上腺素生物合成的前体，为中枢性递质之一，可增强心肌收缩力，增加心输出量，扩张脑血管，增加血流量，收缩周围血管，升高动脉血压。多巴胺的作用之一是刺激后叶催产素(oxytocin)的分泌，这种激素会影响妇女的分娩和哺乳，有消除紧张和抑郁的作用。一般认为拥抱时所感受到的那种安全感和满足感与这种激素密不可分。

(3)去甲肾上腺素

第三种爱情物质叫去甲肾上腺素(norepinephrine)，有强大的血管收缩作用和神经传导作用，会引起血压、心率和血糖含量的增高。所谓心跳的感觉就是去甲肾上腺素在起作用。

当你头脑中充满着这些爱情物质的时候，也正是你意乱情迷的时候。但很不幸的是，人体内的这些爱情物质不可能永远处在一个较高的水平，人体的自我调节能力很强，总是试图将人体的状态调整回正常状况。一旦爱情物质消失，人也就从这样的迷醉状态中恢复过来，或者就像我们常说的那样，失去了爱的感觉。这种物质的持续时间视个体和环境有所差别，一般来说，去甲肾上腺素的浓度高峰可以持续 6 个月到 4 年的时间，平均不到 30 个月(2.5 年)。这和社会学调查得出的数据很接近。

(4)内啡肽

所有有过恋爱经历的人都知道，爱除了激情外还应该有些其他的东西。在轰轰烈烈地爱过之后，我们需要另外一种爱情物质——内啡肽(endorphin)来填补激情。内啡肽的效果可以降低焦虑感，让人体会到一种安逸的、温暖的、亲密的、平静的感觉。内啡肽所带来的感觉是和 PEA 之类的物质完全不同的，后者使我们体验到爱的激情，而前者让我们体验到爱的平静。虽然这并不能让人激动和兴奋，但这种温馨的感觉一样能使人上瘾。一般来说，一个婚姻存在的时间越长久，这种平静的状态也就会越牢固。这里面很大的一个原因就在于夫妻双方已经习惯了内啡肽所带来的平静。看来让爱情历久弥新的关键就在于在 PEA 之类的激情物质消退之前，分泌足够多的内啡肽。

(5)后叶加压素/脑下垂体后叶荷尔蒙

在动物实验中已经得到验证，注射了后叶加压素/脑下垂体后叶荷尔蒙

(vasopressin)的雄性野鼠对交配过的雌性的兴趣会远远高于对其他雌性野鼠的兴趣，而面对其他雄性野鼠对自己伴侣的亲昵行为，它也表现得更加好斗。脑下垂体后叶荷尔蒙注射到老鼠体内会使其勃起。

(6)其他

性学专家金博士在她的书中提到，性吸引力和我们身上产生的化学物质有关，如除了内啡肽让我们欣喜外，单胺类让我们在恋爱中得相思病。

一旦过了热恋期，这些化学物质便会逐渐消退，而我们也会产生失去爱或兴奋的失落感觉。不过，我们同时也会进入依附期：男女双方互相依赖，发展较为成熟的两性关系。这时候的后叶加压素/脑下垂体后叶荷尔蒙，会使我们感到平静、满足。

可见，为什么恋爱总让人晕头转向？奥秘就在于大脑在热恋状态下会释放多种化学物质，传送到身体的各个部分。它们的综合作用能使人处于简单的幸福状态，心跳加速、头晕目眩、两颊绯红。虽然我们可以认为对于爱情的本质已经看得非常透彻，但具体到某一个体如何诱发另一个体产生、分泌爱情物质，我们依然所知不确。因为苯基乙胺的分泌并不会长期处于旺盛状态，随着时间的推移，苯基乙胺的分泌水平将逐渐下降。大约在恋爱的第四或第五个年头，爱情激素的作用就将完全消失，爱侣间也将激情不再，归于平淡。遗憾的是，科学家至今无法将激发爱情的化学物质合成药物，让人们的“爱情之树常青”。由于这些人工合成的化学物质一旦进入体内就被胃囊吸收，完全起不了作用。因此，到目前为止，除了真爱，还没有任何灵丹妙药能挽救濒危的爱。

3. 爱情的社会因素和文化因素

除了生物属性，爱情还有其独特的社会属性和文化属性，在中国文化中的爱情，每个人都会有拥有一片属于自己的爱情天空。那中国古人又是如何创建他们那个时代的爱情观呢?

(1)忠贞

宋代文人秦观有一首很有名的《鹊桥仙》，他在其中曾写道：

柔情似水，

佳期如梦，

忍顾鹊桥归路。

两情若是久长时，

又岂在朝朝暮暮。

诗词作品固然高雅浪漫，但民间流传的这个爱情故事充满了凄美的忠贞与无奈。织女突破重重阻力誓要与心爱的牛郎厮守终生，最后宁愿隔星遥望，一年里以苦守三百六十多天为代价，来换取一日相聚。衷心不改，此生不渝。这一份忠贞感天动地，实在是值得我们学习与借鉴。

(2)伦理

我国元代的时候，有一个名叫王实甫的剧作家，他的戏剧《西厢记》是由唐代诗人元稹写的传奇《会真记》改编的。一上舞台就惊倒四座，博得男女青年的喜爱，赢得粉丝无数，被誉为“西厢记天下夺魁”。

话说书生张生进京赶考，路过河中府普救寺，无意间窥得前朝相国之女崔莺莺，一见之下不由心生爱慕。这期间，有一贼人孙飞虎听说崔莺莺有“倾国倾城之容，西子太真之颜”。便率领五千人马，将普救寺层层围住，限老夫人三日之内交出莺莺做他的“压寨夫人”，大家束手无策。张生随即修书一封给金兰好友杜确，三日后，杜确率领救兵赶到了，打退孙飞虎。情节一波三折，文、武、情、戏俱全，传唱至今，最终有情人终成眷属，足以令今天的编剧们汗颜。在思想上，就当时的时代而言，也是非常深刻的。所谓伦理，就是人与人及人与自然的关系和处理这些关系的规则。以《西厢记》来看，它的内容无疑已经超出了当时的伦理道德所约束的范畴——孤男寡女，花园幽会，互赠情诗，既无父母之命，又无媒妁之言，他们的行为绝对是不允许的。但最后结局却又是大团圆，这无疑又是在肯定、鼓励张生与崔莺莺的爱情方式。看来，在传统文化的爱情观里，只要是男女真心相爱，无论有任何风雨阻碍，有情人也必会终成眷属。

(3)含蓄

我国元代大书法家赵孟頫博学多才，能诗善文，懂经济，工书法，精绘艺，擅金石，通律吕，解鉴赏。特别是书法和绘画成就最高，开创元代新画风，被称为“元人冠冕”。与颜真卿、柳公权、欧阳询并称为楷书“四大家”。他的夫人管道升擅画墨竹，笔意清绝。又工山水、佛像、诗文书法。赵孟頫官运亨通，一朝得志，年近五十了却慕恋年轻漂亮的女子。于是就作了首曲子给妻子示意：“我学士，尔夫人。岂不闻：陶学士有桃叶、桃根，苏学士有朝云、暮云。我便娶几个吴姬、越女，也无过分，你年纪已过四旬，只管占住玉堂春。”他的意思是说，我为学士，你是夫人。你没听说陶谷先生娶了叫桃叶、桃根的两个小妾，苏轼先生也有叫朝云、暮云的两个小妾。我便多娶几个姬妾，也不过分。妻子管道升看后，便写了一首《我侬词》给夫君：

你侬我侬，
忒煞情多，
情多处热似火，
把一块泥，
捻一个你，塑一个我，
将咱们两个一齐打破，
用水调和，
再捻一个你，
再塑一个我，
我泥中有你，
你泥中有我，
我与你生同一个衾，
死同一个椁。

赵孟頫看到夫人的词写得如此情深义重，深受感动，遂打消了纳妾的念头，夫妻和好如初，相携白首。

二、 大学生恋爱心理概述

(一)大学生恋爱心理的发展过程

大学生恋爱不再属于早恋的范围，也不再受太多的限制，正是因为这种心理状态才使得越来越多的大学生投入其中，但是说毕业季就是分手季，也说明大学恋爱也往往很难善始善终，那么大学生恋爱心理是怎样发展的呢?

大学生恋爱心理发展一般经历四个时期。

1. 异性疏远期

异性疏远期一般为12～14岁。进入青春期的少男少女，其生理发育的急剧变化，引起心理的不安、害羞，使男女之间在心理和行为上出现隔膜，关系疏远甚至反感。不过，随着社会的现代化发展，各种传媒的发达及人们观念上的日趋开放，这一阶段的表现已越来越不明显。

2. 异性向往期

异性向往期一般为 14～16 岁。随着性生理的发育，尤其是性意识的发展，男、女生逐渐从疏远、抵触开始转向为彼此产生好感，愿意在一起学习、游戏和活动。

3. 异性接近期

异性接近期一般为 16～18 岁。随着性生理的进一步成熟，异性间产生向往和倾慕。单相思是指在异性关系中的一方倾心于另一方，却得不到对方回报的单方面的“爱情”。爱情错觉是单相思的另一种形式，是指在异性间的接触往来关系中，一方错误地认为对方对自己有意，或者把双方正常的交往和友谊误认为是爱情的来临。它常会使当事人想入非非，自作多情。单相思是恋爱心理的一种认知和情感的失误。单相思使某些学生陷入痛苦的境地，处于空虚、烦恼，甚至绝望之中。如果他们处理不好，以后的恋爱、婚姻生活都将受到消极的影响。

4. 恋爱期或爱情产生期

18 岁以后，随着性生理和性意识的成熟，男女生交往频率增加，受环境因素的影响，多数青年进入恋爱状态。单从年龄上看，多数大学生处在上述性心理发展的后两个阶段，但由于个人经历及自身社会文化背景等方面存在差异，他们在恋爱心理发展的阶段特征上的表现，也可能有很大的差异。

上述是很多大学生在恋爱时会有的心理，也是很多大学生会忽视的，以自我意识为主导的恋爱。其实大学恋爱会有很多美满的结果，也同样因为双方感情低调才会少有人知，反而那种轰轰烈烈、不管不顾的，才往往不得善终，所以平常心对待，不要过分强求。

(二)大学生恋爱心理的特征

1. 纯洁的精神恋爱心理

大学生在恋人的选择上，更重视精神层面的相互认同。世俗生活中的物质交换、门当户对等不会对大学生产生影响，他们甚至追求纯洁的爱情。

2. 依赖心理

依赖心理由独生子女的孤独感和习惯了他人的呵护与关爱所致。他们有“情感寄托型”的恋爱动机，缺乏独立意识和自立能力，易受挫。

3. 大学生恋爱的冲突性

大学生面临自身发展的压力，如专升本、就业、经济、学业、人际关系。恋爱需要大量的心理能量，学业压力、成长压力特别是性压力，对恋爱的双方都是巨大的心理与意志的考验。而对未来生活的规划显得心理准备不足，当面临职业选择等人生重大课题时，恋人常因不能长相守而劳燕分飞。

(三)大学生常见恋爱心理困惑及调适

彪悍的人生不需要解释。有人说，如果没有一场说走就走的旅行，那就要有一场奋不顾身的爱情。曾记否，那些年，一起追过的美女帅哥？曾记否，面对丘比特之箭的惊喜与慌乱？

以下几种是恋爱中的心理困惑，希望对大学生们有所启示。

1. 自卑型

自卑型的人主要表现是“害怕爱”。此类人内心深处缺乏自信，要么是遇到自己喜欢的人不敢追求，要么是遇到喜欢自己的人不敢接受。即使有幸走到一起也常常怀疑自己的魅力，整天惶惶不可终日，导致两种极端表现：忍辱负重，唯唯诺诺，只会仰视恋人的光芒，迷失自己；或蛮横无理，独断专行，借控制恋人来掩饰内心的自卑，不顾恋人感受。

校园案例

自卑型的爱情

在一次书法爱好者聚会中，女生A和男生B相遇，彼此萌生好感，女生A秀美温婉，知书达理，家境中上，父亲是政府官员，母亲是企业高管；男生B家境一般，长相中等，但刻苦好强，专业扎实，学习成绩一直名列前茅，并写得一手好字。他们经同学撮合后开始交往，女生A温柔体贴，事事力求男生B满意，男生B把女生A当作心中的“白富美”，美女在怀，欣喜异常，但一想到自己的家境和长相，就非常自卑，总是担心女生会随时离他而去。在后来的交往中，开始变本加厉地控制女生A，甚至不让她和别的男生多说话，经常查看女生A的手机短信和微信信息，限制她参加各类集体活动，把女生当成了金丝小雀，不但搞得自己神经紧张，寝食难安，女生A也因此疲惫不堪，心力交瘁，最终以分手结束。

爱就像手里的沙子，攥得越紧，流得越快。男生B能博得美女青睐，肯定有他独特的魅力，但他始终在自卑的怪圈里徘徊，试图用控制对方来维持爱情的长久。殊不知，用自信博得女友的心，爱情才能更长久。

男生B的调适策略：在纸上写出自己的优点和长处，坚持每天多看几遍，通过对自身优势的反复强调，逐步消除自卑心理；在学校的群体活动中，多承担能展现自己优点和长处的角色，通过不断的公众认可来强大内心；在以后和女友的交往中，多关心、多照顾、多理解女朋友，有意识地提醒自己用信任来代替怀疑。

2. 自恋型

自恋型的人主要表现是“都爱我”。此类人对自己缺乏清醒的认识，一般在外表或气质上都有几分过人之处，比较符合外貌协会的标准，常常在众星捧月的追随中春风得意，因此自我感觉良好，要么是“君临天下众人皆为臣”，我愿选谁就选谁，要么是“皇帝的女儿不愁嫁”，你不娶我有人娶。对有好感的异性来者不拒，大有普度众生之势，对到手的爱情却视为调味品，不知珍惜，频繁换人。

校园案例

自恋型的爱情

男生C是系学生会主席，身材高大，长相英俊，口才一流，加之工作的关系，在学校拥有很多美女粉丝，他也非常享受在众多女生圈里游走的感觉，即便有了女朋友D后，依然对其他美女粉丝有求必应，即使是半夜突然被约见聊天也不拒绝，丝毫不顾及女朋友的感受。女生D论相貌、人品、学历，也算“校花”之列，对男生C一直是全心投入，所以非常不满男生C的表现，她尝试和男生C沟通，但并没有引发男生C多少反思，他依然我行我素，最后女生D忍无可忍选择分手。于是，男生C继续恋爱，继续分手，女友换了一茬又一茬，直到大学毕业依然是独自一人，看着别人成双成对，自己黯然神伤。

帅得傲视群雄，不是男生C的错，但陶醉自我，无视女友，就注定了他的孤独。爱需要清醒的自我认知，爱需要真诚的相互付出。只有接地气的真爱，才能走得长久。

男生C的调适策略：亲口说出自己至少五条以上的缺点和不足，每天至少提醒自己一次，逐步削弱自恋心理，全面地认识自己；给他讲解爱情和友情的区别，让他明白对恋人的爱是不能分享的，和异性相处要注意把握好度；以后和女朋友交往时，要多花点心思在对方身上，多关注对方的内心感受，多用实际行动来体现对恋人的责任和专一。

3. 享乐型

享乐型的人主要表现是“只有爱”。这类同学把大学生活当成了爱的世界、情的海洋，根本不顾及学业成败，根本不顾及父母和老师的期望。长亭外，小河边，都可以看到他们成双入对，细语呢喃，美人在怀，帅哥在手，心中只有风花雪月，丝毫没有理想抱负，拿着青春赌明天，只想潇洒爱一回。他们没有对未来的规划，没有奋斗目标，只有爱情，只有享受，可叹辜负好时光。

校园案例

享乐型的爱情

男生E和女生F在大二时相识，两人都是系里的学生骨干，聪明好学，成绩优秀，他们是老师眼中的好苗子，是同学心中的好榜样。两人刚交往时相约大四一起出国读研深造，计划考托福、考雅思，谁知交往半年后，便将当初的约定抛到脑后，今天看电影，明天逛街，后天去听演唱会。校园的长椅上，球场的草坪边，都能看到他们手挽着手，肩并着肩，执手相看情人眼，只顾浓情秀恩爱。他们把学校当成了家，过起了夫唱妇随的小日子，从此学业每况愈下，直到大四上学期，两人英语双双失利，专业课程大多挂科。毕业时，女生F以男生E没有前途，无法为她撑起一片天为由，选择分手，男生E虽然懊悔光阴虚度，但为时已晚。

一手是爱情，另一手是学业，两手都要抓，两手都要硬。只有牢记目标、科学统筹、齐头并进，才能享受完美的大学生活，才能结出甜蜜的爱情果实。

男生E的调适策略：引导他说出父母和老师对他的期望，加强其内心的愧疚感，唤醒其责任意识；引导他回想大学初期确定的学习目标，通过现实的反差对比描述，进一步加强懊悔感，激发他从头再来的决心；协助他重新规划未来，设立具体可行的奋斗目标，鼓励他坚持走下去。

4. 依赖型

依赖型的人主要表现是“不懂爱”。此类人遇事缺乏主见，优柔寡断，很少直接表达自己的观点，虽然在生理上已经长大成人，但在心理上还没有断乳，事无关大小都不会做决定，要么随波逐流，要么喜欢向家长、朋友寻求帮助，而且对他人的意见不加甄别全盘接受，没有自己的独立判断。恋爱后，对恋人更是言听计从，百依百顺，在交往中常常迷失自我，失去了自己的独立人格。

校园案例

依赖型的爱情

男生G是家中独子，家境良好，父母因为在年轻时吃苦受累，所以对男生G百般呵护，使得他衣来伸手，饭来张口。凡事不论大小，都会为他包办，男生G也懂事，从不惹是生非，学习成绩一直很好，考上了广州一所“985”大学。在一次宿舍联谊会上，男生G和女生H合唱了一首歌，非常成功。随后，女生H经常主动给他发短信、打电话，男生G也喜欢女生H，但就是不知道怎么做，常常词不达意，无法给女生H想要的感觉。男生G对此非常苦恼，于是向好朋友求救，在朋友的帮助下，终于和女生H开始恋爱。但在相处过程中，男生G常常因为不表达自己的意见惹女生H生气，如女生H说吃什么，男生G说随便；女生H说我们去哪玩，男生G说随便；女生H说将来我们去哪个城市工作，男生G说听你的，你说了算……如此反复，搞得女生H非常崩溃，她觉得和男生G在一起没有依靠，大小事都要自己操心，太累，终于在坚持一年后选择放手。男生G后来找咨询老师时还委屈地说，她要什么我给什么，我什么都听她的，她还是和我分手。

男生G看似对女友百般呵护，实际对女友严重依赖，导致女友无法承受爱情之重。该出手时就出手，该做主时就做主，多一点担当就会让爱更轻松。

男生G的调适策略：在生活和工作中遇到问题时，先不向亲友求助，尽量自己解决，逐步培养自己的独立思维和人格；在公众场合，多尝试主动表达自己的观点，锻炼自己的受挫能力和抗压能力；在和女友的交往中，要多些担当，尤其是当女朋友征求意见时，要学会自己做主，尽量少说或不说“随便、都行”之类的词语。

5. 厌恶型

厌恶型的人主要表现是“不信爱”。发生这种情况的人分为两类，一类是经过多次恋爱被情感摧残的受伤者，他们内心比较脆弱，一朝被情伤，十年怕恋爱，总觉得十个男人九个坏，天下没有好女人，自认为阅人无数，不再相信人间还有真爱；另一类是从没谈过恋爱的人，他们认为男女之间有爱就有性，性是洪水猛兽，自认冰清玉洁，岂能容他人玷污。这两类人的共同特点是，自己的心就是一座孤岛，他们紧紧地把自己包裹，只许远观，不容靠近。

校园案例

厌恶型的爱情

女生J长相漂亮，仪态万方，是公认的“院花”，追求者一直络绎不绝，其中不乏优质男生，家人也希望她能早日找到归宿，但她一直不为所动，直到毕业，也没有做出选择，让一众追求者铩羽而归，让大家一脸惊讶。后来在父母的催促下，她才说出隐情。女生J善良、温柔，对人从不设防，男生说两句好话、做两件小事就会被感动得热泪盈眶，恋爱后就全心付出，谁知男生却日久变心，对她挑三拣四，连续被甩3次。此后，女生J心灰意冷，只觉世界一片灰暗，即使遇见喜欢的男生表白，也是退避三舍，不愿敞开心灵的大门，甚至还有过尝试同性恋的念头，让人看着怜惜。

因为过去的痛苦而关上未来的大门，这是人生的遗憾。逝者不可追，来者犹可惜，活在当下最重要。卸下包袱，打开心门，就会发现世间自有真爱。

女生J的调适策略：引导她亲口讲述过去的痛苦经历，通过倾诉的方式帮助她进行内心压力的宣泄和释放，对过去不再逃避；帮她打开往日心结，分析过去失败的原因，由于她的一味顺从，导致迷失自我，削弱了她对男友的吸引力；引导她亲口描述心中理想的爱情，唤醒她内心深处对爱的期待和向往；在今后和男友交往时，要注意主动达自己的想法，减少对男友的过分依赖，增强自身的独立性。

以上五种类型的恋爱心理，你是否亲身经历过或者身边是否也有类似的案例？青春年华，稍纵即逝，有了爱情你就要珍惜！爱是阳光，爱是雨露，只有勇敢地说，自信地做，才会开出美丽的花朵。爱是理解，爱是信任，只有两情相悦，彼此欣赏，才是真正的幸福。爱是事业的加油站，爱是人生的避风港，只有共同经营，携手共进，才能在人生的路上越走越远。

第二节 大学生正确恋爱观的培养

爱是深深的喜欢，喜欢是淡淡的爱；爱需要理智，爱需要用心。

一、 正确对待恋爱

正确处理好恋爱、学业、事业三者之间的关系。恋爱是人生的一件大事，但并不是人生的全部。大学生应该以学业为重，因为学习是大学生的主要目的。事业高于爱情，主张以事业为主，不宜过早地恋爱。但也不要认为爱情是事业的绊脚石，处理得好的话，爱情也能对事业起到催化作用。

二、 培养爱的能力

爱的能力包括以下几种。

(一)迎接爱的能力

如果一个人心中有了爱就要敢于用正确的方式表达；面对别人的示爱，自己要能够取舍，并及时做出接受或拒绝的选择，能够承受求爱被拒绝或拒绝求爱的心理困扰。

(二)拒绝爱的能力

自己对于不愿意接受或认为不值得接受的爱情应有勇气拒绝。拒绝时应注意两点：一是如果不希望爱情到来，拒绝的语气要果断坚决，容不得半点优柔寡断，否则将对对方造成更大的伤害；二是要掌握恰当的方式，掌握说话的方式和尺度。虽然每个人都有拒绝爱的权力，但是也要做到对别人起码的尊重。

(三)正确处理恋爱挫折的能力

1. 正视现实

失恋之苦在于一个“恋”字，爱情是双向的、相互的，以双方的爱情为基础，若有一方不爱了，爱情就会失去平衡，恋爱即告终止。这时失恋的一方无论对另一方爱得有多深，都是不现实的，作为有理智的大学生应该正视这一现实。

2. 换位思考

要设身处地地为对方着想。这样做有助于你理解对方终止爱情的原因，有助于你接受失恋这一痛苦的现实并及早走出失恋的阴影。

3. 感情宣泄

不要过分地隐藏或压抑失恋带来的痛苦，要找适当的方式进行宣泄。通常宣泄的方法有以下几种。

第一，眼泪缓解法。在悲痛欲绝时大哭一场，可以使情绪平静。专家认为，眼泪能把有机体在应激反应过程中产生的某种毒素排出去。

第二，运动缓解法。剧烈的体育运动有助于释放激动情绪带来的能量。

第三，转移注意法。心情不好时，可以做些自己感兴趣的事。

第四，文饰法。当得不到自己爱的人或失恋时，可以援引合理的理由和事实来解释挫折，从而获得精神上的安慰。

第五，倾诉法。向可以信任的师长、同学、朋友等诉说自己心中的烦恼，也可以写日记或写信。如果感觉心中的积郁太深，无法排解时，也可以找心理咨询师进行心理咨询。

4. 情境转移

失恋后之所以难以摆脱恋情的困扰，是因为生活的方方面面都与昔日的恋人有着千丝万缕的联系。要想摆脱失恋的痛苦，就要换一个崭新的环境，暂时离开曾经熟悉的环境，把自己置身于一个欢乐的环境中去。例如，多交一些朋友，多参加一些集体性的娱乐活动，或者可以找人去逛逛街，出去旅游散散心等，这样有助于保持心情的舒畅。由于失恋后有一种空虚感，暂时难以适应，因此可以用工作或其他方法来充实自己，使自己不再有空余的时间胡思乱想。

5. 升华

要尽快把失恋升华为一种奋发向上的动力，尽快投入学习或者工作中去。切不可因为失恋而一蹶不振，认为生活、人生都失去了意义。要知道，恋爱是生活的重要组成部分，但不是生活的全部。要正确地看待爱情，摆正爱情的位置，处理好爱情与学习、爱情与人生、爱情与婚姻的关系。

6. 端正恋爱动机

恋爱是为了寻找志同道合、白头偕老的终身伴侣，而不是为了寻找刺激，更不是单纯为了性的满足。恋爱对象的选择是一个复杂的过程，不能忽视了经济、政治、文化、个性等因素，但是共同的理想、相似的品德和情操是最根本的。恋爱动机的好坏，直接关系到恋爱的成功与否。大学生作为新时代的桥梁，其恋爱观应该是理想、道德、事业和性爱的有机结合。

拓展阅读

爱情成本分析

哈夫耶克·霍里士说过："婚姻关系绝非寻常的人事关系，其深刻可以穿透两个人的性格，叫他们发生最密切的精神接触以至于混化。"自主择偶的确有其社会进步的一面，但事实上青年人择偶是否注意到个体和人格的穿透，这一点我们并不能保证，一个没有结过婚的人并不能从经验中体会到结婚的意义和责任。婚姻并不只是处理配偶之间的关系，而是要处理配偶之间的整个社会关系网。

现代社会是处于自主择偶的时代，尽管社会个体的选择空间和范围扩大了，但个体的选择成本和风险也随之增加。假设处在传统社会信息不流畅和地域受限制的 A 寻找的对象数量是 100，处在信息和交通非常发达的 B 选择的对象数量则是 1000。相对于 A 来说，B 要选择一个适合自己的对象是相当困难的。因为在寻找的过程中，涉及对信号的识别及在生活节奏非常快的今天，社会个体时间和精力的减少导致寻找对象的成本相当高。同时现代社会给予社会个体的自由度越来越大，个人欲望在极度膨胀，从而导致了社会个体精神成本的增加，也就是说随着个人的选择度增加，个人的幸福指数却在减少。

现在举例进行分析：假设 A 和 B 谈恋爱三年，A 对 B 付出了大量的时间金钱和精力，从而导致了 A 在工作上的失败，即 A 在经济上并不是很富裕。那么在这样的情况下，B 有两种选择：第一种，继续和 A 在一起，那么我们可以设想，在 A 经济条件不是很好的情况下，B 即使现在不离开 A，但是因为 A 在和 B 谈恋爱的过程中过度地把应该花在工作上的时间耗费在爱情上，因此 A 的工作能力和工作经验大打折扣。但这时，B 认识了 C 并且 C 的地位外貌和人品都比 A 好，那么在 A 和 B 还没有结婚的情况下，B 很可能就选择 C，因为这样做不会受到法律的制裁，B 背叛爱情的成本是低廉的。如果真的是这样，那么我们来考虑在这场爱情游戏当中谁的损失最大，毫无疑问是 A，因为 A 在过去三年中所投资的成本没有得到收益，而且 A 本身精神上还受了很大的创伤。这时候 B 和 C 在一起，而 A 却孤苦伶仃。第二种情况，假设 B 由于忍受不了 A 的无能，直接因为经济条件而离开了 A，这时候 A 明白 B 离开自己，是因为自己没有工作能力而无法满足她的经济需求。这种情况的出现主要是因为爱情缺乏了经济基础而造成了泡沫爱情。A 的悲哀在于他没有意识到爱情的成功需要经济基础，而是在爱情方面投入了太多的时间、金钱和精力，最终造成了个人生存技能的缺乏。

第三节 大学生性心理

一、 大学生性心理及其发展

(一)性相关概念及其发展

1. 性

社会学者认为，性是学习如何成为男人或女人的全部过程，是对于自己身为男人或女人的感觉与态度，是有关生为男人或女人的一切符合一定社会道德、习惯、法律规范的想法、经验与行为的体现，是与同性及异性的交往方式，与同性及异性所建立的关系模式。

从生物学角度来看，性是人类的本能之一，是整个人类得以生存和繁衍的基础。从社会学角度来看，人类的性不仅是生命实体的存在状态，同时也被赋予了精神和文化内涵。

2. 性心理发展

性心理发展是西格蒙德·弗洛伊德在 19 世纪末 20 世纪初提出的一个概念，是心理学理论的核心概念。

弗洛伊德认为性本能冲动是人一切心理活动的内在动力，当这种能量(libido，力必多)积聚到一定程度就会造成机体的紧张，机体就要寻求途径释放能量。

在人的不同发展时期力必多投放于身体的不同部位，并以此为标准而将人的性心理分为不同的阶段。

弗洛伊德将人的性心理发展划分为五个阶段：①口腔期；②肛门期；③性器期；④潜伏期；⑤生殖期。

弗洛伊德认为成人人格在前三个发展阶段已基本形成，所以儿童的早年环境、早期经历对其成年后的人格形成起着重要的作用，许多成人的变态心理、心理冲突都可追溯到他们早年创伤性的经历和压抑的情结。

每个阶段都有它特定的社会化的任务，如果社会化过程出现障碍(如中断、缩短、变异)，以后将可能是导致人格障碍的病根。

3. 性行为

性行为是指为满足性欲和获得性快感而出现的活动，是由人的社会属性决定的。现代科学研究表明，人类性行为除了性交活动外，还包括性身份的塑造、性角色的进入、性意识的发展、性的社会化等。

4. 性心理

性心理是人类在性行为活动中的各种心理反应，主要指与生理特征、性欲、性行为有关的心理状况和心理活动，也包括与异性有关的男女交往、婚恋等心理问题，具体为性感知、性思维、性情感、性意识等。人类的性活动绝不仅仅是生物的本能反应，它包含着丰富的心理活动，并受社会的制约。这是人类性活动区别于动物的根本点。

大学阶段是性生理成熟的决定阶段，也是性心理发展的关键时期。

(二)性心理现象

1. 性意识与性感知

性意识是指人类关于性问题的思维活动。

性感知是指人体性机能的成熟，使主体对性刺激的反应特别敏感，受体内激素的驱使，表现出情绪冲动，并接收直接的性刺激引起性兴奋，这就是性感知。性感知是性心理的基本过程。

2. 性知识与性思维

性知识是指前人对性问题科学的总结。随着人体机能的逐渐成熟和性知识的不断积累，主体就会自觉或不自觉地经常思考一些有关性的问题，在性感知的基础上对两性的关系和意义有所了解，这种主体对有关性的问题的思考就叫性思维。

3. 性情绪与性情感

性情绪是指人们到了青春发育期以后，就自然地对异性产生兴趣，产生异性间的吸引力，使人产生愉快和兴奋的体验，引起人的情绪的剧烈变化，这就是性情绪。

性情感是指对性活动有关的爱、憎、兴趣、吸引力等感情发展变化的体验，如对异性的好感、思慕、爱情和性嫉妒等。

4. 性观念与性意志

性观念是指经过社会文化锻造后对性问题的某一个方面较为完整的看法。它存在于一个群体、一大批人中间。

性意志是指主体通过自我意识调节性行为的能力。

(三)影响性心理发展的因素

性心理的发展首先有其生理的物质基础。柏曼就以内分泌腺功能优势为标准把人的性心理发展分为胸腺期(幼年)、松果腺期(童年)和性腺期(青年)。

遗传基因、脑内分泌的促性腺激素和性腺所分泌的性激素对性心理都具有不可忽视的影响。以下两个方面对孩子的性心理具有关键性的影响。首先是父母对性的态度。其次是父母对待孩子性别的态度。在家庭和社会中，个人在儿童期和成年期内所经历的某些偶然事件，也必定会对性的发展产生一定的影响。每个人都是被社会文化塑造的人，一定社会中的性文化观念、性道德、性行为方式对个体的性心理发展也具有深刻的影响。在社会文化中传媒对人们的性态度和性生活方式具有重要的影响。

(四)大学生性心理特征

随着大学生生理发育的基本完成，他们的性意识也开始明朗化并迅速发展起来。男、女大学生已不再为“第二性征”的出现感到羞涩或反感了，而是通过各种形式展现自己的魅力。例如，女大学生喜欢穿上得体的衣服表现自己优美的身体曲线；男大学生则注重表现身材的魁梧、健壮和豪放、刚毅等男子汉气概。这时的大学生与异性交往的心理十分强烈。随着性生理的成熟，大学生的性心理也有了很大程度的发展。他们对性知识有浓厚的兴趣，有强烈的性冲动，渴望与异性交往。

大学生的性心理主要表现为以下几个特征。

1. 性器官和性生理迅速发展与性心理尚未成熟的矛盾

大学生对性器官和性生理过程还充满着好奇感、恐惧感；对异性的爱慕还具有生理的本能性和朦胧性的特点，在对性冲动的自制、对性的审美情趣、对性爱的技巧等方面还存在知识的盲区。

2. 对恋爱的期望与对异性心理了解不深的矛盾

长期已习惯以自我为中心的男、女大学生对异性心理的了解并不深，不能理解对方的心理需求，在恋爱期间，双方常争吵、生气、发生矛盾，乃至自杀、他杀等恶性事件时有发生。性成熟的刺激会使大学生在心理上产生一种对异性的异常感受：总感到有异性吸引的存在，也总企图用直接或间接的方式吸引、接近异性，对异性存有强烈的依恋。

3. 性的身心需求与社会规范和道德责任的矛盾

性器官成熟、性意识增强后就会出现性冲动。在我国，从性成熟到形成合法婚姻(正常的性生活)，一般需要 10 年以上的时间。此段时间即所谓的“性饥渴期”“性等待期”。

大学时期的校规、社会舆论和大众习俗并不赞成大学生的婚前性行为。恋爱中的男、女青年独处时常会产生强烈的相互吸引，出现相互爱抚、接吻、性交等满足性欲的性行为，但这些行为与他们所接受的传统教育和道德责任相违背，在内心可能会引发道德焦虑。性成熟时期，性心理表现出性与爱的矛盾。

4. 情感依赖较重，心理承受能力较弱

现在的大学生很多都是独生子女，在其恋爱过程中常常表现出依赖心理，缺乏独立意识。同时，对对方的要求较多，而为对方付出和着想较少。

5. 开放的性观念与表现上文饰性的矛盾

大学生也常常处于理智与感情的矛盾旋涡中，理性认识认为自身应该保持贞操或希望对方要遵守传统理论道德，但在爱的激情下，又不愿受传统观念束缚，压抑自己的性欲，从而会出现性压抑的矛盾。

(五)性心理的性别差异

1. 在心理需求方面的差异

女性在心理需求方面希望是被关心、被了解、被尊重、对其忠诚、被认同的；而男性在心理需求方面希望是被信任、被接受、被感激、被赞赏、被肯定的。在男、女两性情感关系中，男性往往以“生理冲动”为先导，情感相对于性而言处于次要地位；女性则以“情感渴求”为先导，性是情感的表达工具，而不是主要目的。

2. 在思维方面的差异

女性在思维方面的特点是凭直觉，喜欢分析，喜欢变化，喜欢具体事物，易依赖，顺从别人的意见，遇困难时因不知所措需要更多的表达；男性在思维方面的特点是讲求逻辑，喜欢综合，喜欢稳定，喜欢抽象，爱发号施令，遇到问题时喜欢思考解决方法。

3. 在性格方面的差异

男性情感内向、豁达、忍让、妥协、常沉默、较粗心大意、易冲动、粗暴、较勇敢、果断、刚毅；女性情感外向、感情细腻、多愁善感、爱叨唠、对缺点爱用放大镜挑剔、较勤奋、有恒心、较柔顺。男性喜欢主动出击，女性喜欢被动；男性在两性关系上具有独立性与独断性，女性在两性关系上具有依赖性和控制性。

二、 大学生常见的性心理障碍及调试

大学生常见的性心理问题有以下几种。

(一)异性交往恐惧

异性交往恐惧表现为在异性面前面红耳赤，神情紧张，心跳过速，竭力回避目光的接触；具体表现为面部肌肉呈现不同程度的紧张，面颊发烧，表情不自然，语无伦次等。这是社会因素与个人自身因素相互作用的结果。

调适：

①转变观念，放开心怀。

②加强交流，多次练习。

③严重的恐惧症者应主动寻求心理咨询师的帮助。

(二)性冲动

性冲动是男、女大学生生理、心理的正常反应，是在性诱因的刺激下，性兴奋强度逐渐增加并企图诉诸行为的一种心理体验。性冲动是在性激素和内外环境刺激的共同作用下，对性行为的渴望与冲动。激素(荷尔蒙)是造成性冲动的内部因素。同时，心理因素和社会因素也起着较大的作用。

调适：

①适度的压抑。

②升华。

③宣泄。

(三)性梦

性梦，是指人在睡梦中梦见与性对象发生性接触而出现性冲动或性高潮的现象。

针对这种现象，研究者有两种观点：一是把性梦当成是个人的品质问题；二是把无意识的性梦当成是自己自觉的愿望。认为梦见他(她)就是爱上了他(她)，于是在性梦的驱使下盲目地求爱。

调适：

①重视科学性知识的学习。

②晚间尽量避免过多地涉及与性有关的话题和活动，有意识地培养自己保持性健康的克制力。

③睡前进行适当的体育锻炼，以利于上床后尽快入睡。

④如果性梦过于频繁，以至于白天都无精打采，就需要引起重视，这可能是由于劳累过度、自慰过于频繁、心理上的兴奋、情绪上的激发(如睡前饮酒)等。找准原因，做出调整，否则可能会产生严重的性发育问题。

(四)性幻想

性幻想也称性想象，是指人在觉醒状态下，在大脑中进行的自我满足的性活动，故又称“意淫”。它介于意识和潜意识之间，是带有性色彩的精神自慰行为。

性幻想一般分为三种。

一是不伴有性行为的性幻想，又称“白日梦”。

二是伴随性自慰的性幻想。

三是伴随性生活的性幻想。

调适：

①树立文明的性观念。将性视为“下流”，把性看作“万恶之首”的思想，是落后愚昧的。

②要进行正常的异性交往，参加正常的异性交往活动，建立异性间的友谊，减少人为的压抑，防止形成强迫性观念。

③积极进行自我调控。

(五)性自慰

性自慰俗称手淫，是指用手或其他器具、其他方式刺激性器官获得快感，宣泄性冲动的一种方式。虽然从理论上知道性自慰是一种自慰行为，但在潜意识中仍然认为有害。性自慰行为引起大学生对自己的消极评价。性自慰行为引起无休止的联想和一系列强迫性观念，给大学生带来心理上的疲惫和沉重的压力。

调适：

①改变认知。性自慰是性宣泄的一种方式，对身体无害。

②性自慰是一种正常现象，既不要否定它(也不可能否定它)，也不要放任自流。

③调整行为，减少对性自慰问题的关注。

④发展独立意识。

(六)性变态

性变态是一种以性心理偏移为特征的疾病，是与变态人格有联系但又不完全相同的一种心理障碍。

常见的性变态有以下几种。

一是恋物癖。通过与异性穿戴或者佩戴过的物品的接触而引起性兴奋和满足的性心理变态。

二是异装癖。以穿着异性的衣服而得到性满足的心理变态，男性居多。

三是露阴癖和窥阴癖。

调适：

①针对轻度的性变态，可以采用心理疏导的方法。

②针对严重的性变态，要寻求心理治疗师或心理咨询师的帮助。心理治疗师是经过学习培训、通过考核并持有治疗师资质的专业人员。

作为当今大学生，一方面要重视科学性知识的学习，另一方面也要有求助于专业人员的意识。

校园案例

自慰危害健康吗

初中的时候，偶然的机会，我看了一本描写性活动的低级小说，晚上睡觉时便模仿那里的描写手淫。开始只觉得很好玩、很舒服，书上说男孩大多有这种行为。初三后学校开了生理卫生课，我才知道这是不好的习惯，有的男生说手淫会引起严重的后果。从那时起，我就决心改掉这种坏行为，可是，常常是没过几天，又抵不住那种舒服的诱惑，老毛病重犯。我现在进入大学了，觉得身体较虚，经常失眠、多梦，上课老走神。不知怎样才能改掉这种毛病。

上述来访者在自述中所说的“手淫”，国际上通常称之为“自慰”。许多大学生将“手淫”视为一种释放的方式。确切地说，手淫行为应称为“性自慰行为”。人类的性冲动是一种本能，而性自慰是一种性行为的表现形式。以往人们多认为性自慰是一种解决性需求的不正常手段，并会带来严重的危害，把这种行为与“淫秽”“下流”等联系起来。所以往往有性自慰行为的人，都有很大的精神负担。有性自慰行为的人，要正确认识性自慰行为的利弊，从对性自慰的恐惧阴影中走出来，不要惊慌和自责，要科学地认识这种行为，读一些青春期性知识教育和性保健方面的书籍，消除以往听到的一些误传，努力学会自控，善于克制自己，坚定改正过多性自慰行为的信念和决心。

第四节　大学生健康性心理的培养

一、科学地学习并掌握性知识，了解性心理健康的标准

(一)选择正确的学习方法，建立现代的科学性观念

首先了解性心理健康的标准是：有正常的性需求和性欲望，有科学的性知识，有良好的性道德，有正当健康的性行为方式。通过学习性知识，了解性生理学、性生理构造及其功能，性发展和成熟的规律，减少性神秘感，降低性压抑，预防性困惑。学习性心理学，了解性心理的发展，以理智克服冲动。学习性社会学，了解性行为的社会属性，按社会常模规范性行为。学习性美学，使性行为符合审美需要。

(二)远离毒品，预防艾滋病传播

艾滋病和毒品严重地危害人类的健康，影响社会的稳定，已引起国际社会的高度关注。艾滋病的传播途径主要有三个：一是性传播，二是血液传播，三是母婴传播。在吸食毒品的人群中，“以淫养吸”或是共用针剂吸毒的情况比比皆是，在这个过程中，艾滋病病毒就随着“性途径”“共用针剂”的途径进行广泛传播。大学生要时刻警惕，洁身自好，远离毒品，遵守性道德，对性伴侣忠贞，并学会采用安全的性行为。得了性病或是怀疑有性病的人应尽早到国家指定医疗机构检查、治疗。

1975 年世界卫生组织决定用性传播疾病(Sexually Transmitted Disease)这一概念

来取代过去的性病一词。把凡是通过性行为，包括生殖器的性行为和类似的行为接触而发生的传染疾病称为性传播疾病。我们习惯称之为性病。

二、 塑造高尚性人格， 积极调控自我

性行为涉及个人的价值观、性的社会规范、个人所承担的对他人和对社会的责任及性道德、性法律问题。培养健康的人格是维护性健康的核心。高尚的性人格是性心理健康的保证。欣赏自己的性别角色，锻炼和提高自己的意志力，培养自己良好的意志品质。

三、 理性驾驭本能， 学会拒绝

婚姻是情爱向性爱升华的法律承诺。它是爱人赋予性权力的宣言。忠诚在于唯一的爱情、两颗心的互相忠实。贞洁包括婚前的性纯洁和婚后对爱情的专一不二。大学生要文明适度地进行异性交往，把握分寸，注意场合，规范行为。处理好友情与恋爱的关系。

四、 为自己的选择负责

健康的性心理，应该具有系统的性生理、性心理和性社会知识，能以开放的心态面对自己的性生理和性心理变化，消除个体在性发育过程中出现的恐惧和担心，为自己的选择负责。对待男、女两性关系，要有正确的态度和责任感，能抑制性反应的损害性关系导致的恐惧、羞耻、罪恶感等消极心理因素，提高自身性素质，保持性纯洁。

积极健康的异性交往能促进青年的身心健康。针对异性交往中不当的举止，可采取积极健康的方式进行调节。

(一)正确调控性冲动

对于性冲动，除了给予适度控制外，还可以采取一些积极的、富于建设性的、符合社会规范的方式来取代或转移性欲。通过投入学习、工作和参加各种文体活动，以及男、女正常交往等多种合理途径，陶冶个人情操。大学生要尽量避免影视、报刊、网络上过强的性信息刺激，抵制黄色书刊的不健康影响。

(二)克服遗精恐惧和月经焦虑

对于遗精和月经，不必太紧张。男生要正确对待遗精，经常清洗床单、内裤和性器官，保持个人卫生。女生要了解月经期规律，减少经期中的不良精神刺激，努力调控自己的情绪，愉快度过经期。

(三)正确对待手淫、白日梦和性梦

要通过性知识的学习，克服手淫引起的心理困扰。大学生不必因为手淫而自责。但是，过分沉溺于手淫、只靠频繁的手淫来缓解性紧张是不健康的表现，应当通过丰富多彩的精神生活和恰当的异性交往来平衡自己的性心理。对于白日梦和性梦不必过分担心，青年人应当通过追求高层次的需要，来缓解自己，减少白日梦和性梦。

(四)正确对待性游戏带来的心理冲突

性游戏是儿童对性好奇而玩的游戏。儿童在性游戏时往往还不具备道德意识，因此，不必给童年性游戏的经历加上道德判断，对自己过分谴责。但是，大学生已经有了道德认识和判断能力，不能把性游戏的行为延续到成年的生活之中。

(五)慎重对待婚前性行为

婚前性行为虽然不违反国家法律，但它有违道德观念和社会习俗，容易带来种种不良后果。慎重对待婚前性行为，需要把握好性与爱的界限。性爱是成熟爱情的结晶，慎重对待婚前性行为，需要走出“以性维系爱情”的误区。慎重对待婚前性行为，树立社会责任感。

(六)对性骚扰的自我保护

首先，大学生应当维护自己自尊、自重、自爱的自我形象，做到举止大方、行为得体、作风正派、衣着打扮不轻浮。其次，大学生应当学会自我保护。女生尽量晚上不要单独外出，更不要单独在男性家中或住所长时间停留。面对异性的非分要求，不要畏惧，要勇敢地说“不”。要以严厉的态度制止和反抗性骚扰，必要时向别人呼救或向公安部门寻求帮助。对于性骚扰事件的经历，不要过分恐惧和自责，因为你是无辜者。为了更快地排除自己的心理困扰，可以同父母、老师、知心朋友宣泄自己的情绪，也可以寻求心理咨询师的帮助。

五、 调节与异性交往的不适

积极乐观地对待生活，主动参与各种社会活动和文体活动，文明适度地处理异性交往。自爱，自信，认同自己的性别角色，对性行为负有社会责任感，并培养自己良好的意志品质。

六、 学会寻求社会支持与心理帮助

大学生遇到和性相关的问题时，要向老师或家长寻求心理帮助，必要时向心理咨询师求助。在心理咨询室中，性不再是一个难于启齿的问题，同学们可以尽情宣泄心中的郁闷。据不完全统计，在大学生前来咨询的问题中，与异性的交往问题占据了一半以上的比例，其中的大部分或多或少涉及有关性的困惑。

(一)学会精神自励

面对性的挫折及接踵而至的精神打击，应用积极的认识方法来“稳住”自己，学会自我鼓励。性挫折是对人生价值的考验，是人格走向成熟的阶梯。因此，应不断鼓励自己走过这个阶段，只有迅速振作起来，自己才能摆脱眼前的危机。

(二)寻求积极宣泄

许多性悲剧都是由于痛苦情绪的压抑、沉积而走向行为暴发的。出现沉闷是危险的征兆。因此，遇到性方面的问题，可以把内心的委屈、痛苦和愤怒向亲朋好友和家人倾吐。有时泣不成声的倾诉如同燥热天气里的一场雷雨，暴雨过后便会出现清新、爽朗的心境。

(三)转换生活方式

通过改变自己的生活方式来降低性方面的痛苦。例如，投身到学习、工作中去，也可以投身到集体中去。在集体中会感受到群体成员彼此之间的互相关怀和温暖，会让你从痛苦中摆脱出来；还可以融身于大自然中去，大自然的美好风光，能够旷达胸怀，欢愉身心，使你摆脱痛苦。

心理互动与训练

婚前贞洁是婚姻成功的保证

等待并非是一种苦涩，而是一种尊重自己的行为，因为性是人格的完成，学会对非自愿的要求说不!! 面对性骚扰，要学会维护自尊、自重、自爱的自我形象，学会自我保护。遇到困扰，要向老师或家长寻求帮助，必要时求助于专业心理咨询师。

一个女孩面对自己喜欢的男孩提出性要求时该怎样拒绝他？

男：“你不知道你错过的是什么。”

女：“是的，我知道。我错过了艾滋病、未婚怀孕、人流和焦虑。”

男：“我无法控制自己。”

女：“但是我可以。”

男：“每个人都在这么做。”

女：“但不是我，我不会那么做。”

男：“你有什么不对劲，是不是？”

女：“我很正常，还是让我们保持距离吧！”

男：“你可以信任我。”

女：“我信任你会对我停止施加压力。”

男：“我爱你，难道你不爱我吗？”

女：“我不必对你证明我的爱，如果你真的爱我，就请你尊重我。”

有时是男孩面对女孩提出性要求的问题：

女：“你是不是男人？”

男：“做爱并不代表我就是男人，正因为我非常在意，所以我才不急于一时。”

参考文献

龙建成．大学生心理健康向导[M]．西安：西安电子科技大学出版社，2001.

徐萍．当代大学生心理修养[M]．上海：上海财经大学出版社，1997.

樊富珉．大学生心理健康教育研究[M]．北京：清华大学出版社，2002.

杨俊茹，傅雪林，殷恒婵，等．北京大学生心境状况与特点的研究[J]．北京体育大学学报，2006，29(4)：474-476.

黄晓英．大学生心理健康教育探析[J]．科技创新导报，2006(9)：227.

杜国辉，蔡毅．浅析大学生性心理健康现状[J]．青年与社会，2014(10)：67.

范瑞泉，杨杰文，魏兆瑜，等．大学生性心理健康现状分析及健康性心理的塑造[J]．中国高等医学教育，2012(10)：50.

黎桂芳，何萍．高等职业学校大学生性心理健康现状分析[J]．中国组织工程研究，2006，10(38)：151.

黄天贵，蔡小丽．高职大学生性心理健康教育现状的调查与对策[J]．教育与职业，2013(14)：191-192.

第八章

大学生择业与创业心理

学习目标

1. 了解大学生择业与创业时应该做好的心理准备。
2. 了解大学生择业与创业的心理问题和心理障碍。
3. 了解大学生择业与创业常见的错误观念。
4. 掌握大学生择业与创业的心理调适方法。

拓展阅读

弃公务员卖猪肉，开连锁店成亿万富翁

一篇名为《北大才子卖猪8年，身家超100亿》的文章刷屏了朋友圈。

陈生，毕业于北京大学，多年前放弃了公务员的工作毅然下海。陈生做出了在当时看来有点离经叛道的决定，但是却没有受到来自家庭的阻力。不是说家里人就完全没有意见，而是对于陈生来说，自己下决心去做的事情，不会被外界的因素干扰，这也是他所谓的霸道。可以说，他决定下海的时候就不再考虑成败、得失或者旁人的看法了，他认为在开始做一件事时不能想太多，因为考虑太多，到最后的结果很可能是做不了。

他倒腾过白酒和房地产，打造过苹果醋，最后选择去卖猪肉。他在不到两年的时间里，在广州开设了近100家猪肉连锁店，营业额达到2亿，被人称为广州"猪肉大王"。

我国高校自扩大招生规模以来，毕业生人数逐年大幅度增加，而用人岗位数量并没有明显增加。2016 年全国高校毕业生总数达 765 万人，比 2015 年增加 16 万人，就业形势更加严峻，竞争也越来越激烈。而其中的成功者陈生卖过菜，卖过白酒，卖过房子，卖过饮料，走到今天，他已经成为拥有数千名员工的集团的董事长。在激烈竞争中浮浮沉沉这些年，最后能够成功，陈生靠的是永远领先别人的想法。

第一节 大学生择业与创业的心理准备

一、 明确目标

西方有句谚语：你想要的尽管拿去，只要付出相应的代价就行。有位哲人说："决心攀登高峰的人，总能找到道路。"强烈的动机可以驱使人超越诸多困境，到达成功的彼岸。志向是事业成功的基本前提，没有志向，事业的成功也就无从谈起。立志是人生的起跑点，反映着一个人的理想、胸怀、情趣和价值观，影响着一个人的奋斗目标及成就的大小。清晰的目标和方向，对我们人生的成功有重要意义。只有我们给自己的人生设定了目标，我们内心深处那个勇敢、坚定、执着、不畏艰险的"我"才会走出来，才能最大限度地激发自己的潜能，更好地迎接人生路上的各种挑战。

哈佛大学有一个关于目标对人生影响的非常著名的跟踪调查。调查的对象是一群智力、学历、环境等条件都差不多的大学毕业生。结果是这样的：27%的人，没有目标；60%的人，目标模糊；10%的人，有清晰但比较短期的目标；3%的人，有清晰而长远的目标。25 年后，哈佛大学再次对这群学生进行了跟踪调查。结果是这样的：3%的人，25 年间他们朝着一个方向不懈努力，大部分成为社会各界的成功人士，其中不乏行业领袖、社会精英；10%的人，他们不断地实现短期目标，成为各个领域中的专业人士，大多生活在社会的中上层；60%的人，他们安稳地生活与工作，但都没有什么特别的成绩，大多生活在社会的中下层；剩下 27%的人，他们的生活没有目标，过得很不如意，并且常常抱怨他人，抱怨社会、抱怨这个"不肯给他们机会"的世界。成功，需要明确的目标和方向。目标，像分水岭一样，轻而易举地把资质相似的人们分为少数的精英和多数的平庸之辈。其实，他们之间的差别仅仅在于 25 年前，他们中的一些人知道自己到底要什么，而另一些人则不清楚或不是很清楚。

明确职业目标包括选定职业的理想目标、基本目标和参考目标，明确择业或者创业的主攻方向和努力方向。当然这基于正确的自我评价，既不能过高地估计自己的能力，也不要过低地估计自己的能力。要找准职业定位，做好职业规划，寻求适合自己价值观、人生观、个性需要和发展需求的职业。一个人的择业或创业目标要与本人具备的实力相当或接近，要根据自己的志向、兴趣、气质、性格和能力来选择适合自己的职业，既不故步自封，也不好高骛远。

拓展阅读

新生活从选定方向开始

比塞尔是西撒哈拉沙漠中的一个小村庄，它靠在一块1.5平方千米的绿洲旁，可是在1926年肯·莱文发现它之前，这儿的人没有一个走出过大沙漠。肯·莱文作为英国皇家学院的院士，当然不相信这种说法。他用手语向当地的人问其原因，结果每个人的回答都是一样的：从这儿无论向哪个方向走，最后都还是要转到这个地方来。为了证实这种说法的真伪，他做了一次实验，从比塞尔向北走，结果三天半就走了出来。比塞尔人为什么走不出来呢？肯·莱文非常纳闷，最后他只得雇一个比塞尔人，让他带路，肯·莱文收起指南针等现代化设备，只拄一根木棍跟在后面。10天过去了，他们走了很远的路程，第11天的早晨，一块绿洲出现在眼前。他们果然又回到了比塞尔。这一次肯·莱文终于明白了，比塞尔人之所以走不出沙漠，是因为他们根本不认识北斗星。在一望无际的沙漠里，一个人如果凭着感觉往前走，他会走出许许多多、大小不一的圆圈，最后的足迹十有八九是一把卷尺的形状。比塞尔处在浩瀚的沙漠中间，方圆上千公里没有一点参照物，若不认识北斗星又没有指南针，想走出沙漠，确实是不可能的。

肯·莱文在离开比塞尔时，带了一位叫阿古特尔的青年，这个青年就是上次和他合作的人，他告诉这位小伙子，只要白天休息，夜晚朝北面那颗最亮的星走，就能走出沙漠。阿古特尔跟着肯·莱文，3天之后果然来到了大漠的边缘。现在比塞尔已是西撒哈拉沙漠中一颗明珠，每年有数以万计的旅游者来到这儿，阿古特尔作为比塞尔的开拓者，他的铜像被竖在小城中央。铜像的底座上刻着一行字：新生活是从选定方向开始的。

二、自我评估

自我评估的目的，是认识自己、了解自己。因为只有认识了自己，才能对自己的职业做出正确的选择，才能选定适合自己发展的职业生涯路线，才能对自己的职业生涯目标做出最佳抉择。自我评估包括自己的兴趣、特长、性格、学识、技能、智商、情商、思维方式、思维方法、道德水准及社会中的自我等。

自我是独立的、客观存在的实体。对这样一个客观存在的实体，要做出客观的评价并不容易，有些毕业生往往容易出现走极端现象，要么自负，要么自卑。自负与自卑都是由于不能客观地评价自我而引发的畸形心态，个体需要尽快地摆脱它们。要知道，在现实生活中，“人无完人，金无足赤”，每个人都有弱点，也有别人没有的独特长处，对自己要进行全面、正确的分析，弄清自己的长处和不足之处、适合到什么单位什么岗位工作、适不适合创业。只有实事求是、扬长避短，才能使自己的长处得到发挥。

三、正视社会现实

社会作为大学生择业与创业的客观基础，为大学生就业、创业提供了现实的可能性，除了要正确、全面、客观地认识自己，还要正确认识社会，了解我国的大学生就业和创业政策、人才政策、人才需求状况和社会需要，寻找自我与社会的最佳结合点，努力使自己的愿望与社会需要相互协调，达到和谐统一。择业、创业时积极的心态会使大学生正视社会，适应社会；消极的心态会使大学生脱离社会，逃避社会。随着知识经济时代的到来，社会越来越尊重知识、尊重人才，将尽可能为人们择业、创业提供较好的环境，为择业、创业者施展自己的才能提供广阔的天地。但同时也必须看到，我国目前的生产力还相对落后，供需形势不够平衡，教育结构不尽合理，社会为择业、创业者提供的机遇不可能使人人都满意。另外，我国的就业市场还需要进一步完善，不正之风还有可乘之机，用人单位自主权扩大以后，对择业者的要求更加严格。所以，择业、创业者要从实际出发，勇敢地投入社会、了解社会，积极主动地去适应社会需要。面对竞争激烈的人才市场，只有勇于竞争，不轻言放弃，才能被社会承认和接受。

四、调整择业与创业心理

择业与创业都要避免理想主义，不要奢望一次就能找到理想的工作岗位或者一次创业就能成功，或一夜暴富。面对竞争日益激烈的就业、创业形势，每个人在规划自己的职业时，期望值不要过高，眼光不要只盯在那些大城市、大公司或者效益好、工资高的单位。职业理想的追求与实现，并不一定取决于职业本身。在中外众多的伟大科学家的成长过程中，我们常常可以看到他们当初职业的起点并非那么理想。富兰克林曾经是个钉书工人，华罗庚初中毕业后便帮助家里料理杂货铺，也曾在母校干过杂务。北大毕业生卖猪肉的故事也是大家耳熟能详的。

五、强化自身的竞争意识

择业或者创业不是凭理想按图索骥，而是社会选择，优胜劣汰。因此，不断强化竞争意识，迎接新的挑战就成为求职者在择业、创业前最基本的心理准备。强化择业、创业的竞争意识，一是要在正确自我评价的基础上，充分相信自己的实力，敢于通过竞争实现理想的目标；二是必须在心理上准备同“铁饭碗”“大锅饭”的传统告别，从社会进步和发展的角度来加深对竞争机制的认识，自觉地正视社会现实，转变观念，做好参加竞争的心理准备。择业本身就是一个选择与被选择的过程，随时都有可能被招聘单位拒绝，但只有勇于竞争，善于竞争，有耐心和韧性，才能实现自己的理想。

六、永远充满自信

自信是求职、创业成功的心理基础，自信是对自己的实力有充分的估计和坚定的信心。一个心理健康的人对人生总保持着自信心，如果丧失了自信心，就失去了开拓新生活的勇气。在顺境中有自信心不足为奇，在逆境中更需要自信心的支持。求职者、创业者都应该对自己有充分的认识，面对社会的选择，把主观愿望和客观条件结合起来，充满自信地向社会推销自我。要做到这点，在平时就应注意培养自己良好的人格品质，培养自信乐观、自强不息、宽容豁达、开拓创新等品质。所谓自信，就是无论成功与否，无论身在顺境还是逆境都能坦诚地对待自己，相信自己，做到自尊、自爱、自信、自强，保持乐观进取、积极健康的心态。

七、 正确对待挫折

人们在择业与创业中遇到挫折是正常的，不可因此而自卑。对于求职者、创业者而言，挫折更是一种鞭策，并不意味着淘汰和鄙视，相反，它能促使失败者振作起来，使自己加快自立、自强的转化过程。求职者和创业者在求职创业过程中应保持健康、稳定的心理，积极进取的态度，遇到挫折不要消极退缩，要认真分析失败的原因，是主观努力不够还是客观条件太苛刻，经过认真分析才能心中有数，调节好心态。不要一次失败就灰心丧气，一蹶不振。落聘或创业失败虽失去一次机会，但并不意味事业无成、人生无望。要不断地激励自己，放弃等待机遇、怨天尤人、牢骚满腹的挫折心理，要有一种屡败屡战的昂扬斗志，百折不回的勇气和毅力，藐视困难，增强信心，修正目标，积极进取。即使暂时失败，也应坚信“我不是失败，只是还没有成功”。

拓展阅读

永远的坐票

有一个人经常出差，但经常买不到对号入座的车票。可是无论长途短途，无论车上多挤，他却总能找到座位。

他的办法其实很简单，就是耐心地一节车厢一节车厢找过去。这个办法听上去似乎并不高明，但很管用。每次，他都做好了从第一节车厢走到最后一节车厢的准备，可是每次他都用不着走到最后就会发现空位。他说，这是因为像他这样锲而不舍找座位的乘客实在不多，经常是在他落座的车厢里尚余若干座位，而在其他车厢的过道和车厢接头处，居然人满为患。他说，大多数乘客轻易就被一两节车厢拥挤的表面现象迷惑了，不大细想在数十次停靠之中，火车十几个车厢乘客上上下下的流动中蕴藏着不少提供座位的机遇；即使想到了，他们也没有那一份寻找的耐心。眼前一方小小立足之地很容易让大多数人满足，为了一两个座位背着行囊挤来挤去有些人也觉得不值。他们还担心万一找不到座位，回头连好好站着的地方也没有了。与生活中一些安于现状、不思进取、害怕失败的人，永远只能滞留在没有成功的起点上一样，这些不愿主动找座位的乘客大多只能在上车时最初的落脚之处一直站到下车。

生活就是这样，如果你只接受最好的，你终究会得到最好的。自信、执着、富有远见、勤于实践，会让你握有一张人生之旅永远的坐票。

第二节 大学生择业与创业的心理问题

一、 大学生择业与创业常见的错误观念

(一)只顾眼前利益，忽视职业发展

一些大学生在择业与创业标准中只在乎工作条件、收入等眼前的利益，而对自我的职业兴趣、能力、职业的发展前景等因素不做考虑，因而极易选择并不适合自己的职业。

(二)职业标准过于功利化、等级化

一些毕业生过分强调职业的功利价值，甚至还将职业划分为不同等级，不考虑国家与社会的需要，不愿意到条件比较艰苦的地区和行业去工作。

(三)求安稳，求职一次到位的传统观念根深蒂固

很多大学生仍然喜欢稳定、清闲、福利保障好的单位，认为这样就能选定理想的职业，不愿意选择有风险、有挑战性的职业，更不敢去创业。

(四)过分强调专业对口，学以致用

大学生在求职时，只要是与自己专业关系不密切的职业就不考虑，这样做只能是人为地增加了自己的就业和创业难度。

(五)职业意义认识不当

从观念上来说，许多大学生仅仅把工作当作一种谋生的手段，没有充分认识到职业对个人发展、社会进步的重要意义。

二、 大学生择业与创业面临的心理矛盾

(一)理想与现实之间的矛盾

大学生富有热情，带有理想主义色彩，十年寒窗一朝毕业，都希望有一个理想的职业环境，或者创业一次就成功，顺利实现自己的愿望，但是他们真正接触社会较少，涉世不深，还不善于客观地认识和面对现实，心中的理想往往脱离客观条件，与现实状况有较大落差。从我国的实际情况来看，由于生产力发展水平还比较低，各地的经济发展也不平衡，地区之间、城乡之间在生活方式、工作环境、劳动报酬等方面

都存在较大的差异。再加上社会就业竞争加剧，毕业生个人的愿望不可能都得到满足，因此大学生在择业与创业过程中容易面临失败，体会到现实的残酷。

(二)独立性与依赖性之间的矛盾

大学生毕业就要告别老师和同学，离开自己生活多年的校园，失去家长与老师在学习、生活上的监督，进入相对自主与开放的社会大舞台，独立意识逐渐增强，也渴望拥有一份独立的心理空间。然而由于各种主客观因素的制约，大学生往往有要求独立的想法，但缺乏独立的行为能力，这是社会实践经验不足，并且长期以来对家长与老师过分依赖导致的。

(三)渴望竞争与畏惧竞争之间的矛盾

大学生乐于接受竞争机制。新的就业、创业制度的改革，为大学生提供了公平竞争的机会，能者优先。他们早已意识到竞争能推动社会发展，推动人类进步，并且在现代社会越来越体现出其优越性。可自己参与竞争时，又往往缺乏自信与勇气，恐惧竞争，害怕失败，顾虑重重。或者在择业与创业时只注意到事物积极的一面，忽略消极的影响，一旦出现困难就认为自己运气不好、不适合竞争，被困难吓倒，浪费一次择业或创业的机会。这一矛盾出现在竞争意识无处不在的当今社会，且影响很大。大学生应当在业务上充实自我，在心理上鼓足干劲，树立自信，积极参与，迎难而上，只有这样，才能在竞争中立于不败之地，才能成就事业。

(四)较强的自我意识与缺乏客观评价自我的能力之间的矛盾

当代大学生自我表现意识日趋增强，自我存在意识也很强烈，表现出了较强的个性，有主见，有特色，力求不落俗套。然而由于他们涉世尚浅，社会经验不足，自我认识与评价能力较差，不能正确、客观、科学地评价自己。大学生对自己估计过高，洋洋自得，盲目自信，甚至骄傲自满，容不下别人，这会在择业、创业中给自己带来诸多不利；大学生对自己估计过低，会产生自卑心理，认为人家都比自己强，自己是一个“废物”，经常由于自暴自弃而失去良好的择业或创业机会，到头来留下遗憾。因此，大学生在择业与创业过程中，应当真实客观地把握自我，遇事既不要忘乎所以，狂欢乱喜，也不要萎懦不前，自我轻视，烦恼忧郁。要冷静明智地面对现实，提高把握自我的能力。

三、 大学生择业与创业的一般心理问题

大学生群体是个体由青年期到成年期成长过程中一个特殊的群体，集多种特殊性于一身，具有处于“第二次心理断乳期”“心理延续尝负期”、多重价值观、人格的再构成等内在原因；同时存在于环境中的诱发因素，使得大学生的心理健康状况比个体一生中的其他阶段人群及处于这一时期的其他群体明显要低。由于心理应激水平相对低，心理冲突强度相对大，有的毕业生会出现一些躯体化症状，如头痛、头晕、心慌、消化紊乱、神经衰弱、失眠等。行为与生理反应的失常通常是择业与创业心理失常的表现。

(一)压力与焦虑

当前激烈的就业竞争环境给大学生带来了较大的心理压力，而且各年级学生都存在这种压力。调查显示，个人前途与就业已成为大学生心理压力中最主要的因素，而且压力有随着年级增高而增大的趋势。学生对就业压力体验相当消极，尤其以心理体验最为严重。大学生毕业前心理压力较过去有明显增大，主要原因是毕业方向的选择、就业、考研、恋爱分合、离别感伤、经济条件等冲突和事件。女大学生心理压力大于男大学生，农村学生的焦虑水平高于城市学生。大学生面对就业压力采取的释放方式过于内向化，主要的方式是自己解决和求助于同学朋友。大学生在求职择业过程中普遍出现焦虑和烦躁不安甚至恐惧的心理。有的学生对用人单位严格的录用程序(如笔试、口试、面试、心理测试)感到胆战心惊。尤其是对于自己向往的高职位、高待遇的单位，参与竞争的人越多，录用条件越严格，大学生就越容易失去被录用的信心。当然，还有的因自己是女生而怕求职失败，有的因自己学习成绩不佳而烦恼，有的因自己能力低而紧张。这些都是心理焦虑现象的表现。刚走出校门，没有社会经验的大学生对选择职业这一人生大课题产生焦虑心理是正常现象。但是，如果过度地焦躁、沮丧、不安，自己又不能在一定时间内化解这些情绪，这些情绪就有可能转变为心理障碍或心理疾病。它会严重影响学生主观能动性的发挥，使他的潜能和才华被埋没，给就业或创业带来不必要的困难，甚至造成失败。

(二)期望与失落感

许多大学生都有一种“十年寒窗，一举成名”的心理，因此，对择业或创业的期望

相当高。大学生大多希望到生活条件好、福利待遇高的大城市、大机关、大公司工作，而不愿到急需人才但条件艰苦的中小城市和基层小单位工作，过分地考虑择业的地域、职位的高低和单位的经济效益。高期望驱使的毕业生总是向往高薪水、高职位、高起点，渴求高收入、高物质回报，并一厢情愿地对用人单位提出种种要求，将自己就业的目标定得很高，即使找不到合适的单位也不肯降低就业期望值。可是，现实的就业岗位大多不像大学生想象得那么美好，创业也不是那么容易就能成功的，因此，当发现现实与理想的差距较大时，大学生就容易出现"高不成，低不就"的现象，并产生偏执、幻想、自卑、虚伪等心理问题，并可能导致择业与创业行为的偏差。

四、常见的心理问题

面对严峻的就业形势，面对众多的竞争对手，大学生要想获得择业或创业的成功，没有充分的心理准备是不行的。"双向选择、自主择业创业"既为广大的大学生提供了公平竞争和施展才华的机会，同时也对大学生的心理素质提出了新的挑战，特别是近年来就业矛盾日益突出，就业难度日趋增大，给广大毕业生带来了巨大的心理压力。有相当一部分毕业生在新的就业体制和严峻的就业形势面前，心理准备不足，在就业创业过程中出现了种种心理偏差，有的甚至出现了严重的就业心理障碍。

（一）自卑畏怯心理

一些大学生自我评价过低，尤其是高职高专学生容易过低估计自己的知识和能力水平，在求职过程中缺乏自信、过于拘谨、缩手缩脚，不能向用人单位充分展示自我，在创业过程中优柔寡断，从而坐失良机；有的大学生因为学历、成绩、能力、性格方面的某些缺陷和不足而丧失了勇气，悲观失望、抑郁孤僻、不思进取，觉得自己事事不如他人，不敢参与就业或创业的竞争。大学生一旦在就业或创业过程中受到挫折，由于缺乏心理上的承受能力，因此他们总是选择放弃。

在就业中的自卑一般产生于以下一些情况中：首先，一些冷门专业的大学生看到就业市场寻求自己专业的单位少、待遇差或在求职中遭冷遇，就容易悲观失望；其次，一些性格比较内向、不善言辞的大学生看到其他应聘者口若悬河，自己什么也说不出来也会自惭形秽；再次，一些在校成绩与表现一般的大学生看到别人的自荐书上奖励、证书、成果一大堆，自己却什么也没有，也容易自我贬低；最后，一些女大学生在就业遭受到用人单位的歧视后也会自怨自艾。总之，自卑的大学生不敢正视现实，对自己的长处估计不够，怀疑自己的能力，不善于发现适合自己的职业，在对自己的抱怨、贬低中失去了求职的勇气。在激烈的择业竞争中，这种心理障碍是走向成功的大敌，大学生必须认真加以克服。

(二)盲目自信心理

一些大学生受陈旧观念的影响，自认为高人一等，或自我评估过高，过高估计自己的知识和能力水平，在择业过程中好高骛远，自命不凡，眼高手低，给用人单位留下浮躁、不踏实的印象，从而不受用人单位的欢迎。有的大学生就业期望值过高，择业脱离实际，怕吃苦、讲实惠，不愿到基层和艰苦地区等需要人才的地方工作，或者希望创业能够一朝成功，一夜暴富。其实择业、创业目标往往与现实之间存在巨大的反差。一些专业较好、就业资本较雄厚的大学生容易从自信变为自负。有的大学生是脱离实际的自大，他们既缺乏对自己的客观认识，也对就业市场、职业生活缺乏了解，一切都凭自己的主观想象。还有的大学生认为自己在择业或创业中具备种种优势：学习成绩优秀，政治条件好，专业需求大，家庭经济条件优越，因而盲目自信，对自己估计过高，对自己的不足和可能遇到的困难估计不充分而在择业或创业中受挫。

自卑与自大是大学生身上常见的人格缺陷，他们在择业或创业中对自己缺乏一个客观的评价，同时对职业缺乏深入的认识。自卑是自大的反面，但是两者有时会相互转化。在择业或创业中自卑与自大常存在交织的现象，如一些大学生在择业或创业比较顺利时容易自大，一旦遇到挫折就自卑；一些大学生虽然对自身条件比较自卑，但是真正遇到用人单位时却又表现为自大，要价很高。

(三)盲目从众心理

盲目从众，是指在择业与创业时不考虑自己的兴趣、专业等特点，盲目听从或跟随别人的意见及盲目寻求热门职业的现象。大学生正处于人格逐渐完善和成熟的阶段，容易受社会思潮和社会观念的影响，人云亦云，缺乏主见，从众心理较为严重。表现在求职择业过程中，就是忽视所学专业的特点，过分追求实惠，盲目奔向经济发达地区和中心城市就业，一味追求所谓的热门单位、热门职业，在创业过程中只想追求眼前的经济利益，没有从职业发展与个人前途、社会需要去考虑，求安稳，缺乏积极进取精神，功利主义、实用主义思想严重。持有这种心理的毕业生往往脱离自己的实际状况，跟在别人的后面走。例如，在就业市场中哪个摊位前人多他们就往哪里去，别人说什么工作好他们就寻求什么样的工作，别人说什么公司赚钱他们就想去开什么公司，而全然不顾自己的能力和现状，不会扬长避短。从个人长远发展看，这并非明智的选择。

（四）患得患失心理

大学生在择业与创业的过程中，面临着种种剧烈的心理冲突，因而产生了种种矛盾的心态：他们希望自主择业或创业，但又不愿承担风险；渴望竞争，又缺乏竞争的勇气；胸怀远大理想，却不愿正视眼前的现实；注重专业能力的发展，但又互相攀比、爱慕虚荣；重事业、重才智的发挥，但在实际价值取向上重物质、重利益；对自我有充足的信心，但在遇到挫折之后，又容易自卑；既崇尚个人奋斗、自我实现，又有较强的依赖感。职业目标上理想和现实的反差，自我认知上自傲与自卑并存，职业选择上独立性和依赖感错位，使得部分大学生在就业中感到十分迷惘和困惑。职业的选择往往也是对机遇的一种把握，错过机遇，将会与成功失之交臂。当断不断，患得患失，这山望着那山高，这也是导致许多毕业生陷入择业与创业误区的一种心理问题。

拓展阅读

选定一把椅子

世界著名歌唱家帕瓦罗蒂生前回顾自己走过的成功之路时说：“当我还是一个孩子时，我的父亲，一个面包师，就开始教我唱歌。他鼓励我刻苦练习，培养嗓子的功底。当时，我的兴趣广泛，有很多爱好和目标，想当老师，当工程师，当科学家，还想当歌唱家。父亲告诫我说：‘孩子，如果你想同时坐两把椅子，你就会掉在两把椅子之间。在人生的道路上，你应该选定一把椅子。’经过反复考虑，我选择了唱歌。于是，经过七年的不懈学习，终于第一次登台演出。又用了七年，才得以进入大都会歌剧院。而第三个七年结束时，我终于成了歌唱家。要问我成功的诀窍，那就是一句话：请你选定一把椅子。”

校园案例

患得患失，错失良机

某高职院校学生小王在择业时，第一家拟签约的公司与他学的专业对口，待遇也不错，但它是一家私营企业，他感觉不稳当，于是放弃了；第二家单位是国有单位，但是地域不好，于是他又放弃了；第三家，其他条件还行，但专业又完全不对口……眼看机会一个个失去，别的同学都纷纷签订了就业协议，而自己还没有着落，小王感到十分茫然。

部分同学在择业时患得患失，盲目从众，一味求稳求全，希望第一次择业可以一步到位，这样会导致这山望着那山高，反而错失良机。

(五)依赖心理

在择业与创业过程中，一些大学生缺乏主动参与意识和竞争意识，信心和勇气不足，在社会为其提供的就业或创业机会面前顾虑重重，不能主动地参与市场的竞争，向用人单位展示自我，推销自我，依靠自身的努力去赢得竞争，赢得用人单位青睐，而是寄希望于学校，寄希望于地方毕业生就业主管部门，寄希望于家庭，或静候学校和地方的安排，或依靠家长去四处奔波，缺乏择业与创业的主动性，等靠思想和依赖心理严重，使自己在就业或创业中处于劣势。在求职择业中，这种心理又具体表现为两种倾向：一种是依赖大多数的从众心理，自己缺乏独立的见解，不是从自己的实际情况做出切合实际的选择，而是人云亦云，见别人都往大城市、大机关挤，自己也跟着凑热闹；另一种是依赖政策，依赖他人的倾向，不主动积极，这种心态也是与激烈竞争的社会现实格格不入的。

(六)挫折心理

在生活中有成功就会有失败。大学生一直囿于校园，生活经历比较简单，没有经受过挫折的考验，所以心理承受能力和自我调节能力较差，情绪波动性大，情感较为脆弱，缺乏迎接挫折的准备。在择业与创业过程中，一旦受到挫折，大学生往往产生挫折心理，感到失落、悲观失望、自惭形秽，对自己、对未来失去信心，或不思进取、消极等待，或怨天尤人、失落放弃。

(七)畏难心理

大学生在择业与创业过程中，普遍拔高职业标准，即起点高、薪水高、职位高，而畏惧可能遇到的困难和挫折，这是典型的贪图享乐、害怕吃苦的表现。在畏难心理的驱使下，大学生选择职业的面很窄，形成千军万马过独木桥的局面。畏难的心理严重影响择业与创业的成功率，因此大学生择业与创业前就应克服畏难的心理。

第三节　大学生择业与创业的心理调适与创业途径

拓展阅读

沙子和珍珠

有一个自以为是的年轻人，大学毕业以后一直找不到理想的工作，他觉得自己怀才不遇，对社会感到非常失望。

多次的碰壁，让他伤心而绝望，他感到没有伯乐来赏识他这匹“千里马”。痛苦绝望之下，他来到大海边，打算就此结束自己的生命。在他正要被海水淹没的时候，正好有一位老人从这里走过，看见了他，并且救了他。老人问他为什么要走绝路，他说自己得不到别人和社会的承认，没有人欣赏并且重用他……

老人听完，从脚下的沙滩上捡起一粒沙子，让年轻人看了看，然后就随意地扔在了地上，对年轻人说：“请你把我刚才扔在地上的那粒沙子捡起来。”“这根本不可能！”年轻人说。老人没有说话，从自己的口袋里掏出一颗晶莹剔透的珍珠，也是随意地扔在了地上，然后对年轻人说：“你能不能把这颗珍珠捡起来呢？”“当然可以啦！”“那你就应该明白是为什么了吧？你应该知道，现在你自己还不是一颗珍珠，所以你不能苛求别人立即承认你。如果要别人承认，那你就要想办法使自己成为一颗珍珠才行。”年轻人蹙眉低首，顿有所悟。

有的时候，我们必须正视自己是普通的沙粒，而不是价值连城的珍珠。想要卓尔不群，那必须要有鹤立鸡群的资本才行。我们要忍受得了打击和挫折，也要承受得了被忽视，努力向上，争取离成功更近一点。宝剑锋自磨砺出，梅花香自苦寒来，不经历风雨，哪能见彩虹？无论你现在如何，请先试着把自己变成一颗珍珠吧！

一、 大学生择业与创业的心理调适

择业与创业本身就是我们认识和适应社会的一个过程，在择业与创业过程中遇到困难，甚至经过几次挫折才成功是正常的；在择业与创业过程中遇到许多心理冲突、困惑，产生一些不良情绪也是正常的。遇到问题时，要学会调节自己的心态，使自己能从容、冷静地面对就业这一人生重大课题，并做出正确、理智的选择。如果你遇到了就业心理困扰，可以试着从以下几个方面来调节。

(一)树立正确的就业观念，调整就业期望值

大学生总要走向社会，比起学校来社会是复杂的，因此正确的心态是正视社会、适应社会。就业市场化，自主择业、创业给大学生带来了机遇与实惠，但许多大学生对市场残酷的一面认识不足，对就业市场的客观了解不够。与其成天怨天尤人，浪费了时间、影响了心情，还不如勇敢地承认和接受当前所面临的现实，彻底打破以往的美好想象，脚踏实地地寻求解决问题的好方法。

在就业市场上，用人单位找不到人、大量的毕业生无处去的“错位”现象普遍存在，这是由于大学生的就业期望普遍较高。因此，要顺利就业就必须首先根据自己的实际情况和就业形势，调整自己的就业期望值。调整就业期望值不是对单位没有选择，只要有单位就去，而是要在职业生涯规划和职业发展观念的基础上重新确定自己的人生轨迹。这就是说要树立长远的职业发展观念，放弃过去那种择业就是“一次到位”，要求绝对安稳的观念。在择业时要看得长远一些，学会规划自己整个人生的职业生涯。在当前获得一个理想职业的时机还不成熟时，应采取“先就业，后择业，再创业”的办法。也就是说，在择业时不要期望太高，可以先选择一个职业，不断提高自己的社会生存能力、增加工作经验，然后再凭借自己的努力，通过正当的职业流动来逐步实现自我价值。

面对就业市场的新形势，国务院印发的《关于大力推进大众创业万众创新若干政策措施的意见》明确提出“支持大学生创业”，并提出“建立健全弹性学制管理办法”“支持大学生保留学籍休学创业”。教育部颁布的新修订版《普通高等学校学生管理规定》明确提出，大学生参加创新创业等活动，折算成学分，计入学业成绩，并鼓励学校建立创新创业档案、设置创新创业学分。由此，一部分大学生通过创业形式实现就业，也是一种不错的尝试。但是由于当前经济形势严峻、自身经验不足、缺乏经济基础等原因，目前我国大学生创业的成功率还是很低，选择创业还是要综合考虑客观、主观条件，慎重选择，不能期望值过高。

(二)坦然面对就业挫折，提高心理承受力

面对市场竞争、就业压力，大学生的择业与创业总会遇到许多困难、挫折或委屈，如一些专业“热门”，有些则“冷门”；女大学生找工作容易受到歧视等。大学生面

对这些问题仅抱怨是没有用的，更重要的是调整心态，提高自己对各种突发事件的心理承受能力。其实，择业与创业的过程也是大学生重新认识自我、认识社会，并主动调整自我适应社会的过程。如果能通过择业和创业而增强自我调节与承受能力，对大学生今后的职业、生活都是非常有用的。

大学毕业生在择业与创业过程中，一定会遇到各种障碍和挫折。对待和处理挫折的态度、方法不同，产生的影响和效果也是迥然不同的。有的人在挫折中徘徊、沉沦；有的人在挫折中奋发、崛起。有了强烈的自信心、乐观开朗的性格、顽强的意志和优良的心理素质，才能够经得起失败和痛苦的考验，战胜挫折。在遇到挫折时，要用冷静和坦然的态度待之，客观地分析自己失败的原因，进行正确的归因。首先，在就业市场化和需求形势不佳、市场竞争激烈的条件下，择业与创业失败是在所难免的，自己不能期望每次择业与创业都能成功。要对可能出现的挫折有充分的心理准备。同时，应把择业与创业看作一个很好的认识社会、认识职业、适应社会的机会，应通过择业与创业活动来发展自己，促进自我成熟。其次，自己择业与创业失败并不一定就是因为自己的能力不行。失败有许多原因，可能是因为你择业与创业的方向不对，也可能是因为你的价值观与单位的企业文化不相符，还有可能是其他一些偶然因素。总之，要正确分析自己失败的原因，调整自己的择业与创业策略，学会安慰自己，以便在下次的尝试中获得成功。

(三)调整择业、创业心态，促进人格完善

在择业与创业时，自己或身边的同学出现一些不健康的心态是正常的，没有必要过度担心、害怕自己有心理障碍。当然，对于这些不良心态也要学会主动调适，必要时还可以寻求相关专业人员的帮助。进行自我心理调适的方法有很多，首先，可以进行积极的自我心理暗示，鼓励自己、相信自己，帮助自己渡过难关。其次，可以向朋友、老师倾诉，寻求他们的安慰与支持。最后，还可以通过体育锻炼、听音乐、郊游等方式转移自己的注意力，排解心中的烦闷，放松自己的心情。

通过对自己在择业与创业时出现的种种不良心态的分析，我们可以发现自己平时不容易察觉的一些人格缺陷。应该说这些人格缺陷是产生这些心理问题的根本原因，如果现在没有很好地完善自己的人格，那么这些问题还会在今后的工作、生活中继续给我们带来困扰。因此，有些问题其实是暴露得越早越好，同时也不必为自己所存在

的人格缺陷而懊恼，因为很少有人是绝对的人格健全的，关键是要在发现自己的问题的基础上，积极改变自己、发展自己，使自己的人格更加成熟，将来的人生之路更加顺畅。

（四）排除不良情绪的影响

心理学研究发现，积极的情绪体验与积极的行为变化总是有一致的关系，毕业生在择业时，要尽可能多地形成这种关系。毕业生要掌握自我调节情绪的方法，及时从消极情绪中解脱出来，促使不良情绪无害化。

拓展阅读

心理高度

为了研究“心理高度”的限制问题，有人曾经做过这样一个实验：往一个玻璃杯放进一只跳蚤，发现跳蚤立即跳了出来。再重复几遍，结果还是一样的。根据测试，跳蚤跳的高度一般可达它身体长度的400倍，所以说跳蚤可以称得上是动物界的跳高冠军。接下来实验者再次把这只跳蚤放进杯子里，不过这次是同时在杯上加一个玻璃盖，“嘣”的一声，跳蚤重重地撞在玻璃盖上。跳蚤十分困惑，但是它不会停下来，因为跳蚤的生活方式就是“跳”，一次次被撞，跳蚤开始变得聪明起来，它开始根据盖子的高度来调整自己所跳的高度。再一阵子以后，跳蚤再也没有撞击到这个盖子，而是在盖子下面自由地跳动。

一小时后，实验者开始把这个盖子轻轻拿掉，跳蚤不知道盖子已经去掉了，它还是在原来的这个高度继续地跳；三小时后，实验者发现这只跳蚤还在那里跳。一天以后发现，这只可怜的跳蚤还在这个玻璃杯里不停地跳着——可是它已经无法跳出这个玻璃杯了。

心理高度决定求职成功率。在求职过程中，许多人也在过着这样的“跳蚤人生”，屡屡去尝试成功，但是往往事与愿违，屡屡失败。几次失败以后，他们便开始不是抱怨这个世界不公平，就是怀疑自己的能力，他们不是不惜一切代价去追求成功，而是一再地降低成功的标准——即使原有的一切限制已取消。人们往往因为害怕成功高度的限制，而甘愿忍受失败者的生活。

心理互动与训练

自我激励法及面试相关训练和策略

一、自我激励法

自我激励是人们精神活动的动力之一，也是保持心理健康的一种方法。在遇到困难、挫折、打击、逆境、不幸时，善于用坚定的信念、名言警句、榜样人物的感人事迹来激励自己，使自己产生同痛苦做斗争的勇气和力量。

(一)调高目标

真正能激励你奋发向上的是确立一个既宏伟又具体的远大目标。目标太小，而且太模糊，会使自己失去动力。而如果你的主要目标不能激发你的想象力，目标的实现就会遥遥无期。

我以前的目标是：____。

我现在的目标是：____。

(二)自我评估

自我评估的目的，是认识自己、了解自己。因为只有认识了自己，才能对自己的职业做出正确的选择，才能选定适合自己发展的职业生涯路线，才能对自己的职业生涯目标做出最佳抉择。自我评估包括自己的兴趣、特长、性格、学识、技能、智商、情商、思维方式、思维方法、道德水准及社会中的自我等。

“5W”分析法：

我是谁？(Who am I?)：面对自己，真实地写出每一个想到的答案，并按重要性排序，如自己的专业、家庭情况、年龄、性别、性格、动手能力、思考能力等。

我想做什么？(What will I do?)：可以从小时候回忆，将自己喜欢做的事情写下来。

我会做什么？(What can I do?)：可以把自己有能力做的，还有通过潜能开发能够做的事写下来。

环境支持或允许我做什么？(What does the situation allow me to do?)：把自己所处的家庭、单位、学校、社会关系等各种环境因素考虑进去。

我的职业与生活规划是什么？(What is the plan of my career and life?)：把自己的职业与生活规划写下来。

二、面试的心理训练

第一步：站立不语练心阶段。这一步练心不练口。每次站立 5～10 分钟，直到练习者不觉得十分紧张为止。练习者可请家人、同学、朋友做自己的观众，本人站在高于听众之处，目视听众而不开口。此时练习者要进入讲话的心理感受之中，进行心理体验。

第二步：随意说话练口阶段。在练“心”的基础上练“口”，讲话时间以 3～5 分钟为宜。练习者和听众可现场交流对话，轮流演练，直到练习者能在人前自如流利地讲话为止。练习者在人前站立心理上已适应之后，即可进入说话训练。讲话从内容和形式上，不要给予任何的规定和限制。练习者要随心所欲，讲自己最熟悉的话。这时的练习者虽然在心理上初步适应，但开口讲话还缺乏适应性锻炼，此时大脑或紧张或混沌一片，所以这一步练习只要求练者能开口讲话就可以了，至于内容则可随意。

第三步：命题演讲练习阶段。在前两步训练的基础上，准备一些练习者感兴趣的话题，练习者即可进入命题演讲练习。练习者和听众之间要反复交流，推敲练习者的有声语言、态势语言的力度、速度、表情等。此步练习以练习者在“台”上让听众听不出练习者是在背讲稿，也不是在“演”，要求练习者达到能够真实自如、从容不迫地讲自己的心里话的地步。

第四步：即兴演讲练习阶段。抽签后给予 10 分钟时间打腹稿。此时练习者的思维处于调整运转状态，这对于提高练习者的谋篇布局、遣词造句能力都是很必要的。练习者的临场心理和讲话能力都有了一定的提高后，便可进行较高层次的即兴演讲练习内容。

三、求职失败的应对策略

步骤一：设想你求职失败的心理体验，并把它写下来。

①____。

②____。

步骤二：求职失败的原因有哪些？

①____。

②____。

步骤三：面对求职失败你会采取哪些应对方式？

①____。

②____。

二、大学生常见的创业途径

(一)学习专业知识

通过课堂学习拥有的过硬的专业知识，对创业者来说，在创业过程中将受益无穷；大学图书馆通常能找到创业指导方面的报刊和图书，广泛阅读能增加大学生对创业市场的认识，大学社团活动能锻炼他们的各种综合能力，这是创业者积累经验必不可少的实践过程。总之，创业知识广泛存在于大学生的学习、生活的视野之中。他们只要善于学习，总能找到施展才华的途径。但在信息泛滥的社会里，“去粗取精，去伪存真”也是很重要的。善于学习和总结永远是赢者的座右铭。

(二)与人交流

商业活动无处不在。你可以在你生活的周围，找有创业经验的朋友交流。在他们那里，你将得到最直接的创业技巧与经验。你甚至还可以通过电子邮件和电话拜访你崇拜的商界人士，或咨询与你的创业项目有密切联系的商业团体，你的谦逊总能得到他们的支持。

(三)创业实践

真正的创业实践开始于创业意识萌发之时。大学生的创业实践是学习创业知识的最好途径。间接的创业实践学习主要借助学校举办的某些课程的角色性、情景性模拟参与来完成。例如，积极参加校内外举办的各类大学生创业大赛、工业设计大赛等，对知名企业家成长经历、知名企业经营案例开展系统研究等也属于间接学习的范畴。直接的创业实践学习主要通过课余时间来完成，如大学校园勤工俭学、假期在外的兼职打工等；也可通过举办创意项目活动、创建电子商务网站、谋划书刊出版事宜等多种方式来完成。

(四)校园代理

大学生由于经验、能力、资本等方面都存在不足，直接创业存在很大困难，既不现实，成功率也很低，而校园代理对经验、资金等方面一般没有太高要求，可以利用课余时间代理校园畅销产品，积累市场经验，锻炼创业能力，做校园代理没有成败之分，对于大学生来说多多益善，如果做得较好，还可以积累一定的资金。

(五)个人网店

大学生是最具活力的群体，也是新技术和新潮流的引导者和受益方。网络购物的方便性、直观性，使越来越多的人在网络上购物。一些人即使不买，也会去网上了解一下自己将要买的商品的市场价。此时，一种点对点、消费者对消费者之间的网络购物模式开始兴起，以国外的易趣(ebay)为开端，以国内的淘宝为象征。这种模式吸引了越来越多的人在网上开店，在线销售商品，引发了一股个人开网店的风潮。而大学生正是这一群里的主要力量，不少大学生看到这一潮流纷纷投身个人网店，成功者也不乏其人。

心理互动与训练

霍兰德职业兴趣测试题

本测验量表将帮助您发现和确定自己的职业兴趣和能力特长，从而更好地做出求职择业的决策。本测验共有两部分，每部分测验都没有时间限制，但请您尽快按要求完成。

一、你心中的理想职业(专业)

对于未来的职业(或升学进修的专业)你也许早有考虑，它可能很抽象、很朦胧，也可能很具体、很清晰。不管是哪种情况，现在都请你把你最想干的三种工作或最想读的三种专业，按顺序写下来。

二、你感兴趣和擅长的活动

(一)你感兴趣的活动

下面列举了一些十分具体的活动。这些活动无所谓好坏，“是”代表你喜欢参加某种活动(包括过去、现在和未来)；“否”代表你不喜欢参加某种活动。注意，这一部分测验主要想确定你的职业兴趣，而不是让你选择工作，你喜欢某种活动并不意味着你一定要从事这种活动。答题时不必考虑过去是否干过和是否擅长这种活动，只根据你的兴趣直接判断即可。请务必做完每个题目。

R 型(现实型活动)

1. 装配修理电器。
2. 修理自行车。
3. 装修机器或机器零件。

4. 做木工活。

5. 驾驶卡车或拖拉机。

6. 开机床。

7. 开摩托车。

8. 上金属工艺课。

9. 上机械制图课。

10. 上木工手艺课。

11. 上电气自动化技术课。

I 型(调查型活动)

12. 阅读科技书刊。

13. 在实验室工作。

14. 研究某个科研项目。

15. 制作飞机、汽车模型。

16. 做化学实验。

17. 阅读专业性论文。

18. 解一道数学或棋艺难题。

19. 上物理课。

20. 上化学课。

21. 上几何课。

22. 上生物课。

A 型(艺术型活动)

23. 素描、制图或绘画。

24. 表演戏剧、小品或相声节目。

25. 设计家具或房屋。

26. 在舞台上演唱或跳舞。

27. 演奏一种乐器。

28. 阅读流行小说。

29. 听音乐会。

30. 从事摄影创作。

31. 阅读电影、电视剧本。

32. 读诗写诗。

33. 上书法美术课。

S 型(社会型活动)

34. 给朋友们写信。

35. 参加学校、单位组织的正式活动。

36. 加入某个社会团体或俱乐部。

37. 帮助别人解决困难。

38. 照看小孩。

39. 参加宴会、茶话会或联欢晚会。

40. 跳交谊舞。

41. 参加讨论会或辩论会。

42. 观看运动会或体育比赛。

43. 寻亲访友。

44. 阅读与人际交往有关的书刊。

E 型(企业型活动)

45. 对他人做劝说工作。

46. 买东西与人讨价还价。

47. 讨论政治问题。

48. 从事个体或独立的经营活动。

49. 出席正式会议。

50. 做演讲。

51. 在社会团体中做一名理事。

52. 检查与评价别人的工作。

53. 结识名流。

54. 带领一群人去完成某项任务。

55. 参与政治活动。

C 型(常规型活动)

56. 保持桌子和房间整洁。

57. 抄写文章或信件。

58. 开发票、写收据或打回条。

59. 打算盘或用计算机计算。

60. 记流水账或备忘录。

61. 上打字课或学速记法。

62. 上会计课。

63. 上商业统计课。

64. 将文件、报告、记录分类与归档。

65. 为领导写公务信函与报告。

66. 检查个人收支情况。

（二）你擅长的活动

下面从六个方面分别列举一些十分具体的活动，以确定你具备哪一方面的工作特长。回答时，只需考虑你过去或现在对所列活动是否擅长、胜任，不必考虑你是否喜欢这种活动。“是”代表你认为你擅长从事某种活动；“否”代表你认为你不擅长从事某种活动。注意，你如果从未从事过某种活动，那就请考虑你将来是否会擅长从事该活动。请你务必做完每个题目。

R 型（现实型能力）

1. 使用锯子、钳子、车床、砂轮等工具。

2. 使用万能电表。

3. 给自行车或机器加油使它们正常运转。

4. 使用钻床、研磨机、缝纫机等。

5. 修整木器家具表面。

6. 看机械、建筑设计图纸。

7. 修理结构简单的家用电器。

8. 制作简单的家具。

9. 绘制机械设计图纸。

10. 修理收录音机的简单部件。

11. 疏通、修理自来水管或下水道。

I 型(调研型能力)

12. 了解真空管的工作原理。

13. 知道三种以上蛋白质含量高的食物。

14. 知道一种放射性元素的“半衰期”。

15. 使用对数表。

16. 使用计算器或计算尺。

17. 使用显微镜。

18. 辨认 3 个星座。

19. 说明白细胞的功能。

20. 解释简单的化学分子式。

21. 理解人造卫星不会落地的道理。

22. 参加科技竞赛或科研成果交流会。

A 型(艺术型能力)

23. 演奏一种乐器。

24. 参加二重唱或四重唱表演。

25. 独奏或独唱。

26. 扮演剧中角色。

27. 说书或讲故事。

28. 表演现代舞或芭蕾舞。

29. 人物素描。

30. 油画或雕塑。

31. 制造陶器、捏泥塑或剪纸。

32. 设计服装、海报或家具。

33. 写得一手好文章。

S 型(社会型能力)

34. 善于向别人解释问题。

35. 参加慰问或救济活动。

36. 善于与人合作、配合默契。

37. 殷勤待客。

38. 能深入浅出地教育儿童。

39. 为一次宴会安排娱乐活动。

40. 帮助他人解决困难。

41. 帮助护理病人或伤员。

42. 安排学校或社团组织的各种集体事务。

43. 善于观察人心或判断人的性格。

44. 善于与年长者相处。

E 型(企业型能力)

45. 学校里当过班干部并且干得不错。

46. 善于督促他人工作。

47. 善于使他人按你的习惯做事。

48. 做事具有超常的经历和热情。

49. 能做一个称职的推销员。

50. 代表某个团体向有关部门提出建议或反映意见。

51. 担任某种领导职务期间获过奖或受表扬。

52. 说服别人加入你所在的团体(俱乐部、运动队、工作或研究组等)。

53. 创办一家商店或企业。

54. 知道如何做一位成功的领导人。

55. 有很好的口才。

C 型(常规型能力)

56. 一天能誊抄近一万字。

57. 能熟练地使用算盘或计算器。

58. 能够熟练地使用中文打字机。

59. 善于将书信、文件迅速归档。

60. 做过办公室职员工作且干得不错。

61. 核对数据或文章时既快又准确。

62. 会使用外文打字机或复印机。

63. 善于在短时间内分类和处理大量文件。

64. 记账或开发票时既快又准确。

65. 善于为自己或集体做财务预算(表)。

66. 能迅速誊清贷方和借方的账目。

【评价与分析】

R 型(现实型)适合的职业有飞行机械技术人员、鱼类和野生动物专家、自动化工程技术人员、木工、机床安装工或钳工、电工、无线电报务员、长途汽车司机、火车司机、机械师、测绘、水文技术人员。

I 型(调研型)适合的职业有各类科学研究人员、药剂师、科学杂志编辑、科普工作者。

A 型(艺术型)适合的职业有诗人、文学艺术评论家、作家、记者、歌唱家或歌手、作曲家、剧本写作人员、画家、相声演员、乐团指挥、电影演员。

S 型(社会型)适合的职业有工会或妇联负责人、中学教师、青少年犯罪问题专家、中学校长、心理咨询人员、精神病医生、职业介绍所工作人员、导游、青年团负责人、福利机构负责人、婚姻介绍所工作人员。

E 型(企业型)适合的职业有推销员、旅馆经理、商店管理费用人员、厂长、律师或法官、电视剧制作人、饭店或饮食店经理、人民代表、服装批发商、企业管理咨询人员。

C 型(常规型)适合的职业有簿记员、会计师、银行出纳员、法庭书记员、人口普查登记员、成本核算员、税务工作者、校对员、打字员、办公室秘书、质量检查员。

参考文献

白波，吉峰. 大学生心理健康教育[M]. 济南：山东人民出版社，2010.

周家华，王金凤. 大学生心理健康教育(第 3 版)[M]. 北京：清华大学出版社，2010.

桑志芹. 青春阳光之路——大学生心理健康教程[M]. 南京：南京大学出版社，2010.

第九章

大学生压力管理与挫折应对

学习目标

1. 掌握压力的含义及来源。
2. 了解压力的积极作用和消极作用。
3. 掌握对压力的管理方式。
4. 掌握挫折的含义及成因。
5. 了解挫折中的心理防御机制。
6. 学会如何应对挫折。

拓展阅读

电影梦，从1850次被拒绝开始

在美国，有一位穷困潦倒的年轻人，在即使把身上全部的钱加起来都不够买一件像样的西服时，仍全心全意地坚持着自己心中的梦想，他想做演员，拍电影，当明星。

当时，好莱坞共有500家电影公司，他逐一数过，并且不止一遍。后来，他又根据自己认真划定的路线与排列好的名单顺序，带着自己写好的量身定做的剧本前去拜访。但第一遍下来，所有的500家电影公司没有一家愿意聘用他。面对百分之百的被拒绝，这位年轻人并没有灰心，从最后一家被拒绝的电影公司走出来之后，他又从第一家开始，继续他的第二轮拜访与自我推荐。

在第二轮的拜访中，500 家电影公司依然拒绝了他。

第三轮的拜访结果仍与第二轮相同。这位年轻人咬牙又开始他的第四轮拜访，当拜访完第 349 家后，第 350 家电影公司的老板破天荒地答应愿意让他留下剧本先看一看。几天后，年轻人获得通知，请他前去详细商谈。就在这次商谈中，这家公司决定投资开拍这部电影，并请这位年轻人担任自己所写剧本中的男主角。这部电影名叫《洛奇》。

这位年轻人的名字就叫西尔维斯特·史泰龙。现在翻开电影史，这部叫《洛奇》的电影与这个日后红遍全世界的巨星皆榜上有名。

李嘉诚曾说过，你想过普通的生活，就会遇到普通的挫折；你想过最好的生活，就会遇到最大的挫折，这个世界很公平，你想要最好，就一定会给你最痛，能闯过去，你就是赢家。所谓成功，并不是看你有多成功，也不是要你出卖自己，而是看你是否能笑着度过！人生的路，非常长，在这一条路上会遇到各种挫折，我们要学会正确面对。有人面对困难，不思进取，屈服于恶劣环境，他们也许会拥有暂时的舒适与安宁，却是以个性为代价换来的；也有人选择逃避，他们躲在自己狭小的空间以逃避困境，他们也许会拥有一生的平静，却不曾享受过战胜挫折后成功的喜悦，而在这社会中，必然还有一类人的存在，他们不甘平庸，不愿趋炎附势，于是他们努力改变着周围恶劣的环境，最终使整个环境因自己的努力变成顺境。

第一节 压力概述

压力是在现代生活中人们最普遍的一种心理和情绪的体验。随着社会发展速度的不断加快，快节奏、高效率的生活方式越来越多地出现在人们的生活中。当代大学生在社会、家庭、学校等外界环境的影响下，将面对来自各方面的压力，如学习、就业、情感、经济、自己和父母的期望等。而大学生在面对压力时也表现出不同的反应，即对待压力的态度不一样。所以我们要找出适当的方法来缓解压力，以便更好地提高学习生活的质量，也让我们以更健康的心态去面对学习和生活。

一、 压力的含义

压力是心理压力源和心理压力反应共同构成的一种认知和行为体验过程，是对某件事做出的应激反应，所以简单地说，压力也就是应激。1936 年，加拿大著名内分泌专家汉斯·薛利博士首次提出这一概念，具体是指由刺激引起的，伴有躯体机能及心理活动改变的一种紧张状态。

压力是一种外在的东西，但从心理学角度来看，压力一定是和人本身的心理状况有关的，所以压力也就是心理压力。据研究证明，压力能够改变我们的日常生活行为习惯，而这种改变也会影响我们的健康。

二、 压力下的身心反应

人们当面临压力时会产生身体和心理上的一系列反应。这些反应在一定程度上是机体主动适应环境变化的需要，它能唤起和发挥机体的潜能，提高抗病能力。但是如果反应过于强烈或持久，就可能导致生理、心理功能的紊乱。主要有以下表现。

(一)压力下的生理反应

个体在压力状态下会出现一系列的生理反应，主要表现在自主神经系统、内分泌系统和免疫系统等方面。例如，导致心率加快、血压升高、呼吸急促、激素分泌增加、消化道蠕动和分泌减少、出汗等。汉斯·薛利博士在 20 世纪 50 年代以白鼠为研究对象进行多项压力的实验研究中，将压力状态下身体的反应分成三个阶段：第一个阶段是警觉阶段。在这一阶段中，刺激的突然出现使个体情绪紧张，注意力提高，体温与血压下降，肾上腺分泌增加，进入应激状态。如果压力继续存在，身体就进入第二个阶段，即抗拒阶段，身体企图对其任何受损的部分加以维护、复原，因而产生大量调节身体的激素。第三个阶段是衰竭阶段，压力存在太久，应对压力的精力耗尽，身体各功能突然缓慢下来，适应能力丧失。可见，压力下的生理反应可以调动机体的潜在能量，提高机体对外界刺激的感受和适应能力，从而使机体更有效地应对变化。但过久处于压力状态会使人适应能力下降。

(二)压力下的心理反应

压力引起的心理反应有警觉、注意力集中、思维敏捷、精神振奋等，这是适应的心理反应，有助于个体适应环境。例如，学生考试、运动员参赛，在适度压力下竞争容易取得好成绩。但是，过度的压力会带来负面反应，出现消极的情绪，如忧虑、焦躁、愤怒、沮丧、悲观失望、抑郁等，会使人思维狭窄、自我评价降低、自信心减弱、注意力分散、记忆力下降，表现出消极被动的状态。心理学研究还表明，过度的压力会影响智能，压力越大，认知效能越差。个体在压力状态下的心理反应存在很大差异，这取决于个体对压力的知觉和解释及处理压力的能力。

(三)压力下的行为反应

个体面临压力时会有各种行为变化，这些变化取决于压力的程度及个体所处的环境。压力下的行为反应可分为直接反应与间接反应。直接反应指直接面对引起紧张的刺激时，为了消除刺激源而做出的反应，如路遇歹徒或与其搏斗或逃避。间接反应指借助某些物质暂时减轻与压力体验有关的苦恼，如借酒消愁。一般而言，轻度的压力会引起或增强一些正向的行为反应，如寻求他人支持，学习处理压力的技巧。但压力过大、过久，会引发不良适应的行为反应，如谈话结巴、刻板动作、过度饮食、攻击行为、失眠等。心理学研究实验发现，猩猩在被隔离监禁一段时间后，会出现重复的摇晃、吸吮手指或原地绕圈等刻板行为。

三、 大学生的压力源

(一)压力源的定义

压力源又称应激源或紧张源，是指任何能够被个体知觉并产生正性或负性压力反应的事件或内、外环境的刺激。生活中的任何事都有可能成为压力源，主要包括以下几种。

1. 躯体性压力源

躯体性压力源是指直接作用于人体产生的刺激，如创伤、疾病、饥饿、睡眠、噪声、气温变化等。

2. 精神性压力源

精神性压力源通常包括错误的认知结构、个体的不良经验、道德冲突、不良的个性心理特点，它来自人们的大脑，主要反映心理方面的问题。

3. 社会环境性压力源

社会环境性压力源为纯社会的、由自身状况造成的人际适应问题。心理学家格拉斯通提出了会给我们带来明显压力感受的九种类型的生活变化：就任新职、就读新的学校、搬迁新居；恋爱或失恋、结婚或离婚；生病或身体不适；怀孕生子，初为人父、人母；更换工作或失业；进入青春期；进入更年期；亲友死亡；步入老年。此外，家庭、工作与环境状况之间的关系、所从事工作的性质、文化性迁移、习俗及宗教信仰的变化等，也都是心理压力的成因。

(二)在校大学生常见的压力源

当代大学生作为推动社会发展的精英人才，是祖国的未来，将面临更多的压力。作为刚跨进高职院校校门的学生，他们不仅要满足自己对自身的期望值，还要面对来自各方面的期待甚至质疑，更要面对来自新环境里的学业、人际关系、情感、就业等问题。所以对于他们来说，压力源有以下几个方面。

1. 对校园新环境不适应

新入学时，有的学生首次长时间、远距离地离开父母，在陌生的环境中，面对因地域变化产生的口音、饮食、作息、生活习惯的差异，感到陌生不适；有的学生的思维尚没有转变，依然停留在中学时期，依赖老师和家长的约束，对这样有大多数自我支配时间的学习生活方式，感到无所适从；有的学生由于高考失利，进校后依然存在巨大的心理落差，在低落的情绪中无法自拔；还有的学生在面对新的群体时，认为自己不再是曾经的优等生，自我优越感丧失，产生自卑情绪……这些由于环境改变造成的压力，往往会给学生带来一些苦闷、压抑的情绪体验。

2. 家庭压力

很多家庭只有一个孩子，父母的期盼都寄托在一个孩子身上；更有经济贫困的家庭，父母对考上大学的孩子期望非常高，希望这个孩子毕业后能改变家庭的生活现状，所以望子成龙、望女成凤成了所有父母的心声。父母将自己的期望全压在孩子身上的做法，让孩子有苦说不出，这种无形中的压力便会成为孩子成长中的烦恼。

3. 学习压力

高职院校的学生对于学习、考试有不同程度的压力。首先，尽管大学没有像高中那样紧张，但就专业知识而言却依旧会有一定的压力，课多的一天，学生奔波于各教室之间，课后也会有一些社会实践及书面作业，好多学生就会出现熬夜的习惯，从而使得白天的学习效率大打折扣。其次，有的学生在填报志愿时，没有选择自己喜爱的专业，而选择了热门的专业，有的学生因分数问题，没有被自己中意的专业录取，被学校调剂到生源不足的专业。这些学生进校经过一段时间的学习后，发现自己对所学专业并不感兴趣，渐渐地会产生厌学情绪，丧失学习动力。再次，有的学生对自我期望太高，想在各门功课上都取得好成绩，而在大学期间，高职院校的学生需面对各类的职业技能资格考试，这样下来，精神必将长期处于紧张状态。最后，大学的课程安排给学生很多自由支配的时间，目的是让学生利用这些时间培养自学能力、动手能力、创造力，但有的学生仍使用中学的学习方式来应对，往往不得要领，事倍功半。

4. 人际关系和情感压力

大学几乎算是学生进入的第一个群体社交圈，他们可能会因为友情、爱情等方面的情感问题而纠结。面对来自不同地区、不同性格、不同文化背景的同学，大家都需要学会彼此之间的信任、理解和包容。大学生不善于表达、不能正确地进行有效沟通或害怕与人沟通，容易造成同学或恋人之间的误解和关系紧张。人际关系处理不当的人总感觉内心的情感不被他人理解，内心会极其无助、苦恼，无形中就产生了压力。

5. 经济压力

大学生刚进入一个崭新的环境，对一切都那么好奇，都想进行一些新鲜的体验，这些体验的前提是有一定的经济能力。而大学生并没有较强的经济能力。一方面，父母对孩子的经济进行一些控制，且有些贫困家庭也无法给大学生提供过多的经济支持；另一方面，大学生没有经济来源，即使兼职也不一定有固定收入来保持自己的收支平衡，因此，在一定程度上会产生压力。

6. 就业压力

中国社会调查所进行的一项在校大学生心理健康状况调查显示，75%的大学生认为压力主要源于就业。50%的大学生对自己毕业后的发展前途感到迷茫，没有目标；41.7%的大学生表示目前没考虑太多；只有8.3%的人对自己的未来有明确的目标并且充满信心。由于社会竞争的加剧，大学生找工作或找到比较理想的工作越来越困难，这就给在校大学生造成很大的心理压力，使他们因焦虑、自卑而失去安全感，许多心理问题也就随之产生。对于即将毕业、马上面临就业的大学生来说，长期以来他们只有在学校生活和学习的经历，面对复杂的社会，普遍会出现焦虑的心理，害怕求职被拒绝。

四、压力的作用

近年来，大学生的压力问题正逐渐成为社会的热点问题。各种各样的压力使大学生产生困惑，面对无处不在的压力，大学生该如何正确地对待，是否就要以惧怕的心态面对呢？其实，压力的结果是有两面性的，会起到积极还是消极的作用，取决于个人可承受压力的程度，是因人而异的。

(一)压力的积极作用

俗话说有压力才有动力，正确地对待压力，常常可以把压力转化成动力，使压力起到积极作用。

1. 让记忆力更敏锐

你是否注意到当压力来袭时，记忆力会提高？当应对大型考试时，答案会突然蹦出脑海？这是由于压力激素提高了你的警觉性。偶尔的压力让人注意力更集中，能够提高人的记忆力，在学习和考试中起到积极作用。

2. 提高学习、工作的效率及能力

工作和学习常常让人备感压力，但成功人士通常会将压力转化为正面能量及动力，绝不让压力压垮自己。在学习和工作中，往往工作量越少，效率就越低。压力过小容易让人自满，影响实际完成的工作量。敢于担当，勇于面对学习中的困难，会使人们形成坚韧不拔的精神，也能提高其社会竞争力。

3. 给生活带来更多乐趣

有时我们有意识地将自己置于压力环境中，其实就是为了享受生活和更多乐趣，如一些挑战：接触从未见过的人，学习全新的事物，初次邀请某人等。我们提到压力时，通常不会马上想到这些，正是因为上述压力常带给我们正面、积极的结果，使我们体验到满足感及快乐。

(二)压力的消极作用

持续的或过大的压力，一旦超出了个体的耐受能力和应对能力，就会扰乱人的生理功能和心理活动，损害人的身心健康，从而产生许多严重后果。

过度的压力会引发躯体不适，如过敏、震颤、厌食、腹部不适、头晕、体重明显下降、心率加快、血压升高、失眠等；心理上则会出现紧张、烦躁、焦虑、记忆力减退、意志消沉、悲观失望、无助、思维混乱等现象；行为上会出现学习倦怠、破坏公共财物、人际关系恶化、孤僻、易暴易怒、侵犯他人、自杀等表现。日本有人调查了654名门诊患者，其中竟有42.8%的患者患有“压力病”。据美国科学家估计，目前造

成人类死亡的原因中，尤其在发达的工业国家，有 50%～60%的死亡事件是由于不良的心理、行为和生活方式导致的，如吸烟、酗酒甚至吸毒，以及不良的生活习惯等。而这些不良的心理、行为和生活方式大多是压力下的反应。因此，压力及由此引发的不良心理、行为和生活方式已成为威胁我们身心健康、造成疾病与死亡的原因。

所以，压力有利有弊，我们必须学会正确管理压力，学会释放压力，把压力控制在我们可承受的范围内。

校园案例

小王的烦恼

某高职院校大三学生小王，向咨询老师叙述：自己学习成绩一般，在教室里看书时，总担心受到别人干扰，只坐在角落或者靠墙坐，否则无法安心学习；在寝室，自己非常反感室友随时播放音乐，尤其是在午休时，只要室友播放音乐，便觉得难以忍受。又不想与其发生正面冲突，因为觉得为这样的小事发脾气，可能是自己的不对。目前即将毕业，心中一片茫然，担心找不到理想的工作，看到其他同学都在准备专升本考试，自己也想考，可又不能集中精力学习。认为所有的一切都糟透了，家庭条件不好，自己有责任挑起家庭的重担，可又觉得力不从心。一段时间以来，这种心理苦恼严重影响了自己的日常生活和学习。

小王的困境主要是各种压力源造成的。首先，他即将毕业，择业困难构成其压力源的核心。在择业问题方面，自身能力与理想目标之间的落差很大，落差越大，心理压力也就越大。他自己学习成绩一般，家庭条件又不好，觉得自己责任重大，必须找到一份好工作，由此而产生的心理压力与日俱增。其次，择业压力使他在心理上产生不安全感，心理变得异常敏感和脆弱，这一点在他的日常学习和生活中可以体现出来。在教室看书或者在宿舍睡午觉时，哪怕有一点动静，他都会受到干扰；严重时，即使没有任何干扰，他也会怀疑、担心和害怕受到干扰；最后，择业压力和敏感的心态极易使他面临人际冲突问题，这是他采取回避和压抑等消极应对策略的结果。在与同学相处中，尽管他自己也意识到只是一些很小的事情，但就是不能控制自己。当某件事情或某个人多次引起自己的反感和不快时，他就很自然地把自我消极情绪固着在该事或该人身上，从而影响人际的和谐与沟通。实际上，这是他刻意回避主要的现实压力导致压力感(压力能量)转移的结果。

第二节 挫折概述

一、挫折的含义

挫折，是指人们在有目的的活动中，遇到无法克服或自以为无法克服的阻碍，使其需要或动机不能得到满足的情况。心理学上指个体有目的的行为受到阻碍而产生的必然的情绪反应。从心理学上分析，人的行为总是从一定的动机出发，经过努力达到一定的目标。如果在实现目标的过程中，碰到了困难，遇到了障碍，就产生了挫折。挫折会产生各种各样的行为，在心理和生理上都会有明显反应。遭受严重挫折后，在情绪上，个体会表现出抑郁、消极；在生理上，个体会表现出血压升高、心跳加快，易诱发心血管疾病；胃酸分泌减少，会导致溃疡、胃穿孔等。

挫折的字面解释为压制、阻碍、失利。但挫折实际包含三个方面的含义：一是挫折情境，即对人们有目的的活动造成的内外障碍或干扰的情境状态或条件。构成刺激情境的可能是人或物，也可能是各种自然、社会环境。二是挫折认知，即对挫折情境的知觉、认识和评价。三是挫折反应，即个体在挫折情境下所产生的烦恼、困惑、焦虑、愤怒等负面情绪交织而成的心理感受，即挫折感。其中，挫折认知是核心因素，挫折反应的性质及程度，主要取决于挫折认知。

一般来说，挫折情境越严重，挫折反应就越强烈；反之，挫折反应就不强烈。但是，只有当挫折情境被主体感知时，个体才会在心理上产生挫折反应。如果出现了挫折情境，而个体没有意识到，或者虽然意识到了但并不认为很严重，那么，也不会产生挫折反应，或者只产生轻微的挫折反应。因此，挫折反应的性质、程度主要取决于个体对挫折情境的认知。挫折反应和感受是形成挫折的重要方面，个体受挫与否，是由当事人对自己的动机、目标与结果之间关系的认识、评价和感受来判断的。对某人构成挫折的情境和事件，对另一个人不一定构成挫折，这就是个体感受的差异。

二、大学生挫折心理的成因

大学生产生的任何心理挫折，都与其当时所处的情境有关。构成挫折情境的因素是多种多样的，分析起来主要有两大类。

(一)外在的客观因素

一般来说，构成心理挫折的外在的客观因素主要来自自然因素、社会因素、家庭因素和校园环境因素这四个方面。

1. 自然因素

自然因素就是指各种非人为力量所能克服的自然灾害、自然环境的限制及自然物理因素，如地震、海啸。此外，还有自然因素引起的疾病、事故及亲人生老病死等。

2. 社会因素

社会因素是指人在社会生活中所受到的人为因素的限制，其中包括学习压力大、经济困难、人际关系不良、就业形势严峻、两性感情纠葛等约束。凡此种种社会因素，不但对个人的动机构成挫折，而且受挫后对个体行为所产生的影响，也远比上述自然因素所产生的心理挫折对个体的影响要大。

3. 家庭因素

在大学里，学生来自不同的家庭。家长的文化素质及道德修养较低、家庭经济情况较差、父母之间关系恶劣、单亲家庭、父母教育方式粗暴等状况，都可能会使孩子出现心理阴影或创伤。而这些都是大学生产生挫折心理的原因。

4. 校园环境因素

刚进校的大学生，一般都对大学生活充满憧憬，经过一段时间的生活、学习后，会发现学校的生活环境、规章制度、教育方式、软硬件设施、文化氛围等可能与个人期望并不一致，这时挫折感就会产生。

(二)内在的主观因素

1. 外貌因素

大学生的身高、性别、年龄、容貌、生理缺陷或疾病等生理因素，通常也会成为挫折产生的直接原因。社会上的一些不良诱导，让大学生产生“这是一个看脸的时代”的错误思维方式，学生在遭遇失败时，容易把失败原因归结为自己外貌条件不够好，由此产生了挫折感。

2. 动机因素

挫折的产生与个体的需要、动机有密切关系。这里有两种情况：第一种，个人动机的冲突引起挫折。在实际生活中，我们常常同时存在若干动机，其中有些性质相似或相反但强度接近，使人难以取舍，便形成了动机的斗争。例如，在同一时间内，某人既想与朋友聚会，又想去看科技展览，但不可能两全其美。这就是动机的矛盾斗争，又称动机冲突。如果这种冲突持久、激烈，就会导致挫折。第二种，动机行为受到干扰和阻碍，使个体无法达到目标而感到沮丧和挫折，此时，个体的需要越迫切，动机越强烈，受挫后，挫折感越强。

3. 自我估计因素

有的大学生对自己评价过高，目空一切，结果到处碰壁；有的大学生则对自己评价过低甚至自卑，做事畏缩不前，常常因缺乏勇气而错过机遇、错过成功的机会，之后回想起来，往往后悔不已。

4. 期望水平的因素

期望水平是指个体对自己所要达到的目标规定的标准。对任何事物的自我期望与现实之间都可能存在一定的差距。有的大学生对待事物不从实际出发，只考虑主观愿望；有的大学生认为大学生活应该是理想且顺利的，他们对自己的期望值过于绝对化，任何事情只准成功，不许失败。这两类大学生都容易出现期望水平过高而受挫的现象，如有的大学生当初报志愿时报得太高，以至于没被第一志愿录取；有的大学生在中学时当过班干部，以为自己上大学后依然可以当选学生干部，可却落选；有的大学生喜欢无限地夸大后果，遇到一点小挫折，就把后果想得极其严重，日渐消沉，丧失意志力，完全放弃对自己的期望。例如，因为一次测试的失利，就完全否定自己，觉得自己没有前途了，开始破罐子破摔。

5. 挫折承受力因素

所谓挫折承受力是指个体在遭遇挫折情境时，能否经得起打击和压力，有无摆脱和排解困境而使自己避免心理与行为失常的一种耐受能力，即个体适应挫折、抵抗和应对挫折的一种能力。一般来说，挫折承受力较强的人，往往挫折反应小，挫折时间短，挫折的消极影响少，这些人表现为能忍受挫折，不灰心丧气；挫折承受力较弱的人，则容易在挫折面前不知所措，易受挫折的不良影响，甚至导致心理和行为的失常。

三、 大学生受挫后生理和心理、 行为的反应

(一)受挫后的生理反应

个体受挫后，机体内部的自我调节机制将会最大限度地调动机体的潜在能力，以维持超常状态下的正常生命活动，更有效地应对外界环境的变化。然而，潜能的大量突击消耗，会引起有关器官功能出现衰竭趋向，从而发生病变。例如，受挫初期，交感神经系统兴奋性增强，需要消耗大量的能量，于是神经末梢释放生物信息，刺激各种激素分泌增加，促进蛋白质、脂肪、糖原分解；刺激心肌收缩力增强，以促进血液循环加快，血压升高；刺激呼吸加快，以保证氧气供应。与体内潜能大量消耗的同时，机体内部那些与情绪反应无直接联系的器官或系统则得不到必要的能量而不能维持正常功能，如消化道蠕动减慢，胃、肠液分泌减少等。如果长期处于挫折情境中得不到解脱，上述生理变化将会进一步加强，从而引起身心疾病。医学研究表明，心律失常、支气管哮喘、消化性溃疡、类风湿性关节炎、偏头痛、失眠等疾病多与受挫后的生理反应有关。

(二)受挫后的心理、行为反应

1. 积极的心理、行为反应

积极的反应方式是正视挫折，承认挫折，正确分析挫折产生的主客观原因，总结经验教训，采取积极的行为方式，最后战胜挫折。主要表现为坚持、表同、补偿、升华、幽默。

(1)坚持

坚持是指个体发现目标难以达到，要求自己做出加倍努力，并要求个体通过不断的努力，使目标最终实现。美国电影《阿甘正传》中的主人翁阿甘就是一位智商并不高的年轻人，他面对挫折的方法就是忽视它并坚持不懈地努力，最后赢得了人们的尊重，赢得了自己的事业，也获得了自己的生活。正如有的学者所说的，成功就在于最后的坚持之中。

(2)表同

表同是指个体在现实生活中无法获得成功时，将自己比拟为某一成功者，借以在心理上减弱挫折产生的痛苦；或者迎合能满足自己需要的人，按照他们的希望去支配

自己的思想、行动，来冲淡自己的挫折感，并以此求得内心的满足。一个人在没有获得成功与满足而遭遇挫折时，可将自己想象为某一成功者，效仿其优良品质和其获得成功的经验和方法，能够使他的思想、信仰、目标和言行更适应环境和社会的要求，增强自信心，减少挫折感。例如，大学生常以一些历史名人、科学家，或小说中所欣赏的人物、老师甚至同学作为自己效仿的对象，树立自己心中的榜样，并依照榜样进行积极的自我激励与自我暗示，用成功代偿挫折。

(3)补偿

补偿是指个体当行为受挫时，或因个人某方面的缺陷而使目标无法实现时，往往以新的目标代替原有目标，以其他方面的成功来补偿因失败而丧失的自尊与自信。这就是人们常说的“失之东隅，收之桑榆”。例如，某大学生没有当上班干部，没有机会表现自己的能力，便努力使自己的成绩名列前茅。又如，某大学生恋爱失败了，便积极参加文体活动，用成功来补偿失恋的痛苦。

应该注意的是，补偿的心理、行为反应并非都是积极的。由于个体要实现的目标有高低之分，挫折后对补偿的选择也有进取与沉沦之分，因此，决定了补偿有积极与消极之分。如果补偿选择的新的目标和活动符合社会规范和人的发展需要，这时的补偿行为是积极的、有益的。如果补偿选择的新的目标和活动不符合社会规范或有害于身心，即便这种补偿的行为使自己获得了暂时的心理平衡和心理满足，也无助于心理健康发展，有时还会自暴自弃，甚至堕落犯罪，危害他人与社会。

(4)升华

升华是指一个人在受挫后，将自己不被社会认同的动机或欲望转变为符合社会要求的动机或欲望，或将自己的情感和精力转移到有益的活动中去，即用一种比较崇高的、具有创造性和建设性的目标代替，借此弥补因受挫而丧失的自尊与自信，减轻痛苦，以保持情绪稳定和心理平衡。升华是积极的行为反应，从古至今演绎出千古佳话，如屈原放逐赋《离骚》、左丘失明写《左传》、孙膑跛脚修《兵法》、司马迁受辱著《史记》等。升华的作用不仅能使原来的动机冲突和受挫后的不良情绪得到化解和宣泄，还能促使人取得成功。例如，一些貌不惊人的大学生最初在社交活动中受到制约，于是他们在学问和思想道德修养上下功夫，最终以优异的成绩和良好的品德为同学所瞩目。

(5)幽默

当个体处境困难或尴尬时，心理修养较高的大学生往往能以幽默的方式来化解难堪。应对困难情况时，在不伤大雅的情形下，传达意图，处理问题，把原本困难的情况转变过来，大事化小，小事化了，从而摆脱困境，维持自己的心理平衡。幽默是值得称道的一种应对挫折的积极的行为反应。

2. 消极的心理、行为反应

消极的心理、行为反应是指大学生受挫后所表现出来的带有强烈情绪色彩的、非理性的行为。

(1)攻击

攻击是指大学生受挫后在情绪与行动上产生的一种对有关人或物具有攻击性的抵触反应。攻击是一种破坏性行为，这种行为可分为直接攻击和转向攻击。直接攻击是指一个人受挫后把愤怒的情绪直接发泄到使之受挫的人或物上，如大学里发生的打架斗殴、损害公物等现象。这主要发生在自控力较差、鲁莽的大学生身上。转向攻击是指一个人受挫后把愤怒的情绪指向其他的人或物上。例如，当受到老师批评时，他会把怒气发泄到其他的人或物上。

(2)冷漠

冷漠是指表现出对于挫折情境漠不关心、无动于衷等的情绪反应。这是一种与攻击相反的行为反应，也是比攻击更为复杂的心理反应，对身心健康的损害非常大。冷漠并非没有愤怒的情绪成分，只是个体把愤怒暂时压抑，以间接的方式表现出来。这种现象表面显得冷淡、退让，内心深处则隐藏着极大的痛苦，是一种受压抑的情绪反应。例如，有些大学生的社会活动能力较差，多次失败后，他们渐渐地对大学生活、同学关系、社会活动持冷漠的行为反应，表现为死气沉沉、缺乏集体感。

(3)退化

退化又称回归，是指个体在受挫折时，往往表现出与自己的年龄、身份很不相称的幼稚行为，或盲目地轻信他人、跟从他人，以此来取得别人的同情和关怀，从而避免紧张和焦虑的情绪产生。表现出这种行为方式的大学生往往对自己缺乏信心，看不到自己的力量，像孩子一样依赖他人，多指大人小孩状。例如，某女生刚入校，参加学生会干部竞选失败了，感到很委屈，对此无法进行理智分析和对待，不吃饭，也不上课，整天蒙头大睡。

(4)固执

固执又称病态固执。个体在不断地遭受同样的挫折后，就会慢慢失去信心，失去随机应变的能力，形成刻板的反应方式，固执盲目地重复同样无效的行为。固执的行为不同于意志力，在这种行为反应中，个体往往不能客观地分析失败的原因，反而采用刻板的方式盲目地重复着某种无效的行为，是一种极不明智的对抗形式。例如，某大学生多次违反校规校纪受到批评，他却固执地认为自己没错。在大学生中，固执的行为往往容易发生在一些性格内向、倔强、看问题片面的大学生身上，以及由情感为纽带形成的消极的大学生非正式团体中。固执是非理智性的、消极的行为，它往往使人企图通过重复无效动作以对抗挫折、压力，对大学生的成长极为不利。

(5)逃避

逃避是指大学生在受挫后，不敢面对自己所预感的挫折情境，而逃到比较安全的环境中去的行为。逃避有三种表现：一是逃到另一种现实中，如学习不好就玩游戏，沉溺其中；二是逃向幻想世界；三是逃向疾病。例如，某大学生因为英语口语较差，每次上课从不开口说英语，甚至拒绝上英语听力课，不参加考试，以此来逃避失败。

(6)轻生

轻生是指个体在受挫以后表现出的一种极为消极的行为反应，也可以看作受挫后针对自身的一种典型的、特殊的攻击行为。在现实中，对那些挫折和打击来得突然的大学生，在得不到外力帮助的情况下，很可能自暴自弃，产生轻生厌世、自杀自残的行为，以此来获得内心痛苦的解脱。

(7)逆反

逆反用通俗的语言来说就是“你要我朝东，我偏朝西”。一般来说，个人的行为方向和他的动机方向应当是一致的，即动机发动行为促使行为向满足动机的方向进行。但是，如果个体在遭受挫折后，不仅一意孤行，而且对正确的方面盲目地持反抗、抵制与排斥态度，这种行为便是逆反。例如，某大学生因为上课时受到老师的批评，他便采取逃课或不理睬老师的教学等方式来表达自己的不满。持逆反心理的人往往为了发泄内心的不满，会采取一些不符合社会规范、不被允许的愿望和行为，产生一些反社会性行为。

(8)压抑

压抑是指把不愉快的经历和体验压抑到潜意识中，不去回忆，主动遗忘。适度的压抑有利于情绪的调整，但长期的压抑会导致更强的受挫感与心理不适。

(9)文饰

文饰是指个体在遇到挫折之后，往往表面上不动声色，把心理上的烦恼、焦虑、苦闷统统埋藏在内心深处，只显示自己的长处，提高别人对自己的评价，从而减轻心理压力，以弥补失败所带来的自尊心的挫折。这种行为反应往往起着自我欺骗和自我麻痹的作用。文饰有“酸葡萄”心理和“甜柠檬”心理两种反应方式。

(10)投射

投射是指受挫者把自己内心不被允许的愿望、冲动、思想、观念、态度和行为转嫁于其他的人或物，以此来减轻自己的内疚和焦虑，摆脱自己内心的紧张，逃避心理上的不安，从而保护自己，并为自己的行为辩护。例如，大学生与某同班同学起了冲突，事后，在与别人倾诉时，就会提到此同学如何不好，同班的哪些同学都不喜欢他，都与他产生过冲突，借此来博得倾听者的同情和认可。

(11)反向

反向是指将自己不能接受的欲望和行为以截然相反的行为表现出来。例如，明明内心自卑感很强，觉得事事不如人，但却总表现得自高自大、傲慢不羁。

大学生在受挫以后，还会采取一些暂时减轻受挫感的行为方式，以解脱挫折给自己带来的心理烦恼，减轻内心的冲突与不安。

第一，想方设法引起他人对自己的注意，如以大声喧哗、用恶作剧来引起注意。

第二，无法达到追求的目标时，给自己一个好的借口来解释，虽然用来解释的借口往往是不真实的、不合逻辑的，但大学生本人却能借此说服自己，感到心安理得，以此来自我安慰。

第三，个体在遭受挫折后，不是从自身的缺点、弱点方面加以分析，而是把责任推给他人、埋怨他人，以减轻自己的焦虑与不安。

总之，积极的心理、行为反应有助于大学生适应挫折、化解困境，利于他们的成长；消极的心理、行为反应只能起暂时平衡心理的作用，不能解决问题，有时会使大学生在自我欺骗中与现实环境脱节，适应能力降低，形成一些恶习，埋下心理病患的种子，影响其身心健康和全面发展。大学生应该树立积极的心理防御机制，增强自己的耐挫力，以适应社会的发展。

拓展阅读

牛仔大王：李维斯

“牛仔大王”李维斯的西部发迹史中曾有这样一段传奇。

当年他像许多年轻人一样，带着梦想前往西部追赶淘金热潮。一日，他发现一条大河挡住了他前往西部的路。苦等数日，被阻隔的行人越来越多，但都无法过河。于是陆续有人奔上游、下游绕道而行，也有人打道回府，更多的则是怨声一片。而心情慢慢平静下来的李维斯想起了曾有人传授给自己的一个“制胜法宝”，那是一段话：“太棒了，这样的事情竟然发生在我的身上，又给我一次成长的机会，凡事的发生必有其因果，必有助于我。”

于是，他来到大河边，非常兴奋地重复着对自己大声说：“太棒了！大河居然挡住我的去路，又给了我一次成长的机会，凡事的发生必有其因果，必有助于我。”果然，随后他有了一个绝妙的创业主意——摆渡。没人因为吝啬一点小钱而不坐他的渡船过河，因此，他人生的第一笔财富居然因大河挡道而获得。

一段时间后，摆渡生意开始清淡。他决定放弃，并继续前往西部淘金。来到西部，四处都是人，他找到了一块合适的空地，买了工具便开始淘起金来。没过多久，有几个恶汉围住他，叫他滚开，别侵犯他们的地盘。他刚想理论几句，那伙人便失去耐心，给了他一顿拳脚。无奈之下，他只好灰溜溜地离开。好不容易找到另一处合适的地方，没多久，同样的悲剧再次上演，他又被人轰了出来。在他刚到西部那段时间，多次受到同样的欺辱。最后一次被人打完后看着那些人扬长而去的背影，他终于又一次想起了他的“制胜法宝”：“太棒了！这样的事情竟然发生在我的身上，又给了我一次成长的机会，凡事的发生必有其因果，必有助于我。”

终于，他又想出了另一个绝妙的创业主意——卖水。

西部不缺黄金，但自己似乎无力与人争雄；西部缺水，但似乎没什么人能想到它。不久，他卖水的生意便红红火火。慢慢地，也有人参与了他的新行业，再后来，同行也越来越多。终于有一天，在他旁边卖水的一个壮汉对他发出通牒：“小个子，以后你别来卖水了，从明天早上开始，这个卖水的地盘归我了。”他以为那人是在开玩笑，第二天依然来了，没想到那家伙立即走上来，不由分说，便对他一顿暴打，最后还将他的水车也一起砸烂。

在当时“没有法律，只有武力”的西部，李维斯不得不再次无奈地接受现实。然而当这家伙扬长而去时，他却立即开始调整自己的心情，再次强行让自己兴奋起来，不断对自己大声说：“太棒了！这样的事情竟然发生在我的身上，又给我一次成长的机会，凡事的发生必有其因果，必有助于我。”

他开始再次调整自己注意的焦点。他发现西部淘金的人裤子极易磨破，同时又发现西部到处都有废弃的帐篷，于是他又有了一个绝妙的好主意，把那些废弃的帐篷收集起来，洗干净，就这样，他缝制成了世界上第一条用帐篷做的裤子——牛仔裤！这种裤子解救了当地矿工的膝盖，使他们免于被磨伤。因此，矿工们就称那种裤子为Levi's。从此，李维斯一发不可收拾，最终成为举世闻名的“牛仔大王”。

“牛仔大王”的精神乍听起来似乎有点像我们中国的“阿Q精神”。阿Q在鲁迅先生的笔下是一个含有贬义的悲剧角色。阿Q被赵太爷打了以后，背地里也曾高兴地说“儿子打老子”。在残酷的现实面前，也许他们都在运用同一种方法——精神胜利法。只不过阿Q的“精神胜利”只是为自己消极逃避现实找到了一个自我安慰的借口，而李维斯“精神胜利”之后，却立即将自己的注意焦点完全专注于积极寻找改变现状的方法上。

李维斯之所以能成为“牛仔大王”，并非他没有遇到挫折，没有低潮。永远积极思考的李维斯也许能给我们一点启迪：成功者不是没有低潮，而是他们不会让自己在低潮中待得太久。成功者永远为成功找方法，只有失败者才会千方百计为自己的失败找借口。

人生旅途，挫折难免。如果遇到挫折、失意乃至失败时，那就让我们一起像“牛仔大王”一样，大声地对自己说：“太棒了！这样的事情竟然发生在我的身上，又给了我一次成长的机会，凡事的发生必有其因果，必有助于我。”

第三节 压力管理与挫折应对

一个人的一生不可能总是一帆风顺的，风华正茂的大学生随着知识的积累、阅历的丰富逐步走向成熟。在这过程中，大大小小的压力、挫折将时刻伴你左右，只有敢于和善于直面这些阻碍的人，才能在压力下变得更加刚毅，在挫折中走向成功。接下来将对如何管理压力和挫折进行阐述。

一、 压力管理

(一)压力管理的定义

所谓压力管理，是指当压力对个体可能造成伤害时，我们用一些方法与和技巧去应对，以降低压力带来的消极影响。从字面上可以看出，我们说的是降低而不是消除，因为即便将所有压力消除，我们在生活、工作中都没有了压力，也会产生没有压力的压力。但若大学生无法调节压力，长时间下去，他们会对学习失去动力，对未来的生活失去信心，产生“当一天和尚撞一天钟”的想法。

(二)压力管理的方法

为了有效地管理压力，我们应该了解面对压力时解决问题的过程、策略和具体方法。个体从面临压力到解决问题一般要经过三个不同的阶段。第一个阶段为冲击阶段，发生在压力来临之时。如果刺激过强、过大，会使人感到眩晕、发懵、麻木、呆板、不知所措，常会出现“类休克状态”。比如，突然听到亲人过世，大多数人发愣、惊慌，甚至歇斯底里，只有少数人能保持镇定和冷静。第二个阶段为安定阶段。此时，个体在经历了震惊、冲击之后，努力想恢复心理上的平衡，设法控制焦虑和情绪紊乱，恢复受到损害的认知功能，运用心理防御机制或争取亲友的帮助。第三个阶段为解决阶段。个体将自己的注意力转向产生压力的刺激，冷静地分析压力产生的原因，或逃避和远离产生压力的情境事件，或提高自己的应对能力，直接面对压力去解决问题。

应对压力的策略有两种：处理困扰与减轻不适感。处理困扰指直接改变压力来源；减轻不适感是指不直接解决问题，而是调节自己，消除不良反应。具体方法有如下几种。

1. 学会合理利用时间

压抑会产生厌倦、懒惰的行为。越是懒于动手做事的人，越容易发生心理危机。大学生为了与懒惰做斗争，不妨合理地管理时间，列出一个学习、生活日程表，包括早练、读书、交友、上街、娱乐等。不论大小事情都列入其中，并认真、专心地去做。假如没有心情订计划，只要先行动起来就够了，你不必等到事情非做不可的时候才开始，因为如果你没有行动的欲望，可能永远也懒得动。一旦你成功地完成了一项工作，心里就会踏实得多。

2. 提高自信，悦纳自我

首先，大学生要接受自己，树立一种自信、自强、自立的心态，坚信“人无完人”“天生我材必有用”，因为大学生自信是保持心情愉快、抵制压力的一个重要因素。面对压力事件，大学生应先从自己的主观方面去寻找原因，坚信勤能补拙，用自己的勤奋特长去弥补不足之处，勇敢面对，而不是否认自己，觉得自己这也不行、那也不行；不要总拿自己与别人比较，不要担心自己不如别人。

3. 改善人际关系，适当调整生活方式

心理学家通过深入的研究发现，行为能够影响情绪。作为一名青春活力的大学生，感到有压力时，不要拖着双脚、垂头丧气地走路，要像风一样疾走；不要躬背坐着，要挺直身子；不要愁眉苦脸，要露出笑脸，这样做本身就能够让你感觉良好。许多压力大的大学生放弃了他们最喜爱的业余活动，这只会让事情变得更糟，不妨试着每天坚持体育运动，课余时间积极参加学校社团活动，适当与同学聚会等，让微笑常写在你脸上，让生活注入阳光。

4. 学会自我调控情绪，正确面对社会现实

我们在面对来自各方面的困扰时，如果不能改变产生压力的环境和事物，就尝试改变自己，去适应它们的存在，要学会以一种正向思维去进行分析，不能总钻牛角尖。

要知道社会是一个由多元的子系统组成的大系统。社会有光明，也有阴暗面；世上有好人，也有坏人。看待社会不能过于理想化，要看到社会成员之间实际上存在不平等的地位、有差距的待遇。人与人不能互相攀比，不能用自己的标准去衡量社会的公平性，而应正视社会、承认差别、努力去缩小与别人的差距。

心理互动与训练

解压游戏

一、“烦恼的小人”帮你找出压力源

地板上画出一个大大的“人形”，包括完整的头部、颈部和四肢。然后邀请游戏参与者自由地站在自己认为压力最大的身体部位上，并且同与自己选择一致的伙伴交流压力的感受和原因。

压力之所以给人们带来很大困扰，主要是由它的“无性感”引发“无措感”造成的。你选择站在“人形”的某个部位，这实际上就已经将自己的压力以“物化”的方式暴露出来，然后再通过与伙伴的交流，使这种压力逐渐清晰和明朗。明确压力的过程，就是减压的过程。

二、“心情写字板”直接宣泄压力

将你所有烦恼的事情和所有的消极感受统统写在一张很大的白纸上，四周留白。然后，所有参与者坐在一起，在同一的号令下，各自尽情撕扯这张纸，越碎越好。一边撕一边对自己说“我才不在乎这些”“滚远一点”等非常直白的话语。

将烦恼和不快写出来，是一个明确压力的过程。四周留白，会给游戏者一种“表达压力，但不人为渲染和扩大”的心理暗示。撕纸这种带有一定暴力性质的方式，使内心的抑郁和焦虑等压力感形似被“摧毁”一般，是一种比较直接的宣泄手段。

游戏能帮助同学们正视压力。减压游戏一般都会有特定针对的目标和人群，有着明确的指向性和目的性。不同的减压游戏会达到不同的治疗效果。更多时候，这些游戏实际上并不能真正消除压力，而是将压力具体的“梳理”和“描绘”出来，使大家可以正视和面对。由于压力的“无形”常使人感觉无措和疲惫，“我很累”“我很烦”都是对压力的一种浅层次的笼统认识。因此，只要打破了这种“无形”，就达到了减压的目的。

二、 挫折应对

挫折与压力并不是同一个概念，但是它们总爱一同出现。所谓“人生不如意十之八九”，谁的人生，都不可能总是一帆风顺的，坎坷、挫折时有发生，当遇到诸如考试失利、感情受挫、就业碰壁等挫折时，有的人总能越挫越勇，而有的人却从此一蹶不振。导致这些情况出现的原因，是个体抗挫折能力的不同。

(一)合理利用心理防御机制

心理防御机制，是指个体面临挫折或冲突的紧张情境时，在其内部心理活动中具有的自觉或不自觉地解脱烦恼，减轻内心不安，以恢复心理平衡与稳定的一种适应性倾向。自我受到超我、本我和外部世界三个方面的胁迫。如果自我难以承受其压力，就会产生焦虑。然而焦虑的产生，促使自我发展了一种机能，即用一定方式调解冲突、缓和三种危险对自身的威胁。既要使现实能够允许，又要使超我能够接受，也要使本我有满足感的一种机能就是心理防御机制。

人在困境中时，体验到不适感、痛苦的折磨，出于人的自我保护本能，会自发地唤起心理防御机制，以起到缓冲心理挫折、减轻负面情绪的作用，并且可为个体寻找战胜挫折的办法提供时机。这时心理防御机制是在发挥它的积极意义，但若个体使用不当，便会影响个人对环境的适应，体现出它消极的一面。大学生常见的心理防御机制有八种。

否认，是指一种拒绝承认现实的某些方面，借以减轻焦虑和痛苦的心理防御机制。

潜抑，是指一个人能被社会或自己意识接受的欲望、情感和行为，在不知不觉中压抑到潜意识中去，使自己意识不到，而使内心保持“纯洁”“安宁”。

投射，是指一个人把自己的过失归咎于他人，或者将自己内心那些不能为社会规范或自我良心所接受的感觉、欲望、意念等放到别人身上，以掩饰自己，逃避或减轻内心的焦虑与痛苦。

反向作用，是指一个人表现与自己的欲望、动机、观念等截然相反的矫枉过正式的态度和行为，以减少焦虑，维护安宁。

转移，是指一个人把对某一对象的欲望、情感或行为意向不自觉地转向其他对象，以减轻自己的心理负担。

抵消，是指一个人以象征性的动作、语言和行为，来抵消已经发生了的不愉快的事情，以弥补内心的愧疚。

合理化，是指一个人给自己的行为或处境寻找能被自我和社会认可的理由的做法。

升华，是指一个人将被压抑的本能欲望导向人们能接受、为社会所赞许的活动上面来。

心理防御机制会保护我们，也会损害我们的身心健康，生活中我们应该建立起健康的心理防御机制，创造自己美好的生活。

(二)学会受挫后的自我调适

就大学生的心理健康而言，挫折最重要的不是挫折本身，而是挫折对个体造成的负面情绪及内心感受，因而在遭受挫折之后，首先要面对和需要解决的是，如何从挫折导致的愤怒、沮丧、抑郁、焦虑、委屈、无奈等情绪状态中走出来。挫折和失败是每个人都会遇到的，然而对于不同的人来说，它们却有着截然不同的意义，它或许是人生的点缀，或许是永远的伤痛；或许是垫脚石，或许是绊脚石。这完全取决于你对待挫折的态度。面对挫折，我们应该学会从不同的角度看待它对于人生的意义。在挫折中吸取教训的同时，我们要学会看到挫折背后所蕴含的积极意义。心理学家认为，经受过挫折和失败的人，能够勇敢地迎接挑战。在成长过程中时常经历挫折的人，经多年的磨炼，会具备一种在逆境中生存的强大能力，无论出现怎样的困难，他们都不容易被摧垮，在灾难像飓风一样袭来时，也能够巍然屹立、毫不动摇。面对挫折，大学生可采用以下方法应对。

1. 从容面对，快乐掌控

面对挫折，与其闪避、畏惧、排斥，不如迎面而上。面对无法逃避的挫折，唯一可取的态度是从容面对，如果进而能够解决挫折带来的烦恼，那么，一次“创伤”就会变为一颗宝贵的“珍珠”。“珍珠”是从愈合了的创伤之中升华出来的东西，它不仅可以有效地抚平伤痕，还可以使我们珍视经验，减少错误。

记得有这样一则故事：一只蝴蝶如果没有经过破蛹前必须经过的痛苦挣扎，出壳后会身躯臃肿，翅膀干瘪，根本飞不起来，不久就死了。这个小故事说明，痛苦是成长的必经之路，要得到欢乐，就必须能够承受痛苦和挫折。在人的一生中，我们不只拥有挫折的痛苦体验，也拥有把不幸变为幸福、把伤痛变为珍宝、把令人痛心的缺陷变为新的力量的机遇。我们如果从容面对，就可以掌控挫折；我们如果有足够的勇气并保持快乐，就可以得到最珍贵的收获。

2. 适度宣泄，尽早摆脱

面对挫折，有的大学生惆怅悲观，会把痛苦和沮丧埋在心里闷闷不乐；有的大学生则选择放声大哭、运动、唱歌或在空旷地方喊叫等，我们当然更赞同后者的行为。如果心中苦闷，不妨把心中的苦闷用各种方式发泄出来，这样，不健康的情绪就得到宣泄。宣泄是一种自我心理救护，它可以消除因挫折而带来的精神压力。

宣泄应当适度，“乞丐型”“进攻型”“碰触型”等宣泄方式是不值得采纳的。如果你还想活得有尊严，还想从头再做点事的话，就不要像“祥林嫂”那样总是反复诉说同一件事，那样的行为只能说明你还没有从痛苦的阴影中走出来，你轻易流下的泪水只能提醒人们想起你曾经的无能。当你领悟到还有那么多的事等着你去做的时候，你就没有必要总是为某件事去要一个说法。用节省下来的时间去做你应该做的事，再回头时，也许你早就远离了某次“风雨”的影响。

3. 激励潜能，独立自救

独立自救是生命中最闪光的品性，这已经被很多事例证明。面对挫折的打击，有的人一蹶不振；有的人则激发潜能，自己拯救自己。前者没有看到自己的潜能，后者则充分地汲取了潜能的力量。

一个小故事说：“一头猪的腰部脱臼，在那里费力地爬着，孙子要去帮猪按摩，爷爷喊住了他，爷爷拿起一个土块向那头猪扔去，那猪吓得挣扎着跑起来，爷爷在后面追赶它，只见那猪跑着跑着腰部便接上去了，恢复了正常。”人遭受挫折就像小猪脱臼，真正能帮助你的不是别人而是你自己。有时，我们在受挫的伤痛中忽视了自己的潜能和改正错误的勇气，一味地等待外力的帮助，这就等于放弃了自己对自己承担的责任和义务，是一种懒惰和没有出息的做法。

林肯发现的“马蝇效应”和无锡小天鹅集团的“末日管理”，实际上都是一个道理：利用危机状态产生的压力激发生命体的巨大潜能。人是需要压力的，有了压力我们才不敢松懈，才会努力拼搏，才会不断进步。其实，在生活中让自己忙起来，是一种自我加压的方法。面对挫折，适度转移注意力，自我增加良性压力，可以有效改善自己的心境。比如，可以通过摄影、写作、书法、美术、音乐等趣味活动来调整自己的心情，缓解苦恼带来的种种压抑。

4. 适当取舍，远离烦恼

放弃是一种智慧和境界，但是，面对现实的种种诱惑，又有多少人能够做到这一点呢？很多人原本也曾从容、平和地生活着，可一旦被太多的诱惑和欲望牵扯，便烦恼丛生。有的时候，我们将奋斗的目标定得过高；有的时候，我们将奋斗的目标定得过多——这是我们遭受挫折的重要原因。无论是前者还是后者，我们都深感心有余而力不足，最后都可能会导致我们迷失方向，走向绝望。

聪明的办法是学会取舍，不必事事争第一，舍弃自己还不具备能力与条件的目标不是坏事，“塞翁失马，焉知非福”，只有在明白了自己想要什么之后，去明智地取舍，并学会放弃，才能摆脱无谓的烦恼，拥有自在的生活。

5. 学会倾诉，在亲情和友情的温存中消解痛苦

倾诉可以从他人那里获得力量与支持。一个快乐有两个人分享，就变成了两个快

乐；一个痛苦有两个人来分担，就变成了半个痛苦。学会说出你的秘密，不仅会缓解你的压力和痛苦情绪，而且可以学会从不同的视角看待问题本身，往往会有一种“柳暗花明又一村”的境界。

应对挫折的方法还有很多，如过好每一天，充实的生活会让我们无暇顾及挫折，又如学会遗忘、让时间做主等。如何选用，因人而异，我们需要在生活中去慢慢体悟。大学生自己应该认识到大学生活并不总是一帆风顺的，困难是客观存在的。因此，当遇到困难时，大学生不应退缩，要无畏地去正视它、解决它。若采取积极的态度看待挫折，它就能磨炼意志，激发智慧和潜能，那挫折就是挑战、是成长的机会。巴尔扎克说过：“世界上的事情永远不是绝对的，结果完全因人而异。苦难对于人才是一块垫脚石，对于能干的人是一笔财富，对于弱者则是万丈深渊。”因此，在挫折面前要保持勇气和信心。自信是成功的基石，有了自信才会有克服困难的勇气和力量。要树立正确的奋斗目标，目标确定后，要用自己的毅力和意志去实现，不能好高骛远，也不能半途而废。特别是在学习方面，不能用经济价值和立竿见影的效益去衡量，知识是长远的利益和效益，不能简单地认为学习理论知识立刻就会在能力上有很大的提高。急功近利的思想永远都不利于我们意志的磨炼与健康心理的形成。

此外，大学生也应该积极地面对挫折，并通过以下方法减轻挫折感。

注意力转移法：也就是把自己的注意力从产生挫折的事件离开，转移到某些其他的自己感兴趣的方面，从而减轻压力。

体育运动法：研究结果表明，散步、慢跑、打网球等运动对于消除和减轻压力都是有益的。这种活动都可以增加输入身体和脑部的氧，促进血液循环，使人更加机灵，从而增强其抵制挫折的本领。

另外，大学生还可以根据自己的实践创造一些适合自己的减轻压力的方法，从而有效地减轻由挫折带来的消极效应。

俄罗斯方块告诉我们：犯下的错误会积累，获得的成功会消失；植物大战僵尸告诉我们：需常调整状态，方能应对不同挑战；愤怒的小鸟告诉我们：有时沉下身心，是为了飞得更高；跑跑卡丁车告诉我们：永远别觉得时间还很多，可以去浪费；水果忍者告诉我们：水果与炸弹同在，成功与挫折并存！

心理互动与训练

你的抗挫折能力怎么样

你准备好迎接生活的挑战了吗？想了解自己的抗挫折能力吗？请做下面的测试！它能帮助你初步了解自己的抗挫折能力。最好忠实于你看到题的第一反应，不要思考太多。A代表非常符合，B代表有点符合，C代表无法确定，D代表不太符合，E代表很不符合。

1. 我总忘不了过去的错误。
2. 白天学习或工作不顺利，会影响我整个晚上的心情。
3. 汽车经过时溅了我一身泥水，我生气一会儿就算了。
4. 如果某人擅自动用我的东西，我会生气一段时间。
5. 如果不是因为几次倒霉，我一定比现在成功。
6. 我想，我一定受不了被解雇的羞辱。
7. 如果向所喜欢的人表达好感被拒绝，我一定会精神崩溃。
8. 学习落在后面，常使人提不起精神。
9. 在我生命中，我已有过失败的教训。
10. 我对侮辱很在意。
11. 过负债累累的日子，想都不敢想。
12. 找不着钥匙会使我整个星期都感到不安。
13. 在生活中，我常常有沮丧气馁的日子。
14. 如果周末过得不愉快，星期一便很难集中精力学习。
15. 我已达到能够不介意大多数事情的程度。
16. 想到可能无法按时完成某项重要的任务，会使我不寒而栗。
17. 我很少心灰意冷。
18. 我很少为昨天发生的事情烦心。
19. 偶尔做个失败者，我也能坦然接受。
20. 我对他人的恨会维持很长一段时间。

【评价与分析】

A、B、C、D分别代表1、2、3、4、5分。最后把分数加起来，得出总分。

20～58 分：说明你的抗挫折能力较低，平时在生活中要注意调节自己的心态，训练自己从积极的角度看问题。搜集一些面对困难和挫折的调节方法，坚持学以致用。发现问题，就等于解决了一半。赶快行动吧，你会发现生活其实处处有阳光。

59～71 分：说明你的抗挫折能力属于中等水平。遇到问题，如果能够有意识地积极应对和调节，那么提高空间会很大。

72～100 分：说明你的抗挫折能力还是很不错的，请继续保持。如果再加上反思能力和执行能力，你会大有作为。

参考文献

任红印. 大学生受挫后的消极表现及教育建议[J]. 周口师范学院学报，2012，29(6)：136-138.

张耀东，张婕，张宝魁. 大学生挫折教育研究[J]. 改革与开放，2010(22)：152.

第十章

大学生团体心理辅导与训练

学习目标

1. 了解团体心理辅导的基本概念及意义。
2. 了解领导团体的技术及团体心理辅导的实施过程。
3. 了解团体心理训练的概念及训练方法。

拓展阅读

团体心理辅导的起源

团体心理辅导与治疗最早源于欧美，许多心理学家和精神病学家都为它的发展做出了贡献。其中美国内科医生普瑞特是人们公认的团体心理辅导与治疗之父。他于1905年组织了一个由20多位肺病患者组成的治疗小组，采用讲课、讨论、现身说法等形式开展集体心理治疗，这是团体心理治疗小组的雏形。

1909年，精神科医生兼牧师马施开始尝试以团体心理治疗的方式治疗精神病人，他是第一个把团体心理治疗的方式引入精神病治疗与康复工作的精神科医生。1920年，维也纳精神病医生莫雷诺创编了一种团体心理辅导与治疗的新技能——心理剧。1932年，莫雷诺在他的一篇文章中首次使用了“团体心理治疗”这一术语。20世纪30年代初，斯拉夫森在纽约运用团体心理治疗的方式为诊断和治疗有行为问题的青少年做出了开创性的工作。但团体心理辅导与治疗真正的发展并走向实用是在第二次世界大战之后。

第二次世界大战造成千百万人流离失所，大批士兵出现精神障碍，单靠个体心理辅导与治疗已远不能满足社会需要，在此背景下，团体心理辅导与治疗得到重视，迅速发展起来。战争中精神病学家福克斯和精神科医生柏恩开始在军中尝试团体心理辅导与治疗。

20 世纪 40 年代后期，德裔美国社会心理学家勒温提出了“集体动力学”和“场论”，并做了大量实验，为团体心理辅导与治疗的发展做出了特殊的贡献，1947 年，在他指导下建立了美国“国家训练实验室”，又称“人际关系训练实验室”(National Training Laboratory，NTL)，对个体进行人际关系的敏感性训练。这一实验室的建立在团体心理治疗史上有十分重大的意义。因为从前的团体心理治疗主要是针对心理或行为有问题的人做矫正性治疗，而如今的团体心理治疗已不仅做这种矫正性治疗，同时为正常人提供发展性教育和培训。“团体心理辅导”这一概念开始为人们所熟悉，该实验室创造的一套训练技能称为 T-小组训练。用这种训练技能的小组称为 T-小组。在 20 世纪 50 年代对团体心理治疗产生重大影响的仍是 T-小组，它在教育中也得到了广泛应用。1949 年，美国精神病专家沃尔夫首先将精神分析理论应用于团体心理治疗，20 世纪 50 年代，行为治疗开始兴起，美国心理学家和精神病专家拉扎勒斯首先将以学习为基础的行为治疗应用于团体心理治疗。

20 世纪 60 年代，人本主义心理学兴起，对团体心理辅导与治疗产生重大影响的是罗杰斯等人倡导的“人类潜能运动”，其中新概念是人的自我实现。特别是罗杰斯的会心团体(encounter group)受到社会各方面的欢迎，团体辅导理论从此进入日常生活，并受到社会上越来越多的人的关注。

第一节 团体心理辅导概述

团体在人们日常生活中起着非常重要的作用。人们在团体中习得社会规范、价值观念及行为模式，形成各自独特的人格特征，同时获得社会的认同与情感的满足。而团体心理辅导为参与者提供微型的社会活动场所，创造一种信任、温暖、支持的团体氛围，使成员以人为镜，反省自己，深化认识，同时为他人提供社会支持。

一、团体的概念

(一)团体的定义

团体是具有相同目标的两个或两个以上的人以某种方式结合在一起的集合体。在心理辅导领域中，团体是指在一定的目标引导下，通过成员之间的互动，满足成员一定心理需求的组织。具体可以从四个方面来理解。

1. 团体是具有一定规模的有序组织

一个有意义的团体必须由两个或两个以上的成员组成。团体的组织性取决于团体角色、团体规范和成员间关系三个基本要素。每个成员在团体中都扮演着一定的角色，必须遵守团体的行为规范，与其他成员建立一定的人际关系，且关系的好坏对团体功能及效率有巨大的影响。

2. 团体必须有一个共同的目标

团体通常是为了一定的目的而存在的，成员聚集在一起来完成他们独自一人没有办法完成的某种工作。团体成员在目标、理想、兴趣、价值观等方面的共识越多，团体的凝聚力就越强。

3. 团体成员之间具有互动性

团体成员需要借助语言、非语言方式相互交流、分享彼此的感受，这种互动是团体实现目标的重要条件，它促成了个人对自己和他人的觉察，并从中获得学习、支持和反馈，从而实现自我成长。

4. 团体具有整体感

团体并不是个体的简单集合，团体中的每个成员都是团体的一分子，与团体息息相关、荣辱与共、相互依存。

(二)团体的类型

1. 根据团体目标划分

(1)教育团体

团体领导者为团体成员提供不同主题的信息，承担着教育者和团体讨论引导者的角色，团体成员通过互相分享经验来实施互相教育的功能。

(2)讨论团体

成员围绕某一共同主题展开讨论，其目的是为成员提供一个交流思想和交换信息的机会。领导者在团体中扮演引导者的角色，保证成员不偏离主题，谈话顺畅地进行。

(3)任务团体

针对某项特定的任务，团体成员讨论和相互配合与行动，从而完成任务。领导者的角色功能是促进成员的注意力聚焦于既定的任务，促进讨论和相互作用。

(4)成长与体验团体

成长与体验团体由希望自我进行探索及体验的成员组成，如敏感性团体、生涯探索团体、青少年社交技能小组、自信心训练小组等。成长与体验团体为团体成员提供平台，让他们在分享和倾听的氛围中探索和发展个人目标，并更好地理解自己和他人。

(5)咨询与治疗团体

咨询与治疗团体由咨询师和一些带有相同或相似心理与行为问题的成员组成，如网瘾戒除干预小组、戒烟治疗小组等。由咨询师为成员提供心理辅导，团体的注意力集中于不同的个体和问题。然后团体成员在咨询师的指导下通过团体动力的原理彼此帮助。

(6)支持团体

支持团体由一些带有相同问题的成员组成，成员间通过交流思想和感受，帮助彼此解决某些问题和忧虑，相互支持，增强面对困难的信心和勇气，如未婚妈妈互助小组、艾滋病患者互助小组、残疾互助小组等。

(7)自助团体

自助团体由一群具有共同兴趣或面对相同困难的人组成，强调成员间的自助性和团体内部资源的充分利用，强调成员的个人责任及承诺，如赌博者互助团体、体重控制团体、同情赞助协会等。

2. 根据团体成员的背景和问题性质的相似性划分

(1)同质性团体

在同质性团体中，团体成员的年龄、学历、生活经历、心理困扰、需要解决的问题等具有一定的相似性，如未婚青年团体、学习困难儿童团体、婚姻危机团体等。同质性团体的优点表现在：团体成员因背景、条件相似，有许多的共同语言及共同体验，能站在对方的立场上考虑问题，易于产生共鸣，凝聚力强，支持性较高，在团体中不会感到孤立无援，成员容易从其他成员身上受到启发。

(2)异质性团体

在异质性团体中，团体成员的自身背景条件、个人特质或所遇到的问题的差异性很大。这类团体成员常常因为异质性而存在沟通问题，难以建立信任关系，阻碍团体的正常发展。但是，团体动力一旦形成，成员就能学到其他人的行为方式，互动沟通的机会也会增多。互相学习，互相激励，将有助于成员建立学习行为，形成新的行为模式。

3. 根据团体活动有无设计和目标划分

(1)结构性团体

结构性团体是为了帮助成员学习，根据团体所要实现的目标来设计相应的活动程序，引导成员积极参与学习的。结构性团体的优点是：目标明确，领导者与成员的角色明确，有团体聚焦的主题，活动安排程序化，重视团体的互动氛围。

(2)非结构性团体

非结构性团体是以非指导性的程序进行的，强调成员的自主性，团体领导者的角色比较隐蔽，其主要任务是：促进成员互动，不刻意安排有程序的固定活动。成员的学习是在活动过程中自然发生的，经由怀疑、焦虑、愤怒、挫折，逐渐转向澄清、重构、分享和认同。

4. 根据团体的功能划分

(1)成长性团体

成长性团体通过团体成员的主动参与，有效地自我表达，在相互的交流、互动、体验和反思中，使个体得以成长与完善，如自我探索团体、生涯发展及规划团体、人际关系团体等。

(2)训练性团体

训练性团体着重通过团体背景下的行为演练培养成员解决问题的能力，协助成员改善非适应性的社会行为，如人际关系训练团体、身心松弛工作坊等。

(3)治疗性团体

治疗性团体是注重经验的解析、人格的重塑与行为的重组的团体。治疗性团体一般持续时间长，所处理的问题严重，针对某些表现出异常行为的成员，如焦虑、神经症、抑郁、性心理障碍等。治疗性团体的核心在于对过去经验及个体潜意识的挖掘，同时或多或少地改变个体的人格结构。

5. 根据团体成员的固定程度划分

(1)封闭式团体

封闭式团体是指从第一次团体聚会到最后一次团体聚会，其参加成员保持固定不变的团体。封闭式团体的成员有较高的和谐性和认同感，在团体进行过程中是不允许有新成员加入的。

(2)开放式团体

开放式团体是指参加团体的成员并不固定，新成员可以随时加入，旧成员可以随时离开的团体，如大学生读书俱乐部和一些自助性心理沙龙。

此外，根据团体领导者所持有的心理咨询与治疗的理论取向不同，团体可以分为心理分析团体、阿德勒治疗团体、认知治疗团体、行为治疗团体、理性情绪治疗团体、心理剧团体、格式塔治疗团体、存在治疗团体等。根据团体的规模可以分为大型团体(35 人以上)、中型团体(20～35 人)和小型团体(20 人以下)。

二、 团体心理辅导的概念

(一)团体心理辅导的定义

团体心理辅导是一种在团体情境下进行的心理辅导形式。由领导者根据成员问题的相似性或成员自发组成团体，通过团体内的人际互动，借助团体的力量和各种心理辅导技术，使团体成员在共同的活动过程中彼此观察、学习及体验，探讨自我，学习新的行为方式，改善人际关系，解决成员共有的问题。

团体心理辅导通常由一位或两位团体领导者带领，他们通过共同商讨、训练、引导，来解决成员生活中的问题。团体的规模因辅导目标的不同而不等，少则 3～5 人，多则十几人，甚至几十人。通过几次或十几次团体聚会、活动，小组成员互相交流，彼此启发，使成员更加了解自己与他人，进而改善人际关系，促进人格完善。

团体心理辅导的优越性在于将团体当作一个微型社会，为那些在现实生活中受挫、压抑的成员提供一个宽松、安全的环境。在充满理解与支持的团体氛围中，团体成员愿意尝试各种选择性的行为，探索自己与他人的相处方式，学习有效的社会技巧；通过彼此间的相互察觉，获得反馈，以人为镜，更清晰地审视自己、了解自己；培养成员的信任感与归属感，从对团体的信任扩展到对周围其他人的信任，从对团体的归属感延伸到对学校及社会的认同感与归属感。

(二)团体心理辅导的特征

相对于个体心理辅导，团体心理辅导具有实践性、高效性、趣味性、普及性、易迁移性等特点，应用范围广泛，是一种经济、有效的心理辅导方法。具体体现在以下几个方面。

第一，团体心理辅导实践性强。在参加团体心理辅导的过程中，成员可以相互了解，互相支持，集思广益，共同探寻解决问题的办法，从多角度洞察自己，模仿其他成员的适应行为。当多个成员聚集在一起时，他们会发现自己的困扰并不是独一无二的，许多人拥有类似的担忧、想法、情感和体验，这种感知对克服困扰非常有帮助。

第二，团体心理辅导耗时短，效率高，收效好。团体心理辅导可以在有限的时间内为更多的人提供心理健康服务，更好地满足人们对心理帮助的需要。与团体心理辅导相比，个别心理辅导是辅导者与来访者一对一进行的帮助指导，每次辅导面谈需要花 50 分钟到 1 小时的时间；而团体心理辅导是一个领导者同时与多个成员的互动，不仅节省辅导的时间与人力，符合经济的原则，提高辅导的效率，还可以缓解心理辅导人员不足的矛盾。

第三，团体心理辅导适用面广。在团体心理辅导的过程中，成员组成不受地域、年龄、文化水平等的限制，适应性较广。对在校大学生而言，团体心理辅导可用于人际关系和适应不良、考试焦虑等心理问题的干预。

第四，团体心理辅导效果持久，容易迁移。团体是真实社会的缩影，成员在团体中的言行往往是他们日常生活行为的复制品。成员在充满安全、支持、信任的良好团体气氛中，进行示范、模仿、训练等。参加者可以尝试新的技巧和行为，这些技巧将促进成员更有效地生活。如果成员在团体中能有所改变，这种改变会迁移到团体之外的现实生活中，长久地发挥积极影响。

第五，团体心理辅导趣味性强。团体心理辅导可以根据不同的主题和不同被试的特点来设计具有针对性的辅导方案，通过热身游戏、情境体验、角色扮演、行为训练、经验分享等多种活动形式来调动团体成员参与的积极性。活动形式多样，内容丰富，具有不同种类的刺激，不容易使成员产生厌倦，有利于吸引团体成员积极投入，使其在体验中不断地成长。

(三)团体心理辅导的功能

团体心理辅导具有教育、发展、预防及治疗四个功能，这些功能之间相互联系，相互渗透，在辅导过程中共同起作用。

1. 教育功能

团体心理辅导是一个借助成员之间的互动而获得自我发展的学习过程。在团体心理辅导的过程中，团体成员可以彼此交流信息，互相模仿，检验现实，学习人际关系的技巧、社会规范，从而学会有效沟通，培养其社会性，促进其德智体的全面发展。

2. 发展功能

团体是一种微型的社会环境。每个人在成长的过程中都会不断地遇到困难和挫折，如果能在人生成长的相应时期克服一些不可避免的困难，人便能获得心智成长。团体活动可以改善成员不成熟的偏差态度与行为，促进良好心理的发展，培养健全的人格。尤其是学校团体辅导能给予正常学生启发和引导，满足学生的自我发展需要，促进学生自我的了解与接纳，改善人际关系，使其养成积极应对问题的态度，对自己充满信心，对未来充满希望，从而达到促进个人发展的目的。

3. 预防功能

团体心理辅导可使成员加深对自己的了解与认识，懂得什么是适应行为，什么不是适应行为；使成员在团体中更好地了解他人，接纳他人，满足归属、互谅、互助、互爱的需求；成员之间通过彼此交换意见，互诉心声，探讨目前的问题和今后可能遇到的难题，研究可行的解决方法，提高对问题独立处理的能力，预防心理问题的发生，降低心理危机发生的概率，促进个体心理健康发展。此外，在团体中帮助他人也有助于自身成长，防患于未然，达到预防心理疾病的效果。

4. 治疗功能

团体活动的情景比较接近日常生活与现实状况，在团体活动中个体处理情绪困扰与行为偏差容易产生效果。对有特殊心理问题的人，团体特有的疗效因子，如团体所提供的支持、关心、感情宣泄等，可以协助其改变人格结构，增强其自觉性，使其康复。在团体中，个人的问题或困扰可以借助一般化作用而使个体勇敢面对，借助澄清与回馈使个体获得了解，借助净化作用与洞察使问题获得解决。

(四)团体心理辅导的意义

随着生活节奏的日益加快，人们所承受的心理压力越来越大，各行各业的人、各年龄阶段的人都有不同程度的心理压力。心理困扰是现代社会的一个很突出且普遍存在的问题。在校大学生面对着学业发展、行为异常、情绪障碍、人际关系多变等心理困扰与行为问题，对心理辅导的需求日渐增多，而在心理辅导领域中的专业人员有限，在这种情况下，开展团体心理辅导尤为重要。团体心理辅导能充分地利用现有资源，在有限的时间内，针对特定的问题，让大学生通过观察、体验来认识自我、接纳自我，解决他们在学业、人际关系、价值观等方面的困惑，更好地满足他们对心理帮助的需要。当前，在学校心理健康教育工作中，团体心理辅导发挥着重要作用。

1. 团体心理辅导以活动为本，强调主观体验

大学生团体心理辅导是根据大学生心理发展的特征与规律，运用心理学等专业知识与技能，通过设计和组织一定的团体活动，引发团体成员的主观体验和感受，从而对其心理状态产生积极的影响，提高其心理健康水平的过程。它以大学生的心理发展特点为立足点，以大学生的心理需要为基础，以关注学生自身的成长为出发点，以培养大学生健康心理为主线进行设计和实施，是大学生心理健康辅导的有效途径，在大学生心理健康辅导中具有独特地位。团体辅导采取以趣味性为主要特征的各种活动，强调学生在活动中进行主动地参与和体验，其游戏性质使得青少年更乐于参与其中，减少了他们对学校和家长“要教育我”的抵触情绪，也降低了在实际学习和生活中遇到真实问题时所产生的压力，使他们可以更自然地展现自己的特长、发挥自己的能力、体会活动过程中可能带来的体验和认识。

2. 团体心理辅导满足了相同年龄段大学生共同的心理发展需要

大学生正处于青春期，是心理健康发展的关键时期。在学习、生活、人际交往和自我意识发展过程中会遇到各种心理困扰或问题，有些问题如果得不到及时有效的解决，将会对大学生的健康成长产生不良的影响，严重的还会使大学生出现心理障碍或精神疾病。因此，预防大学生心理问题或困扰的出现，培养大学生良好的心理健康素质，提升大学生心理健康水平是心理健康辅导的首要目标。一般来说，相同年龄段的

大学生，其心理发展基本上处在同一水平，他们所遇到的问题和困惑，基本上呈现一种普遍性和规律性。因此，团体心理辅导可以有计划、有目的地推动相同年龄段大学生的心理素质积极发展，预防因缺少关注、引导而可能出现的心理困扰、心理障碍或心理疾病，促进相同年龄段的大学生在心理素质的整体发展水平上得到提高。

3. 团体心理辅导为传输丰富的心理健康辅导内涵开辟了专门渠道

学校心理健康以促进全体大学生良好心理素质的形成和心理健康水平的提升为目标，但是实现这一目标，紧紧依靠个别心理辅导是远远不够的。因为个别心理辅导是一种“一对一”的方法，通常针对的是已经存在心理困惑或一般心理问题的青少年，而大多数处于良好心理健康状态的青少年并不能从中受益，而他们也需要不断地提高自身的心理健康水平，以应对将来可能面临的各种情况。团体心理辅导是一种“一对多”的方法，通过一系列的活动，可以让很多青少年同时受益，同时获得心理上的成长，为贯彻心理健康辅导的全体性原则提供了宽阔的舞台。

4. 专业设计和良好组织的团体心理辅导，为大学生的成长保驾护航

团体心理辅导以大学生健康成长的需要为主线，其根本目的是在专业化设计和良好的组织实施的活动中，让大学生通过自身的主动参与来体会自我、理解他人与社会，从而逐步把握自己的思想、情感和行为，为真正走向社会，成为独立的社会主体奠定坚实基础。有效的团体辅导可以为大学生的健康成长和未来发展起到保驾护航的作用。因此，有人说“团体辅导就是设计善意的圈套，再把大学生引入其中，让他们不知不觉获得成长”，而这种“设计”和“引入”都是专业化的过程。

第二节　团体心理辅导的组织

一、团队领导者

影响团体成功的因素有很多，领导者所言所行是决定团体成就的重要因素。团体领导者本身的人格特质、熟练技巧、策略运用和领导风格都会影响团体的成功与动力的发展。

(一)团队领导者的角色定位

有效的团体辅导必须依赖四个条件：①对团体目标有认同感；②团体领导者称

职；③成员积极参与活动；④团体活动适宜。在这四个基本条件中，领导者是决定团体辅导成败的关键要素，因为领导者在过程中始终起着组织与指导的作用。在带领团体的全过程中，团体领导者扮演着多重角色。

1. 领导者的角色

在团体中，团体领导者犹如一个舵手，把握着团体行进的方向，通过协调人与人之间的关系，控制情境，建立行为模式，促进成员表达思想、情感，激发团体成员的热情与活力，使各成员努力实现团体的目标。

2. 调解员的角色

在成员之间在沟通上产生矛盾，或者个别成员出现不遵守团体规范的情况下，团体领导者需要扮演调解员的角色，协助调解这些冲突、矛盾与纷争，以利于团体的良性发展。

3. 教育者的角色

在活动过程中，团体领导者像教师一样，讲解概念、理论与方法，提供新信息，介绍新价值观，有时还要为团体成员做示范，以适应的行为为团体成员提供可模仿的榜样。

4. 好朋友的角色

在团体互动中，领导者犹如团体成员的一个知心朋友，积极参与团体的互动，真诚地聆听他人的倾诉，细致地观察他人的行为举止，有时还需要做坦诚的自我剖析，让成员了解自己。领导者通过营造这种和谐的氛围，减轻其他成员的心理防御，使他们安全地进行自我探索。

5. 治疗师的角色

在治疗性团体中，领导者经常利用援助技巧、澄清技巧、移情、反移情、行为改变技术等心理治疗方法协助成员矫正有偏差的观念和行为，在一定程度上，扮演着治疗师的角色。

(二)团队领导者应具备的条件

成功的团队领导者应具备以下条件。

第一，良好的人格特征。关怀他人，平易近人，热情开朗，有幽默感，真诚，坦率，友善，具备建立良好人际关系的能力。

第二，对团体咨询理论有充分的理解。了解各种理论、学派的观点，有独特之处，并能择取精华，融会贯通。

第三，掌握基本的领导才能与专业技巧。善于运用支持、指导、鼓励、同理、关怀、接纳、尊重等技巧，参与和影响团体发展，并能妥善处理团体中发生的各种问题，带领团体顺利发展。

第四，丰富的团体咨询经验。熟知团体发展的各个阶段及团队领导者的角色与职责。

第五，遵守职业道德。团体领导者要以成员的利益为重，保守秘密，尊重成员的隐私权。

(三)领导团体的技术

1. 专注技术

专注技术是指领导者在团体心理辅导的过程中，借助言语及非言语信息向团体成员传递专心、关注的态度，团体成员可以从这些信息中感受到领导者对自己的尊重与接纳，从而在团体互动中信任团队，降低自己的心理防御。

2. 积极倾听技术

积极倾听技术是指借助语言的或者非语言的方法、手段，使成员详细叙述所遇到的问题，充分反映其所体验的情感，完全表达其内心所持有的观念，使领导者对成员有全面的了解和准确把握。在团体心理辅导的过程中，领导者需要全神贯注地聆听团体成员的叙述，认真观察其细微的情绪及体态的变化，体察其言语背后的深层含义，并运用言语和非言语行为表达对该成员叙述内容的关注和理解，不做批判及评价，鼓励他们自我探索。

3. 重述技术

重述技术是指领导者以不同的方式重述发言者所说的内容，用来澄清他要表达的意思，使其他成员能更具体地理解发言者。重述发言者的话，还可以让发言者知道领导者理解了他所说的内容和其后隐藏的情感。领导者在重述时，内容要与发言者的原意吻合，尤其对敏感词的重述必须准确。

4. 具体化技术

在团体中，有时发言者陈述的内容含糊不清，其他成员不仅没有听懂，还会产生误解。此时，领导者可以采用具体化技术，以“何时、何地、何人、何事、何因、何果、何种想法、何种感受”等问题，来协助发言者具体表述自己的观点。有时发言者表述模糊不清的地方往往是他想逃避的部分，领导者在使用具体化技术时，需要留有余地，不能连续发问，如果觉察到团体成员不愿具体说明时，应该使用倾听、接纳、关注等技巧，待时机成熟时再做处理。

5. 共情技术

共情技术是指在活动过程中，团体领导者设身处地站在团体成员的角度考虑问题，准确地领会发言者所表达的意思及内含的情感，再将这种理解反馈给对方。表达共情时，领导者要保持言语信息与非言语信息一致。为了让成员有修改、否定、解释、澄清的机会，领导者的言语要简洁、有弹性，不能过于生硬、肯定。

6. 支持技术

支持技术是指在领导者给予成员充分的关怀、鼓励和强化，使成员感受到被接纳、被尊重，从而更乐于参加团体活动。在团体辅导过程中，各种观点、主张的暴露和碰撞，很容易使一些成员怀疑自己，担心被别人嘲笑，此时领导者要善于关注每一位成员的具体表现。采用支持技术，可以消除成员的疑虑，使成员获得鼓励，更好地表达自己。

7. 面质技术

在团体心理辅导的过程中，若发现某些成员前后表达的观点自相矛盾或者用词模棱两可、闪烁其词时，这时领导者可以采用面质技术巧妙而委婉地指出其矛盾之处，促使发言者坦率地面对自己，直面其潜意识中想逃避的思想、行为或感受，从而做出更深的自我觉察，明确自己的问题核心和实质。

8. 自我开放技术

自我开放技术是指在团体心理辅导的过程中，领导者根据当时的具体事件或问题，公开地暴露自己的某些人生经历、经验及感受，使团体成员感受到领导者的亲切、坦诚，增加团体成员对领导者的信任，促进团队产生更深层次的互动。在使用自我开放技术时，领导者自我开放程度不能太深，因为领导者深度的自我开放容易引起团体成员的模仿，一旦成员展开深度的自我开放，可能涉及隐秘性问题，会对成员造成意想不到的伤害。

二、团体心理辅导的实施

(一)团体心理辅导的目标

清晰地了解团体心理辅导的目标对于团体领导者具有“地图”作用。它不仅直接影响团体的规模、成员的构成、聚会的次数等团体心理辅导过程的设计，而且还影响领导者选择相关活动及带领团体的方式和信心。在团体心理辅导的不同阶段，其具体的目标也有所不同。

1. 团体心理辅导开始阶段的目标

①使成员尽快相识，建立信任感。

②订立团体契约，建立与强化团体规范，重申保密的重要性。

③鼓励成员投入团体，积极互动。

④处理焦虑及防御或抗拒等情绪。

⑤及时讨论和处理团体中出现的问题。

2. 团体心理辅导中间阶段的目标

①增强团体凝聚力。

②激发成员思考，促进团体成员互动。

③引发团体成员讨论。

④通过团体合作，寻找解决对策。

⑤鼓励成员从团体中学习并获得最大收益。

⑥评估成员对团体的兴趣与投入的程度。

3. 团体心理辅导结束阶段的目标

①回顾与总结团体经验。

②对团体心理的效果做出评估，评价成员的成长与变化。

③协助成员对团体经历做出个人的评估，鼓励成员表达对团体结束的感受。

④让全体成员共同商议如何面对及处理已建立的关系。

⑤检查团体中未解决的问题，帮助成员把团体中的转变应用到生活中。

⑥规划团体心理辅导结束后的追踪调查。

(二)团体心理辅导的操作过程

1. 团体心理辅导前的准备阶段

(1)确定团体心理辅导的目标

因辅导目标、发展阶段、参加对象及规模不同，团体心理辅导采取的方法、活动形式也不同。因此，团体心理辅导必须首先确定辅导的目标，然后才能制订团体心理辅导的计划，确定规模，组成团体。

(2)明确团体的性质

根据团体成员的特点来确定此次团体心理辅导的性质，同时还要从整个团体的规划上来明确是采用结构式团体辅导还是非结构式团体辅导。

(3)确定团体的规模

团体规模过小或过大，都会影响团体心理辅导的效果。人数太少，成员会有压力，容易出现紧张、乏味、不舒畅的感觉；团体人数太多，团体领导者又很难关注到每个成员，这样会使成员参与的机会受限制，同时也会妨碍成员之间进行分享与交流，从而影响辅导的效果。

(4)确定团体心理辅导的时间安排

团体心理辅导次数根据团体性质、成员的困扰程度和介入策略的不同，可以考虑6～12次，每周活动1～2次。辅导次数太少，每次辅导间隔太长，或是辅导时间安排不当，都会影响辅导的效果。

(5)选定团体心理辅导的场所

选择有足够的空间可以活动身体、环境舒适、让人易于放松的活动场所。由于不同年龄段的群体适合采取不同的团体形式，所需要的团体环境也有所不同。针对低年龄段的儿童团体，由于其人数较少，活动空间不宜太大，且必须放置玩具；针对中高年龄段的团体，可以准备适当的书面资料及海报，用于增加活动的吸引力。

(6)制订团体心理辅导的计划

团体心理辅导计划的内容包括每次团体心理辅导的目标，心理辅导的内容及形式，所需时间、道具及材料等。一般而言，结构式的团体心理辅导计划内容应包括以下几个项目：团体名称，团体指导者，拟招收成员的性质、人数及筛选方式，团体活动时间安排，团体的理念与依据，团体目标，团体评估方法，团体过程表，团体单元计划。此外，还需考虑团体心理辅导的宣传，预算，团体评估工具及辅导中用到的图、表、文章等资料。

(7)甄选成员组成团体

团体指导者在筹划团体心理辅导时，应该根据团体的目标明确服务对象。从团体心理辅导的特点看，参加团体的成员应具备以下三个条件：①自愿报名参加，并有改变自我和发展自我的愿望；②愿意与他人交流，并具有与他人交流的能力；③能坚持参加团体心理辅导的全过程，并遵守团体的各项规则。

2. 团体心理辅导的开始阶段

(1)开始阶段的话题

团体心理辅导开始时，互不相识的个体一方面很想认识其他成员，另一方面也会有恐惧感、焦虑感，不知道团体心理辅导可以做什么。领导者在自我介绍后可以提出一些建设性的话题，引导成员互相认识，减少陌生感。

(2)开始阶段的技术

第一，环境创设。“良好的开始是成功的一半。”领导者对于第一次团体心理辅导不能掉以轻心，必须精心规划，以使后续的团体心理辅导得以顺利开展。开始时，领导者可以精心布置辅导室，以亲切愉悦的态度欢迎成员的到来。

第二，热身活动。在团体心理辅导开始之初，为克服陌生感，增进成员之间相互了解，拉近彼此距离，可做一些热身活动，激发个人参与团体活动的热情。例如，开始时的心理辅导可以从非语言的身体运动开始，如微笑握手、无家可归、寻找我的伙伴等活动。让成员在活动中放下紧张焦虑的情绪，不知不觉地融入团体中。

第三，建立团体规则。为保证团体心理辅导顺利进行，需要团体成员共同遵守一些规则。基本规则：保守秘密；不可攻击他人；当别人发言时要注意听，不随便插话和打断；准时出席，中途离开团体必须征得领导者的同意。

(3)开始阶段的活动

团体心理辅导初期的非语言活动有轻松体操、微笑握手、松鼠与大树、大风吹等；相识活动有两人组自我介绍、四人组相互介绍、八人组连环介绍等；增进团体信任的活动有信任跌倒、同舟共济等。

心理互动与训练

活动一：松鼠与大树

目的：热身活动，让大学生感受到被团体接纳的愉悦感。

时间：15分钟。

操作：

(1)事先分组，三人一组，其中两人扮演“大树”，面向对方伸出双手搭成一个圆圈形成“树洞”；剩余一人扮演松鼠，并站在“树洞”中间；没有成对的成员担任自由角色。

(2)当领导者喊“松鼠”时，“大树”不动，扮演“松鼠”的人就必须离开原来的“大树”，重新选择“大树”；担任自由角色的成员成为“自由松鼠”也趁机寻找“树洞”，最后没有“树洞”的“松鼠”为输方，表演节目。

(3)当领导者喊“大树”时，“松鼠”不动，扮演“大树”的人就必须离开原先的同伴重新组合成其他的“大树”，并圈住某个“松鼠”；担任自由角色的人员成为“自由大树”，最后没有形成“大树”的人表演节目。

(4)当领导者喊“地震”时，扮演“大树”和“松鼠”的人全部打散并重组，扮演“大树”的人也可以扮演“松鼠”，扮演“松鼠”的人也可以扮演“大树”，担任自由角色的人也参与游戏中，最后落单的人表演节目。

注意事项：要提醒成员在跑动的过程中注意安全，避免受伤。

分享及讨论：在整个活动过程中有什么样的感受？

活动二：大风吹

活动目的：暖身，放松，减轻焦虑，活跃气氛。

时间：15分钟。

操作：

(1)参加成员围成一圆圈，由一人做领导者站在场中，其余成员坐在椅子上(椅子必须全部坐满)。

(2)游戏开始时，由领导者向参加人员说“大风吹”，参加成员答“吹什么”，领导者针对群体的某一特征，回答需要吹动的内容，如“吹戴眼镜的人”，则所有戴眼镜的人都需要以最快的速度站起来互换位置，领导者可以乘机抢到位置，而没有抢到位置的成员担任新的领导者，指导大风吹活动。

(3)连续三次没有抢到位置的成员，需要谈谈自己的感受并在团队中表演一个节目。

分享及讨论：当失败时，你感觉如何？怎样才可以让自己成功？

3. 团体心理辅导的中间阶段

(1)中间阶段的特征

团体心理辅导的中间阶段是其关键阶段。在此阶段，团体中的每一位成员都要积极参与团体互动，分享自己的生活经历及成长体验，同时关注其他成员的心路历程及情感反应，利用团体内的人际互动反应，发现自己的弱点、存在的不足，努力加以纠正，把团体作为实验场所，改善自己的心理与行为。

(2)中间阶段的技术

在此阶段，团体领导者一般采用专注、积极倾听、重述、具体化、共情、支持、面质、自我开放等团体咨询技术来引导团体成员聚焦团体主题，实现团体心理辅导的目标，此外，团体领导者还使用阻止、联结，运用眼神、聚焦、引话、切话、观察等促进团体互动的技术引导团体成员互相交流、学习，分享经验，促进团体成员的成长。

(3)中间阶段的活动

在此阶段，领导者根据团体心理辅导的目标，设计不同类型的活动，引导团体成员加强互动，进一步增强团体凝聚力，使成员不断成长，如图画完成、故事完成、坐地起身等；催化自我探索的活动，如我是谁、生命线、自画像等；深入价值观探索的活动，如火光熊熊、生存选择等；加强互动沟通的活动，如脑力激荡、热座、镜中人等。

心理互动与训练

活动一：坐地起身

活动目的：了解团队协作的重要性，增强团队成员的归属感，激发成员的奋斗精神。

时间：30 分钟。

操作：

(1)要求每队先出四个人组成一组，围成一个圈，背对背、双脚交叉盘坐在地上。

(2)开始计时，相邻两人手臂相挽，在不用手撑的情况下四人同时站起来。

(3)随后依次增加人数，每次增加两人直至整个小队的成员都加入。

(4)每次起身分别计时，两次起身(含初次)不成功的队伍判为淘汰。

(5)本比赛以最后站起人数及用时长短相结合为评比依据。比赛结果先以规定时间内起身人数多少为评比依据，当起身人数相同时以本次或上一次用时长短取名次高低。

(6)获胜的小组大声地说出小组的口号(任何鼓励自己小组的口号都可以)。

分享及讨论：活动之后你有何感受？你觉得你们的团队哪些地方做得好，哪些方面做得不够好？你认为不够好的地方应该如何改善？

活动二：镜中人

目的：培养成员对他人的敏感性，相互沟通、相互接纳。

时间：15～20 分钟。

操作：团体成员两人一组，其中一人自由做动作，另一人模仿。模仿两分钟后互换角色，不可说话，用心体会对方用意。结束后相互交流，看看自己对他人的理解是否正确。然后仍然两人一组，其中一人说话，另一人原话重复叙述，两分钟后互换角色。结束后两人交流思想，全身心地去理解他人。

分享及讨论：通过活动有何感想？

4. 团体心理辅导的结束阶段

(1)结束阶段领导者要处理的问题

在结束阶段，领导者需要在结束前 2～3 周，宣布团体即将结束，使团体成员做好离别的心理准备，同时，领导者要有足够的时间妥善处理成员的分离情绪。领导者需要在后期的活动中，引导成员分享自己在团体中的体验和成就，展示团体中的作品，以团体中的重要事件为线索，协助成员整理自己的团体经验。此外，领导者需要在活动中为团体成员提供机会，让成员相互道谢与话别，互赠卡片，表达相互的期望与祝福，使团体心理辅导在温馨、积极、圆满的气氛中顺利、完整地结束。

(2)结束阶段的技术

在此阶段，常用技术有结束预告、整理所得、角色扮演、处理分离情绪、给予与接受反馈、追踪活动、效能评估。通常情况下，领导者一般采用回顾与总结、祝福与道别、计划与展望三种方式结束团体心理辅导活动。

(3)结束阶段的活动

在结束阶段，可以采用化装舞会、唱歌、拥抱握手、联谊会、大团圆等活动，如优点轰炸、歌声与微笑，让团体成员在温馨、和谐的氛围中结束团体心理辅导。

心理互动与训练

活动一：优点轰炸

目的：增强组员的自我肯定，自我认同。

时间：15 分钟。

操作：团体成员轮流被别人指出优点，每个人至少指出被谈论者一个确实存在的优点，被谈论者允许静听，不必做任何表示。注意体会被大家指出优点时的感受。

分享及讨论：

(1)被大家指出优点时有何感受?

(2)是否有一些优点是自己以前没有意识到的？是否加强了对自身优点和长处的认识?

活动二：歌声与微笑

目的：放松，活跃气氛，在温暖的氛围中结束团体辅导。

时间：15 分钟。

操作：所有人排成两个相对的同心圆，随着歌声边唱边转，内圈的成员顺时针旋转，外圈的人逆时针旋转。当歌声告一段落时，所有人停止转动，面对面的人彼此微笑、握手、拥抱，当歌声再次响起时，活动继续。

分享及讨论：

(1)当接收到别人善意的微笑，你有何感受?

(2)最后一次团体心理辅导中，当你与小组成员握手、拥抱时，你有何感受?

(3)此时此刻的感受，给你什么样的启示?

三、 团体心理辅导的评估

团体心理辅导评估是指通过不同的方法，收集能够反映团体辅导效果的各种资料，帮助团体领导者及团体成员了解团体心理辅导的成效，以便领导者调整策略，改进工作，以便后期更好地开展团体心理辅导工作。

(一)团体领导者的评估

团体领导者需要定期对活动效果做出评价，这种评价可以帮助领导者把握团体的发展方向。指导者可以采用领导者团体记录表和指导过程评价表来对团体进行评估。见表 10-1和表 10-2。

表 10-1　领导者团体记录表

第______次团体聚会				______年______月______日		
时间	主题内容	成员互动反应	气氛	成员感受	处理	结果
改进意见						

表 10-2　指导过程评价表

第______次团体聚会　　______年______月______日

		1	2	3	4	5	6	7	8	9	10	总计
抗拒行为	独裁、敌对											
	沉默、退缩											
	缺席											
	自大、自以为是											
	吵闹											
	开玩笑											
	管家婆											
操作行为	喜欢漫谈											
	批评、指责目标											
	依赖、屈从他人											
	批评、语言攻击											

续表

		1	2	3	4	5	6	7	8	9	10	总计
协助行为	倾听											
	遵照指示活动											
	领导											
情绪行为	保密											
	发泄否定行为											
	肢体攻击											
	哭泣											
	情绪激动											
	动作化行为											
改进意见												

(二)团体成员的自我评估

团体成员对参与团体程度的自我评估可以使成员掌握自己的发展变化，以便主动朝向参加团体心理辅导的个人目标努力，此外成员的自我评估还可以使团体领导者掌握成员的情况以评估团体心理辅导的效果，以便进一步采取更加有效的措施。成员参与团体程度的自我评价表见表 10-3。

表 10-3　成员参与团体程度的自我评价表

指导语：这份问卷是希望知道你在参加团体心理辅导后，在行为上是不是有了一些改变？问卷结果仅供团体领导者参考，内容绝对保密，请如实回答。1 代表非常符合，2 代表符合，3 代表不确定，4 代表不符合，5 代表完全不符合。 时间：______年______月______日　　姓名：______
1. 在团体中，我是一个投入程度很高的成员。
2. 我愿意和大家分享我目前生活的问题。
3. 我认为自己愿意在团体中尝试新的行为。
4. 我愿意尽力表达自己的情感。
5. 在每次团体讨论之前，我总会花些时间来准备。

续表

6. 团体活动结束后，我也会花些时间来反省自己的收获。
7. 我尽量以真诚的反应来面对团体的其他人。
8. 在团体中，我总是不断地追求、澄清我的目标。
9. 我很乐意和他人分享我的看法。
10. 在团体中，我尽量使自己做别人的榜样。
11. 我愿意参加团体的所有活动。
12. 不需要等他人开口，我就能主动地帮助他们。
13. 我是在没有心理防御的情况下，坦诚接受他人的反馈或建议的。
14. 我尽量从团体中学到东西，主动应用到我的日常生活中。
15. 我会注意自己对领导者的反应，能说出领导者是一个什么样的人。
16. 我会避免给自己和团体其他人贴标签。
17. 我会避免询问别人问题和给予他人建议。
18. 我对自己在团体中的学习负责。

领导者也可以在结束阶段使用表 10-4 和表 10-5 让成员进行评价，以了解辅导效果。

表 10-4　团体效果的团体成员评价表

时间：______年______月______日	姓名：______
1. 自从参加这个团体以来，我学到的最重要的经验是什么？	
2. 我印象最深刻的团体活动、主题讨论是什么？	
3. 我最喜欢团体的哪些部分？团体成功之处在哪里？	
4. 我觉得团体的不足之处在哪里？	
5. 在我看来，什么可以使团体做得更好？	
6. 在我看来，领导者怎样做才能使团体更好？	

表 10-5　团体效果的团体成员自我追踪评价表

时间：______年______月______日	姓名：______
1. 团体的经验对你的生活有什么影响？	
2. 团体心理辅导的过程中，给你留下最深刻的印象是什么？	

续表

3. 你生活中哪些改变源于团体经验?
4. 当你想在现实生活中完成你在团体内所做的决定时，你会遇到什么障碍?
5. 团体经验对你是否有消极影响?如果有，它们是什么?
6. 你参加这个团体对你周围的人是否造成了影响?这些影响表现在哪里?

(三)团体心理辅导效果的评估

在团体心理辅导结束后，可以采用行为计量法、标准化的心理测验及调查问卷法对参与团体辅导的成员进行相应的评估。

1. 行为计量法

领导者设计有针对性的行为观察量表，要求成员观察并记录自己或他人某种行为出现的次数，收集结果后进行总结和评估，之后再有针对性地指导成员的行为。

2. 标准化的心理测验

用信度、效度较高的标准化心理测验量表对团体成员进行评估是一种比较常用的评估团体心理辅导效果的方法。一般在团体辅导之前让成员填写相关的心理量表，团体辅导结束后，让成员再次填写同样的量表，从而比较参加团体心理辅导前后相关指标的变化。

3. 调查问卷法

由领导者针对团体氛围、团体凝聚力、成员间的关系、是否达到预期的目标等问题，设计调查问卷评估团体心理辅导的效果。虽然问卷没有经过信效度检验，但团体成员可以自由地表达看法、提出建议，领导者则可以从中得到宝贵的第一手资料。

心理互动与训练

齐心协力，我们是一家人

目的：增进团体内部所有成员的相互了解，加强团队合作。

参与者：一个班级的学生。

流程：

(1)微笑握手。

(2)口香糖。

(3)我们的小家。

(4)突围闯关。

(5)小结分享。

一、微笑握手

目的：舒缓紧张的心情，和谐气氛；增强成员间的亲切感，达到对团体的认同。

时间：10分钟。

操作：让所有人围成一个未封闭的大圈，由大圈左端的同学开始，依次对每一位成员微笑并握手或拥抱，直到所有的成员都轮完一遍为止。第一位握手的成员为排头，第二位成员紧随第一位的步伐，依次类推，直到所有成员都轮完一遍为止。

讨论：邀请成员分享对他人微笑并与他人握手时的感受。

二、口香糖

目的：暖身，活跃气氛。让成员通过游戏和身体接触减少陌生感，同时体会团体对个人的重要性，增强团体凝聚力。

时间：15分钟。

操作：所有人围成一个圆圈，领导者站在圈外，对成员说："口香糖。"成员集体问："粘什么？"(大拇指、手掌、膝盖、肩膀、脚掌、耳朵等)，领导者说："粘××。"成员问："粘几个？"领导者说："粘××个。"大家按个数迅速聚集，没粘上的成员为输，会受罚表演。

例如，领导者问："口香糖。"成员集体问："粘什么？"，领导者说："粘耳朵。"成员问："粘几只？"领导者说："粘5只。"则5位成员耳朵粘一起。没有粘到的成员表演节目作为惩罚。

讨论：邀请成员分享被纳入集体及被集体排除的感受。

三、我们的小家

目的：让成员进一步加深相互了解，通过完成小组活动体验团结协助的重要性。

时间：25分钟。

操作：请全体成员，"1、2、3、4"报数(4个小组)，所有报数"1"的成员组成第一组，依次类推。各小组在指定区域集合，互相自我介绍，选出小组的组长。在组长的带领下建设"我们的小家"，为小组起组名、定口号、制作小组特色海报。将小组建设成果在大家面前呈现。

讨论：每个小组邀请一位成员分享自己在小组建设过程中担任的角色，自己的小组在建设过程中存在的优势及弊端。

四、突围闯关

目的：团体合作，靠集体的力量解决困难；体会团队支持对个人的重要性，增强团体凝聚力。

时间：30 分钟。

操作：突围时，有一位成员站在团体中间，作为突围者，其他成员用手臂相互勾结成包围圈；突围者可以采用钻、跳、推、绕、拉、诱骗等方式，力求从圈子中突围出来，包围圈的人尽力不让他出来。闯关时，一位成员站在圈外，作为闯关者，力图打入圈内；闯关者可以采用钻、跳、推、绕、拉等方式，力求从圈子外闯入圈内，其他成员围圈面向外，竭力排拒，不理睬闯关者。

讨论：如何成功突围，如何阻止对手突围？

五、小结分享

目的：回顾团体心理辅导的过程，分享活动的感受，进一步巩固团体心理辅导的成果。

时间：15 分钟。

讨论：伴随着轻音乐，请所有成员围成一个圈坐下，首先每个成员分享自己今天觉得最成功的一件事及成功的原因，然后每个小组的小组长代表小组分享收获。

在班级中开展"齐心协力，我们是一家人"团体心理辅导活动，可以增进班级成员的相互了解，让同学们意识到自己是班级的一分子，增强同学们对班级的责任感，有助于提升班级凝聚力。

第三节　团体心理训练

一、 团体心理训练概述

(一)团体心理训练的概念

团体心理训练是指在团体的情境下，通过辩论、演讲、社会调查等形式，运用放松、暗示、音乐、表象、心理剧、模拟与模仿、"空椅子"等心理学技术与方法，结合其他辅助手段和设施，帮助成员学习新的行为，获得新的体验，最终实现提高其心理素质、促进其人格全面健康发展这一目标的过程。

在特定的情境及具体实践中，心理训练可以分成以下五个层次：①生理心理水平，如生物反馈训练、放松训练和瑜伽的身心调整等；②基本心理机能层次，如观察力训练、记忆力训练、思维训练等；③高级心理机能层次，如学习能力、智力、创造力、交往能力、生活适应能力训练；④人格层次，着重于个体的全面发展，中心是人格教育与训练；⑤社会群体心理层次，着重于群体心理与群体行为的教育与训练，如大众心理训练等。

(二)团体心理训练的分类及特点

1. 团体心理训练的分类

按训练对象划分，团体心理训练可以分为青少年团体心理训练、中年团体心理训练和老年团体心理训练。按内容划分，团体心理训练可以分为自信训练、自我认知训练、表达能力训练、人际交往能力训练、耐挫力训练、考试焦虑训练、敏感性训练、自我开发训练等。常用的方法有角色扮演、团体讨论、专题报告、行为训练、游戏活动、心理剧、参观访问和影视观赏等。

2. 团体心理训练的特点

(1)针对性

团体心理训练可以根据团体成员的身心特点，根据他们的实际需要，明确靶目标，对症下药，制订切实可行的训练计划。比如，为帮助大学生克服自卑心理，提高自信心，可以采用自信训练。对大学生进行心理训练，目标是激发大学生对自我的觉察，探索成长中的问题，处理未完成的事项，提升自我接纳与自信，促进自我继续成长，主要形式有团体活动、体验练习、讨论分享。

(2)科学性

团体心理训练的设计与实施符合成员的心理发展规律，形式得当，活动安排紧凑，地点选择恰当，操作程序规范，方法科学，技术可行。人的心理活动是知、情、意的统一，是一个整体，要想达到心理健康教育的预期效果，就需要进行科学的训练，把相互联系的多项心理训练结合起来，依据科学原理，有计划地组织实施，最大限度地增强大学生心理健康教育的效果。

(3)系统性

团体心理训练是一个完整的系统工程，包括多个相互联系的训练，这些训练有步骤、分阶段地组织实施，在内容、形式和方法上相互交叉、相互补充，从而使得心理训练的效果进一步深化和巩固。例如，对于有社交恐惧的人，如果仅仅采取系统脱敏训练，很难达到预期的效果；如果辅之以完整的自信训练、人际交往能力训练，就能收到良好的成效。

(4)全程互动性

团体心理训练打破了传统心理健康教育中以“教”为主的教育模式，让学生在轻松、愉快的参与中学到心理健康知识，体验到团体心理训练过程是一个人际交往过程。团体心理训练通过改变现场气氛，提高参与者的积极性，使参与者在训练中情绪处于高亢的激动状态，意志坚强，充满信心，最终使团体成员产生良好的心理体验和情绪状态，从而形成良性循环。在全程频繁的互动过程中，成员若敞开心扉、大胆倾诉，能使问题更容易得到解决，也使他们更加理解和支持其他团体成员。

(三)团体心理训练的优势

1. 针对性强

团体心理训练不同于一般的教育辅导，每一种训练都是针对大学生自身存在的问题，结合他们的心理特点和身心健康水平，根据他们的实际需要，对症下药，制订出切实可行的计划、方案。例如，针对性格孤僻、缺乏与人沟通的能力的大学生，可以采用角色训练法来培养其交际能力和演说能力。

2. 效率高

一般来说，在同一时间内，此种训练以团体的形式解决多人的共同问题，可以提高心理训练的时效性。心理训练的时间一般比较短，通常是几天或几周，最长的也只有两年。大学生的团体心理训练，一般每天一次，基本上经过六次的训练就能收到一定的效果。由于时间通常比较集中，其目的性、计划性及针对性较强，短期内就能在一定程度上改变其原有的心理面貌，因而具有效率高的特点。

3. 感染力强

团体心理训练是多向沟通的过程。每个成员不仅自己接受他人的帮助，也可以帮助其他成员。同时，在团体情境下，每个团体成员都可以同时学习模仿多个团体成员的适应行为，从多个角度洞察自己。

4. 训练效果容易巩固

团体心理训练创造了一个近乎真实的社会生活情境，为团体成员提供了社交的机会。成员在团体中的言行往往是他们日常生活行为的再现。在充满信任的良好团体气氛中，通过示范、模仿、训练等方法，他们可以学习新的行为方式，建立良好的人际关系。

5. 更适用于人际关系适应不良的人

团体心理训练对于人际关系适应不良的人有其特别的作用。那些常发生人际关系冲突的人，那些躲避与人接触的人，那些经常与同学、同事不能相处的人，那些因缺乏客观的自我评价、缺乏对他人的信任、过分依赖或过分武断而难以与他人建立和保持良好的、协调的人际关系的人，都可以通过团体心理训练学习新行为，调适人际关系。

二、 团体心理训练法

（一）角色扮演

角色扮演是指运用戏剧表演的方法，将个人暂时置身于他人的社会地位，并按这一地位所要求的方式和态度行事，以增进人们对他人社会角色和自身角色的理解，从而使其学会更有效地履行自己角色的心理辅导技术。

1. 角色扮演的目的和作用

角色扮演的目的在于运用戏剧表演的方法，使人发现问题，了解问题的症结所在，进而使个体更好地调整心理状态，解决心理问题。

在角色扮演中，人们能亲身体验和实践他人的角色，从而能够更好地理解他人的处境，体验他人在不同情况下的情感，同时，反映出个体深藏于内心的感情。而只有当一个人获得与他人相同或类似的情感体验时，才能知晓在与他人发生相互关系时，应该怎样行动和采取怎样的态度。因此，在心理辅导训练中，辅导者经常运用这一方法来发展学生的社会理解能力，改善学生的人际关系。心理学家在研究中还发现，较长时间的角色扮演训练，还可以改变一个人的心理结构。因为扮演者在扮演过程中，获得的情感体验是真实的、直接的，所扮演角色的某些特征，最终被“固定”在扮演者的心理结构中，使扮演者的个性发生实质性变化。

2. 角色扮演的程序

(1)选择情境

角色扮演的情境选择可以是成员共同的问题，也可以是某个成员独特的问题。

(2)说明情境

团体领导者对将要扮演的情境及特征加以说明，让成员有机会提问并提出建议。

(3)自愿选择角色

领导者鼓励成员自愿扮演各种角色。如果有的角色无人问津，领导者可暗示某些人扮演。

(4)即兴表演

在情境确定、角色明确的前提下，领导者协助成员了解自己所扮演的角色的特点，鼓励成员按照自己的理解、自己的方式表演，自己确定台词，当场发挥。

(5)观众充分观察

因为剧情中的人物有限，其他成员充当观众，观看表演，并分析表演者的言行，在表演结束时提供个人的意见。

(6)表演结束后共同讨论

当表演者觉得无法继续演下去，或领导者认为已达到目的时，表演者随时可以停止表演。要求每个表演者说出自己的感受，并相互提出意见，最后由观众发表意见。

(7)重演

为了使团体成员对某种角色讨论更深入，可以让表演者重演，或者换人重演，扮演者可参考讨论意见，用不同的方法表演。

(8)互换角色

如果有成员对某种角色表现出强烈的否定情感时，鼓励该成员扮演该角色，这样可以从不同的观点去看当时的情境，也可以促使其了解对方的心情和立场，增加其自我反省的机会。

(9)总结

领导者组织团体成员讨论整个活动的体会、感受，互相启发，互相支持。

角色扮演需要尊重成员的自发性，提供自由轻松的团体心理训练氛围，这样才能使成员减轻心理防御，表达和宣泄自己的情感，适应现实的环境。

3. 角色扮演的常用技巧

(1)镜照技术

配角通过模仿主角的手势、态度、演出中的言语来反映主角的角色。导演可以将主角带出场景，使他脱离原有角色，让主角有机会以旁观者的角度去观看整个表演过程，以激发主角重新诠释这个情境，进而产生新的领悟。

(2)独白技术

独白技术是指以独白的方式表达自己此时此刻内心的真实感受和想法的一种技术。通常让扮演者在情绪冲突强烈、各种体验纷繁复杂时，以独白的方法，大声说出其内心体验，将隐藏于内心的想法，借助独白技术流露出来。独白技术有助于主角表达并澄清未觉察的想法，更明显地体验情感。

(3)替身技术

配角站在主角身后，与主角同台演出，甚至替代主角说话，该配角就是替身。替身可以模仿主角内心的想法和感受，并时常表达出内心潜意识内容，帮助主角觉察内心活动，引导主角表达出内在的感受和体验。替身是主角的代言人，可以替主角处理事务和此时此地的问题。根据需要，可以有多个替身一起演出，展现主角的多面性，或者生活中的各种角色。

(4)未来投射技术

主角或参与者将预期的事件放到现实中，并通过表演表达出来。通过对未来事件的构建、期望，并将其带回现实，增进个体对期望的事件结果的了解，使其有效地采取措施，实现期望中的未来。

(二)行为训练

行为训练是指用行为为学习理论做指导，通过特定的程序，学习并强化适应的行为，纠正并消除不适应行为的一种心理训练方法。在团体心理训练中，行为训练是通过领导者的示范和团体成员之间的人际互动实现的。在行为训练过程中，多采用正强化的手段，即一旦所需的行为出现，就立即给予强化。行为训练可用于许多行为领域。例如，学生学习社交行为和运动行为，尤其在用于单一行为方式的建立时，行为训练则更为有效。

1. 行为训练的原则

(1)由易到难

在团体中进行行为训练时，最重要的原则是将行为目标分解成多个简单的子目标，首先从容易做到的行为训练开始，然后以渐进的方式，逐步训练较困难的复杂行为。

(2)提供示范

行为训练是成员练习在特定情境下做出适应行为最基本的方法。训练时，成员不仅可以试着使用适当的语句、情感和自我陈述表达，也可以练习适当的动作。为避免成员在训练时获得负面经验，在训练过程中，团队领导者需要提供示范。

(3)及时强化

每次训练后，团体领导者都应该对团体成员的表现进行总结，对行为训练做得好的成员给予表扬或鼓励，以增加该行动在现实生活中出现的可能性。

2. 行为训练的步骤

第一，观察团体成员的行为方式，弄清楚什么类型的行为反应经常出现及出现的前因后果。

第二，根据观察到的资料，确定行为训练的终极目标。

第三，确定达到第一步的评估标准。在确定标准时，行为反应可以分为两类：通过的和没有通过的。在行为训练过程中应对言语、体态和手势进行指导，以加速学习的进程。

第四，改变环境条件，为团体成员修正行为方式提供条件。强化那些通过的行为反应，不强化那些没有通过的行为反应。

第五，不断地改变中间过程的行为目标，使其接近最终的行为目标。如果一个中间行为目标经过反复强化，总不能通过标准，个体就应考虑适当降低或修改这个中间行为目标。

第六，当目标行为达成后，强化训练结果并将其延伸到日常的生活中。

(三)放松训练

放松训练，又称松弛反应训练或自我调整疗法，是指通过机体的主动放松，来提高对有机体自我控制能力的一种方法。放松训练是心理训练的一种极端形式。其特点是通过循序交替收缩或放松骨骼肌肉群，使人的身体或精神由紧张状态过渡到松弛状态。在日常的工作、学习和生活中，当心理压力出现时，个体就需要进行身心放松训练。

1. 放松训练的注意事项

第一，找一个安静的场所，最好是单人房间，房间内配置一把软椅或单人沙发，然后，松开所有的紧身衣物(如领带、皮带等)，摘下那些有碍放松的物品(如首饰、眼镜等)，脱掉鞋帽，以便减少触觉刺激。

第二，在放松时，个体可以轻松地坐在软椅或沙发上，双臂和手平放于扶手之上，双腿自然前伸。

第三，在整个放松过程中，切忌吸烟、吃零食、嚼口香糖等。因为此类多余动作，会破坏放松过程，导致个体情绪紧张，影响放松效果。

2. 放松训练的方法

放松训练的方法很多，常用的主要有深呼吸放松法、肌肉放松法、想象放松法、自主放松法等。无论采用哪种方法，最终的目的都是使身心放松，生理和心理活动趋于平衡。

(四)自信训练

自信训练，也称自我肯定性训练，是一种培养个体坦率、真诚、直接地表达自己的情感和思想，以增强其自信，从而使个体在人际交往中能够做出恰当反应的训练方法。

1. 自信训练的目的及作用

自信训练的目的是促进个人在人际关系中公开表达自己的真实情感和观点，维护自己权益也尊重别人权益，发展自我肯定行为。自我肯定行为主要表现在：①请求他人为自己做事，以满足自己合理的需要；②拒绝他人的无理要求而又不伤害对方；③真实地表达自己的意见和情感。在实际生活中，许多学生表现出的是不肯定行为。例如，谈话时眼睛不敢看着对方，说话句子短，不敢提出合理要求，不敢拒绝别人的无理要求，不敢表达自己的不满情绪，与同学发生矛盾时不敢正面解决问题等。自信训练，就是通过向自己重复暗示一些具有积极意义的话语，以代替我们头脑中已有的消极想法，从而改变自己的日常习惯、生活态度和自我期望，充分感受自己具有的无穷潜能和力量。

2. 自信训练的注意事项

第一，善于用“我”开头，这样能使个体时刻意识到自己的状态。例如，用“我是一个自信的人"来代替"一个自信的人"，用"我的心情很好"来代替"心情好"。

第二，要经常使用肯定、正面的语句，这样能使个体得到积极的自我暗示。例如，在考试时用"我一定会考好的"代替"我不能考砸了"，在人际交往中用"我很放松"代替"我千万不要紧张"。

第三，要使用现在时，这样能使个体体验到当下良好的状态。例如，用"我现在的学习效率很高"代替"我的学习效率将会很好"，用"我正在专心听讲"代替"我过一会儿就会专心听讲"。

3. 自信训练的方法

(1)优点列条法

列出自己的30条优点，并将自己的优点在团体活动中介绍给大家。严重自卑者，要每天朗读自身的优点，并注意进入优势角色，经过一段时间的训练后，才能从严重的自卑感中解脱出来，树立自信心。

(2)镜像训练

镜像训练需要个体站在镜子前，能够看到身体的上半部分。笔直站立，后跟靠拢，收腹，挺胸，昂首，再做三四次深呼吸，直到对自己的能力和决心有了觉察。然后凝视眼睛深处，告诉自己会得到所要的东西，大声说出它的名字。还可以将喜欢的口号、精彩的格言、把你曾设想并希望实现的事情写在镜面上，每天早晚至少做两次。比如，你准备去拜见一位曾使你感到害怕的上级，就可以进行镜像训练，直到自己能不慌不忙地面对为止；如果你走路的姿势很糟，进行镜像练习，就可以不断改进自己，塑造出符合审美标准的姿态，提升自己的自信心。

(3)自我质辩训练

自我质辩训练就是要发现自己消极的自我意识，通过正常的自信心和情感的表达，扭转消极自我意识的一种自信训练方法。首先，找到自己头脑中存在的消极的潜意识，即自己对某些问题的担忧、害怕、忧虑的念头。其次，把它们逐条记下来，从而把朦胧的潜意识提升到意识水平，使自己清楚地意识到当前消极的自我意识究竟有哪些。最后，通过自我质辩，训练自己向消极的自我意识挑战。个体通过对自我意识中的不合理成分进行分析、论辩、挑战，让自己清晰地意识到消极的自我意识的危害，从而有助于自己保持轻松畅快的心情，树立自信。

(4)自信想象法

首先引导受训者确定自己自信心不足的方面是什么，其次指导其进行放松想象。比如，针对不敢发言的人，请他们想象在一次发言中自己很勇敢，并且发挥出色，得到了周围人的称赞和表扬，在想象中帮助他们提升自信。

(5)模拟训练法

自信心不足表现在行动的退缩上，针对此种情况，领导者可以在团体中模拟一个环境，让自信心不足的学生进行现场练习。比如，针对不敢交往的学生，领导者可以设置模拟环境，让其练习与他人说话。

(6)渐进行动法

首先，确认清晰的自信行动目标，根据自己的强项，把目标细分。其次，将自信总目标分解成易于到达的小目标。比如，如果你的最终目标是自信地和人交往，一开始你可以设定多个小目标：首先在你的朋友或家人面前自信交往，然后下次参加社交活动时和一两个陌生人自信交往，随后依次类推把目标扩大到三四个人，直到你能够很自信地和一屋子的人自如地交谈。渐进行动法可以使个体累积成功经验，不断提升自信心。

心理互动与训练

冥想

选择一个安静的环境、舒服的坐姿或站姿，随着音乐和指导语的播放，呼吸保持、慢而均匀，伴随着想象的意境，在想象的同时，感觉到有股暖流在身体内运动。

指导语：

我躺在美丽的大海边，沙子又细又柔软。我感到很舒服。我躺在温暖的沙滩上，一缕阳光照射过来，我感到温暖、舒服。耳边想起了海浪的声音，我感到温暖而舒服。一阵微风吹过来，我有一种说不出的舒畅的感觉。微风带走了我的思想，只剩下一片金色的阳光。海浪不停地拍打海岸，我的思绪随着海浪的节奏，涌上来，又退下去。温暖的海风吹过来，又离去，带走了我的思绪。我感到沙滩柔软，海风轻缓，阳光温暖。蓝色的天空和大海紧紧地笼罩着我，阳光照遍我的全身，我感到身体暖洋洋的，阳光照在我的头上，我感到温暖和沉重。

轻松的暖流，流进我的脖子，我感到温暖和沉重。我的呼吸变慢、变深。轻松的暖流，流进我的右肩，我感到温暖和沉重。我的呼吸变慢、变深。轻松的暖流，流进我的右臂，我感到温暖和沉重。我的呼吸变慢、变深。轻松的暖流，流进我的右手，我感到温暖和沉重。我的呼吸变慢、变深。

轻松的暖流，又流回我的脖子，我感到温暖和沉重。我的呼吸变慢、变深。轻松的暖流，流进我的左肩，我感到温暖和沉重。我的呼吸变慢、变深。轻松的暖流，流进我的左臂，我感到温暖和沉重。我的呼吸变慢、变深。轻松的暖流，流进我的左手，我感到温暖和沉重。我的呼吸变慢、变深。

我的呼吸变慢，变得越来越轻松。心跳也越来越慢，越来越有力。轻松的暖流，流进我的右腿，我感到温暖和沉重。我的呼吸变慢、变深。轻松的暖流，流进我的右脚，我感到温暖和沉重。我的呼吸变慢、变深。轻松的暖流，流进我的左腿，我感到温暖和沉重。我的呼吸变慢、变深。轻松的暖流，流进我的左脚，我感到温暖和沉重。我的呼吸变慢、变深。

我的呼吸越来越轻松，越来越深。轻松的暖流，流进我的腹部，我感到温暖和轻松。我的呼吸变慢、变深。轻松的暖流，流进我的胃部，我感到温暖和轻松。我的呼吸变慢、变深。轻松的暖流，流进我的心脏，我感到温暖和轻松。我的呼吸变慢、变深。轻松的暖流，流进我的全身，我感到温暖和轻松。我整个身体变得平静，心里也平静极了。我已经感觉不到周围的存在了，我安静地躺在大自然中，感到非常轻松、非常自在。

参考文献

胡凯. 大学生发展型团体心理辅导[M]. 北京：人民出版社，2007.

张斌，肖长根. 团体心理辅导实务手册[M]. 长沙：中南大学出版社，2013.

刘嵋. 大学生班级团体心理辅导教程[M]. 北京：清华大学出版社，2009.

胡朝兵，张兴瑜. 班级团体心理辅导的设计与操作[M]. 重庆：西南师范大学出版社，2013.

樊富珉，何瑾. 团体心理辅导[M]. 上海：华东师范大学出版社，2010.

樊富珉. 结构式团体辅导与咨询应用实例[M]. 北京：高等教育出版社，2015.

向群英，唐雪梅，赖芳. 大学生心理素质教育与训练[M]. 北京：科学出版社，2010.